ACCESO GRATIS *a la Lectura en la Nube*

Para visualizar el libro electrónico en la nube de lectura envíe junto a su nombre y apellidos una fotografía del código de barras situado en la contraportada del libro y otra del ticket de compra a la dirección:

ebooktirant@tirant.com

En un máximo de 72 horas laborales le enviaremos el código de acceso con sus instrucciones.

LA VIVIENDA COLABORATIVA O *COHOUSING*: SU OPORTUNIDAD COMO NUEVA FORMA DE HABITAR

LA VIVIENDA COLABORATIVA O *COHOUSING*: SU OPORTUNIDAD COMO NUEVA FORMA DE HABITAR

Francisca Ramón Fernández

Catedrática de Derecho civil

Universitat Politècnica de València

tirant lo blanch

Valencia, 2024

En caso de erratas y actualizaciones, la Editorial Tirant lo Blanch publicará la pertinente corrección en la página web www.tirant.com.

© TIRANT LO BLANCH
EDITA: TIRANT LO BLANCH
C/ Artes Gráficas, 14 - 46010 - Valencia
TELFS.: 96/361 00 48 - 50
FAX: 96/369 41 51
Email: tlb@tirant.com
www.tirant.com
Librería virtual: www.tirant.es
DEPÓSITO LEGAL: V-702-2024
ISBN: 978-84-1056-446-6
MAQUETA: Dissset Ediciones

Si tiene alguna queja o sugerencia, envíenos un mail a: *atencioncliente@tirant.com*. En caso de no ser atendida su sugerencia, por favor, lea en *www.tirant.net/index.php/empresa/politicas-de-empresa* nuestro procedimiento de quejas.

Responsabilidad Social Corporativa: http://www.tirant.net/Docs/RSCTirant.pdf

Trabajo realizado en el marco del Grupo de Investigación de Excelencia Generalitat Valenciana "Algorithmical Law" (Proyecto Prometeu 2021/009, 2021-2024), Proyecto "Promoting capacity building and knowledge for the extension of urban gardens in European cities" (PCI2022-132963) (02/06/22 - 01/06/25). Investigación competitiva proyectos. Ministerio de Ciencia e Innovación, Proyecto Mujeres, cooperativismo y economía social y solidaria. Contribución a una participación igualitaria en la economía y la sociedad, Ministerio de Igualdad (46-12-ID22), y Proyecto de I+D+i "Derechos y garantías públicas frente a las decisiones automatizadas y el sesgo y discriminación algorítmicas" 2023-2025 (PID2022-136439OB-I00) financiado por MCIN/AEI/10.13039/501100011033/ FEDER, UE.

Para la publicación del mismo se ha contado con una Ayuda PAIV (Propuestas de Actividades de Innovación en Vivienda), convocatoria 2023 de la Càtedra Innovació en Habitatge de la UPV, marco de colaboración entre la Generalitat Valenciana, a través de la Vicepresidencia Segona i Conselleria d'Habitatge i Arquitectura Bioclimàtica y la Universitat Politècnica de València.

ÍNDICE

Principales abreviaturas

BOE: Boletín Oficial del Estado

CLM: Castilla-La Mancha

Coord.: Coordinado

Dir.: Dirigido

DOG: Diario Oficial de Galicia

DOUE: Diario Oficial de la Unión Europea

FUCVAM: Federación Uruguaya de Cooperativas de Vivienda por Ayuda Mutua

IPREM: Indicador público de renta de efectos múltiples

Núm.: Número

ODS: Objetivo de Desarrollo Sostenible

Pág./s: Página/s

PAIV: Propuestas de Actividades de Innovación en Vivienda

SAAD: Sistema para la Autonomía y Atención a la Dependencia

Sig./s: Siguiente/s

STC: Sentencia Tribunal Constitucional

STS/SSTS: Sentencia/s del Tribunal Supremo

STSJ: Sentencia Tribunal Superior de Justicia

TMA: Transportes, Movilidad y Agenda Urbana

UPV: Universitat Politècnica de València

Vol.: Volumen

Introducción

Cada vez son más las personas que al llegar a una cierta edad piensan que una solución para su calidad de vida es compartir un espacio. La vivienda tradicional no siempre es una buena opción para combatir la soledad, disponer de servicios y compartir aficiones y espacios comunes. Es por ello que la vivienda colaborativa es una opción cada vez más elegida por las personas de edad avanzada para vivir con una mayor calidad de vida, no sentirse solas, y constituir una alternativa a las residencias de la tercera edad, más impersonales y además con el halo de aislamiento y de retiro no deseado[1]. Se trata, por tanto, de una decisión personal, un derecho a la autogestión de la vejez, para decidir dónde, cómo y por quién cuidar y ser cuidado.[2]

---

1 ROSA JIMÉNEZ, C. J.: «Envejecer en comunidad. Un enfoque arquitectónico de la covivienda para personas mayores», *Mayores y vivienda. Innovaciones sociales desde el Derecho financiero y tributario,* SOTO MOYA, Mª. del M. (coord.) y GARCÍA CALVENTE, Y. (dir.), Tirant lo Blanch, Valencia, 2019, págs. 41 y sigs.; REAL, A.: «¿Qué es el "cohousing"? El modelo de vivienda colaborativa por el que apuesta el Gobierno. El nuevo Plan Estatal de Vivienda del Gobierno 2022-2025 ofrece ayudas al alquiler para nuevas modalidades de viviendas, como el *cohousing,* una modalidad de vivienda colaborativa», *Newtral,* 2022. Disponible en: https://www.newtral.es/cohousing-que-es-vivienda-colaborativa/20220123/ (Consultado el 11 de abril de 2023); SALVADOR RUIZ, Mª. R.: «Nuevos conceptos de vida en personas mayores», *Educación, salud y psicología: logros y retos de futuro,* PADILLA GÓNGORA, D., AGUILAR PARRA, J. M. y LÓPEZ LIRIA, R. (coord.), Universidad de Almería, Almería, 2018, pág. 34. Disponible en: https://lectura.unebook.es/viewer/9788417261139/34 (Consultado el 30 de marzo de 2023).

2 BODOQUE PUERTA, Y. y OFFENHENDEN, M.: «¿Hacia modelos de cuidado más justos?: Un análisis de las narrativas entorno al derecho a la autogestión de la vejez en viviendas colaborativas», *Éticas y Políticas de las Antropologías. Resúmenes y ponencias XV Congreso Antropología ASAEE: 1, 2 y 3 de febrero de 2021,* PAZOS, A. (coord.), Última Línea, Málaga,

La arquitectura, en su expresión de diseño de vivienda, apuesta por encontrar soluciones para la vida, para las diferentes formas de habitar que una persona puede tener o decidir tener. Actualmente es una realidad las diferentes formas de familia, las distintas formas de convivencia, la participación de las personas alrededor de los espacios[3]. No hay que irse muy lejos si hacemos una especial mención a las denominadas *corralas* donde el vecindario participaba de la vida social y donde la ayuda mutua, las relaciones sociales, la conversación era el sello habitual de una forma de habitar[4].

Si bien es cierto que los conflictos generacionales han motivado que cada vez menos miembros de la familia vivan juntas. Es difícil ya que padres, hijos y nietos vivan bajo un mismo te-

---

2021, pág. 321. Disponible en: https://asaee-antropologia.org/wp-content/uploads/2021/07/Actas-Congreso-Antropologia-ASAEE-2021.pdf (Consultado el 24 de abril de 2023); SUMEGHY, G.: «Grassroot, community and collaborative housing», *50 out of box housing solutions*, CLARK FOULQUIER, C. (coord.), Housing solutions platform, Bélgica, 2019, págs. 6 y sigs. Disponible en: https://www.feantsa.org/public/user/Resources/News/50-SOLUCIONES-INNOVADORAS.pdf (Consultado el 29 de marzo de 2023).

3 GARCÍA PARRA, A.: «Vivienda colectiva. Retos reales de vivienda en comunidad», *eDap: documentos de arquitectura y patrimonio*, núm. 10, 2017, pág. 31. Disponible en: http://arquitecturaypatrimonio.com/edap10_articulos/4_ViviendaColectiva.pdf (Consultado el 27 de marzo de 2023).

4 Cfr. ROMERO HERRERO, F.: «Entrepatios: vivienda con valores», *Planur-e: territorio, urbanismo, paisaje, sostenibilidad y diseño urbano*, núm. 13, 2019; RUANO, M.: *Eocurbanism: Sustainable Human Settlements: 60 case studies*, Editorial Gustavo Gili, S.L., Barcelona, 2000; RUIU, Mª. L.: «Il cohousing e la sottile línea tra spazio pubblico e spazio privato: the community project», *Sociologia urbana e rurale*, núm. 100, 2013, págs. 105 y sigs.; CABALLERO, A.: «Vivienda colaborativa: el nuevo modelo de "vida en comunidad" que quiere fomentar el Gobierno», *RTVE*, 2022. Disponible en: https://www.rtve.es/noticias/20220119/vivienda-colaborativa-vida-comunidad-gobierno/2259260.shtml (Consultado el 11 de abril de 2023).

cho, y de ahí el refrán popular de que «*El casado, casa quiere*». Se refiere a la individualización del espacio, a la necesidad de no compartir, y la de disponer de una vivienda independiente de la originaria.

Pero como todos los aspectos sociales son cíclicos, se vuelve al modelo inicial, al modelo convencional, de compartir, ya sea por necesidad de hacer frente a los gastos que genera la vivienda, ya sea por la ayuda necesaria para la llevanza de la crianza, entre otros motivos. Sin embargo, vamos mucho más allá en que el retorno a una participación en la forma de habitar, en la arquitectura compartida junto con la individualizada hace que sea una solución para los problemas del paso del tiempo en aras también de apostar por la sostenibilidad, la optimización de los recursos y de la colaboración entre las personas.

El irse a vivir juntas personas que viven solas, parejas que quieren estar en contacto con otras parejas, que deseen gestionar sus espacios, elegir el lugar para vivir en el último tramo de su vida, ya lejos de las actividades laborales y domésticas, fue puesto de manifiesto en una conocida película del año 2011 titulada *¿Et si on vivait tous ensemble?* (*All Together*), dirigida por Stéphane Robelin[5], en el que esta modalidad de habitar un espacio es una solución elegida por los protagonistas para combatir sus problemas de soledad, y también para encontrar una ayuda mutua. La necesidad de sentirse apoyados y de una ayuda cercana hace que muchas personas se decidan por vivir juntas, pero con una independencia, compartiendo espacios comunes y servicios.

---

5 También aborda esta forma de habitar el documental de John de Graaf, *The best of both worlds, cohousing´s promise*, del año 2020. Véase: ROCA GALLERY. SHARING KNOWLEDGE ON ARCHITECTURE AND DESIGN: *Los beneficios de la vivienda colaborativa recopilados en un documental*, 2021. Disponible en: http://www.rocagallery.com/es/los-beneficios-de-la-vivienda-colaborativa-recopilados-en-un-documental (Consultado el 10 de abril de 2023).

Esta forma de vida encaja con la evolución de la propia sociedad, de la cultura en la que vivimos[6], en la que la transformación de las estructuras familiares producen y se adaptan a los nuevos roles[7]. Antes, era bastante habitual que convivieran varias gene-

---

6 ALONSO, I.: «El cohousing y la cultura regenerativa "triple balance"», *Ecohabitar: bioconstrucción, consumo ético, permacultura y vida sostenible,* núm. 69, 2021, págs. 33 y sigs.; DURRETT, C.: *El manual del senior cohousing: autonomía personal a través de la comunidad,* Dykinson, Madrid, 2015; MARTÍNEZ CASSINELLO, R.: «El impacto de la migración europea de retiro sobre los servicios sociales. El uso diferencial de los recursos asistenciales», *Actas del VIII Congreso de la Red Española de Política Social (REPS): Cuidar la vida, garantizar la inclusión, convivir en diversidad: consensos y retos,* IZAOLA ARGÜESO, A. (coord.), Universidad del País Vasco, Bilbao, 2022, págs. 1273 y sigs.; RAUWS, W.: «Civic initiatives in urban development: self-governance versus self-organisation in planning practice», *The Town Planning Review,* vol. 87, núm. 3, 2016, págs. 339 y sigs.; BREA GONZÁLEZ, U.: «Cohousing: Bizikidetzari esanahi vetea eman nahi dion etxebizitza-eredua», *Administrazioa euskaraz,* núm. 109, 2020, págs. 20-24. Disponible en: https://dialnet.unirioja.es/servlet/articulo?codigo=7523226 (Consultado el 28 de marzo de 2023).

7 BANDINI, G.: «"Make love, not war". Communitarian life experiences as laboratories of peace education in Italy», *Aula: Revista de Pedagogía de la Universidad de Salamanca,* núm. 22, 2016, págs. 175-188. Disponible en: https://revistas.usal.es/tres/index.php/0214-3402/article/view/aula201622175188/17876 (Consultado el 30 de marzo de 2023); AYLLÓN GARCÍA, J. D.: «Familias múltiples, cohousing y su régimen jurídico», *Congreso Internacional de Derecho Civil Octavo Centenario de la Universidad de Salamanca: libro de ponencias. Salamanca, 24, 25 y 26 de octubre de 2018,* LLAMAS POMBO, E. (coord.), Tirant lo Blanch, Valencia, 2018, págs. 863 y sigs.; PONCE CAMARENA, P.: «El papel del educador social en los "Senior Cohousing"», *Como el aire. Intervención socioeducativa en centros de internamiento,* CEJUDO CORTES, C. Mª. A. y CORCHUELO FERNÁNDEZ, C. (coord.), Universitas, Madrid, 2019, págs. 153 y sigs.; RODRÍGUEZ ALONSO, N. y COMAS D´ARGEMIR, D.: «The social construction of community-based care at La Muralleta, a self-managed cooperative for the elderly», *Quaderns-e,* vol. 22, núm. 2, 2017, págs. 183 y sigs.; SOSA RAMÍREZ, R., LÓPEZ MENESES, E. y SARASOLA, J. L.: «Recursos digitales sobre el modelo educo-comunitario

raciones en un mismo espacio que gestionaba la persona de más edad, ya que solía ser la propietaria de la vivienda, por ejemplo, el abuelo o la abuela, y convivían los hijos e hijas y nietos o nietas. Tres generaciones en un mismo lugar con los conflictos derivados de las distintas edades de los habitantes. Actualmente, esa forma de convivencia ha sido superada por el concepto de una vivienda un núcleo familiar, ya sea individual o con más miembros, pero no suelen convivir distintas generaciones sobre todo en personas con mayor nivel adquisitivo que han podido acceder a una vivienda y no conviven en la vivienda de los progenitores con ellos de forma conjunta. Ello ha producido un aislamiento de las personas, que una vez fallecido uno de los miembros de la pareja, comienzan a vivir en forma solitaria. Esa soledad que, en ocasiones, puede ir acompañada con una necesidad de ayuda, atención o situación de dependencia, hace que la persona necesite la intervención de un tercero para poder desarrollar una vida con un mínimo de calidad, y una de las opciones es la asistencia domiciliaria o bien la residencia.

Los altos precios de las residencias privadas y las largas listas de espera de las residencias públicas, además de estar situadas en la periferia o pueblos próximos hacen que sea una opción poco válida, ya que muchas personas no pueden, finalmente, acceder a las mismas. Junto a ello se une las dificultades para la concesión de una vivienda social, en muchos casos[8].

Uno de los arquitectos pioneros en apostar por la tipología de viviendas colectivas creando barrios de vivienda social fue Ralph

---

del cohousing», *Enseñar y aprender en ámbitos formativos*, ABAD SEGURA, E., LUQUE DE LA ROSA, A., HERVÁS GÓMEZ, C. y CARMONA SERRANO, N. (coord.), Dykinson, Madrid, 2022, págs. 79 y sigs.

8 TRILLAS FONTS, A.: «La crisis de los precios amenaza la vivienda social», *Alternativas económicas*, núm. 109, 2023, págs. 16 y sig.; VIELA CASTRANADO, M.: «Cohousing: ¿Utopía o una posible solución a los problemas habitacionales en nuestro país?», *Nuevas vías jurídicas de acceso a la vivienda*, ALONSO PÉREZ, Mª. T. (coord.), Thomson Reuters Aranzadi, 2018, págs. 401 y sigs.

Erskine, en los años 50, en el que destaca el conjunto de viviendas conocidas como *The Wall*, que se construyeron en Byker, en Newcastel-upon-Tyne, en Inglaterra.[9] Se daba respuesta con ello a cada familia o colectividad como las personas de edad avanzada, con distintos espacios para la convivencia.

Sin embargo, esta modalidad habitacional todavía no es muy conocida, no tiene una implantación en nuestro territorio de forma desarrollada, y además, adolece de una legislación, con alguna excepción en algunas Comunidades Autónomas. No obstante, se apuesta por la misma dotándola de algunas facilidades y ventajas, como tendremos ocasión de señalar, entre las que destacan la subvención por parte del Gobierno Central del 50% de las inversiones en este tipo de conjuntos residenciales. Sería deseable una normativa a nivel estatal que adaptar la normativa urbanística a esta nueva forma de habitar[10].

¿Estamos hablando, por tanto, de una moda?[11] Consideramos que no. Que esta modalidad habitacional es precisa y necesaria

---

9 GARCÍA PARRA, A.: «Vivienda colectiva. Retos reales de vivienda en comunidad», cit., pág. 31.

10 TRIGO FERNÁNDEZ, F. y DE PRADA RODRÍGUEZ CORREA, Mª. A.: «La necesidad o no de actualizar la normativa urbanística a raíz de la aparición de nuevas actividades y usos», *Práctica urbanística: Revista mensual de urbanismo*, núm. 172, 2021.

11 SOLANAS, T.: «Cohousing, coviviendas colaborativas ¿una moda?», *Ecohabitar: bioconstrucción, consumo ético, permacultura y vida sostenible*, núm. 69, 2021, págs. 40 y sigs.; MANTOVANI, F.: «Cohousing e coworking: nuove modalità di condivisione degli spazi dell´abitare e dell´operare insieme», *Sociologia urbana e rurale*, núm. 108, 2015, págs. 136 y sigs.; MALVASI, M.: «Sopprawivere in tempo di crisi. Il cohousing», *Geografía social: permanencias, cambios y escenarios futuros*, TRILLO SANTAMARÍA, J. M., LÓPEZ, L. y LOIS GONZÁLEZ, R. C. (ed.), Universidade de Santiago de Compostela, Santiago de Compostela, 2022, págs. 77 y sigs. Disponible en: https://www.age-geografia.es/site/publicaciones/pg/2022/4.pdf (Consultado el 27 de marzo de 2023); MEDINA ORÉ, S.: «El modelo cooperativo y la co-vivienda, ¿una solución al problema de vivienda, de convivencia y de desarrollo local en el Perú?», *Apuntes*

más allá de la oportunidad de la misma, y que los beneficios que tiene para la sociedad y para el individuo son numerosos, además de contribuir a la sostenibilidad[12], a un envejecimiento activo de la población[13] y a la consecución de los Objetivos de Desarrollo

---

de Ciencia & Sociedad, vol. 8, núm. 1, 2018, págs. 141 y sigs. Disponible en: http://journals.continental.edu.pe/index.php/apuntes/article/view/565/546 (Consultado el 24 de marzo de 2023).

12 TORRES, M., JOYCE HASELL, M., y SCANZONI, J.: «Cohousing as a basis for social connectedness and ecological sustainabillity», *People, places, and sustainabillity*, MOSER, G., POL URRUTIA, E., BERNARD, Y., BONNES, M., CORRALIZA, J. A. y GIULIANI, Mª. V. (coord.), Hogrefe & Hubler, Seattle, 2000, págs. 123 y sigs.; QUIN, T. y COLERIDGE, T.: «Moisture In Prefabricated Straw Bale Panels: A Post- Construction Case Study Of Dwellings At LILAC Cohousing», *Planning Post Carbon Cities: 35th PLEA Conference on Passive and Low Energy Architecture, A Coruña, 1st-3rd September 2020: Proceedings*, RODRÍGUEZ-ÁLVAREZ, J. y SOARES GONÇALVES, J. C. (ed.), vol. 2, Universidade da Coruña, A Coruña, 2020, págs. 1112 y sigs. Disponible en: https://ruc.udc.es/dspace/handle/2183/26695 (Consultado el 29 de marzo de 2023). Como señala MONTANER MARTORELL, J. Mª.: «Tradiciones en las políticas de vivienda pública», *La casa: Espacios domésticos, modos de habitar*, CALATRAVA ESCOBAR, J. A. (coord.), Abada Editores, Madrid, 2019, pág. 428. Disponible en: https://digibug.ugr.es/bitstream/handle/10481/65458/2_174.pdf?sequence=1&isAllowed=y (Consultado el 24 de marzo de 2023), «Los dos aspectos que se priorizan más, a la hora de escoger a la cooperativa que obtenga la licitación de suelo en cesión, son el proyecto de corresponsabilidad en la gestión de la vida comunitaria, aportando la definición de los espacios colectivos y los criterios de convivencia; y el compromiso con un modo de vida sostenible, basado en el ahorro energético, la disminución del consumo, el uso de materiales saludables y la reducción de emisiones de CO2; además de la cohesión del grupo, la buena relación y enraizamiento con el barrio, la cualidad del proyecto arquitectónico y técnico, y la fiabilidad de la propuesta de financiamiento».

13 BASTANTE SICILIA, A.: *Del envejecimiento activo a la dependencia: factores que pudieran influir en la actitud de las personas para afrontar su propio envejecimiento*, Universidad Autónoma de Madrid, Madrid, 2018. Disponible en: https://repositorio.uam.es/handle/10486/685402 (Consultado el 29 de marzo de 2023).

Sostenible (ODS)[14]. Se la ha calificado a esa forma de habitar como ideal, pero compleja.[15] Y ello es cierto porque se trata de una modalidad que puede adoptar distintas variantes dependiendo de la participación del usuario, y en la que nos encontramos con que no es una propiedad en el sentido estricto, ni tampoco un alquiler, sino una modalidad que aúna propiedad y disfrute de espacios con una cuota como contraprestación. Este modelo de habitar también puede disponer de los más recientes avances tecnológicos, con lo que nos encontraríamos con la vivienda colaborativa en la era digital.[16]

En el presente estudio nos proponemos analizar la vivienda colaborativa como una opción válida y de especial interés para acceder a la vivienda por parte de determinados colectivos, su especial impulso a través de las políticas públicas de vivienda, y determinar los criterios a tener en cuenta para su implementación siguiendo el modelo de los países nórdicos principalmente. Para ello, se estructura el trabajo en distintos bloques con el objeto de cubrir estos aspectos, dedicando especial atención a la normativa actual (más bien escasa) y a la normativa autonómica para regular este tipo de forma de habitar.

Con ello obtendremos unas conclusiones válidas para la comunidad científica y realizaremos propuestas de mejora con la finalidad de solucionar los problemas detectados.

---

14 GÓMEZ PERALS, M.: «Cohousing en el ámbito de los ODS y del derecho europeo», *La Unión Europea ante los objetivos de desarrollo sostenible de la Agenda 2030*, CALZADILLA MEDINA, Mª. A. y MARTINÓN QUINTERO, R. (dir.), Dykinson, Madrid, 2022, págs. 57 y sigs.

15 LEAL MALDONADO, J.: «Una fórmula ideal, pero compleja», *Alternativas económicas*, núm. 94, 2021, págs. 46 y sigs.

16 DE MOLINA BENAVIDES, L. y VALERO RAMOS, E.: «La vivienda colaborativa en la era digital como proceso sostenible», *Dearq*, núm. 31, 2021, págs. 21 y sigs. Disponible en: https://revistas.uniandes.edu.co/index.php/dearq/article/view/3424/2415 (Consultado el 28 de marzo de 2023).

1. Modelos de vivienda alternativos: algunas consideraciones

1.1. LA ECONOMÍA COLABORATIVA: SU APLICACIÓN A LA VIVIENDA

Antes de referirnos a la vivienda colaborativa y sus distintas denominaciones, debemos hacer mención, aunque sea someramente, a la denominada economía colaborativa[17]. Ya que, en realidad, en el trasfondo de este concepto podemos encontrar algunas claves para entender esta modalidad habitacional. Es precisamente la economía colaborativa la vía para solucionar la necesidad de vivienda en la tercera edad, a través de la figura del *cohousing*, acrónimo de las palabras inglesas *collaborative housing.* [18]

---

17 Véase: CARMONA GONZÁLEZ, N.: «La economía colaborativa a vista de pájaro: panorama socioeconómico del fenómeno colaborativo», *Conflictos y retos jurídicos del alojamiento colaborativo: (a través de plataformas electrónicas),* GOÑI RODRÍGUEZ DE ALMEIA, M. (dir.), Thomson Reuters Aranzadi, Cizur Menor, 2019, págs. 23 y sigs.; LOUREDO CASADO, S.: «El "senior cohousing" en España a través del recurso a las cooperativas de viviendas», *Economía colaborativa y derecho: aspectos civiles, mercantiles y laborales,* CARRIL VÁZQUEZ, X. M., GARCÍA PÉREZ, R. y LÓPEZ-SUÁREZ, M. A. (coord.), *Economía colaborativa y derecho: aspectos civiles, mercantiles y laborales,* Thomson Reuters Aranzadi, Cizur Menor, 2019, págs. 219- y sigs.

18 MARTÍNEZ MARTÍNEZ, N.: «La respuesta de la economía colaborativa a la necesidad de vivienda de nuestros mayores: El resurgir del senior *cohousing* a raíz de la crisis del Covid-19 y sus implicaciones jurídico-civiles», *El alojamiento colaborativo: problemática jurídica actual de las viviendas de uso turístico,* LÓPEZ SÁNCHEZ, C. (coord.), Dykinson, Madrid, 2021, págs. 321 y sigs.; SCHETSCHE, C., JAUME, L. C., GAGO GALVANO, L. G. y ELGIER, A. M.: «Living in Cohousing Communities: Psychological Effects and Co-

La economía colaborativa es una fuente de aprendizaje y enriquecimiento personal, ya que permite abarca un amplio abanico de dimensiones de carácter social y económico[19].

Se considera un concepto difuso y que no siempre es empleado de forma correcta. Se centra en su potencial como creadora de valor y sostenibilidad, orientada a la gestión del uso de recursos comunes dirigidos a colectivos que tienen cierta capacidad económica.[20] Se basa en relaciones de intercambio o de compartir bienes y servicios bajo un trasfondo común de transformación de la realidad de consumo desde un modelo que se fundamenta en la adquisición a otro basado en la accesibilidad, uso y disfrute, en el que las personas son las que crean y producen los recursos.[21]

Uno de los factores que han influido en esta modalidad de intercambio ha sido el cultural[22] por el que se desarrollan los mo-

---

ping Strategies in Times of COVID-19», *Interpersona: An International Journal on Personal Relationships*, vol. 14, núm. 2, 2020, págs. 169 y sigs. Disponible en: https://interpersona.psychopen.eu/index.php/interpersona/article/view/4257/4257.pdf (Consultado el 29 de marzo de 2023).

19 Sigo literalmente a DÍAZ-FONCEA, M., MARCUELLO SERVÓS, C. y MONREAL GARRIDO, M.: «Economía social y economía colaborativa: Encaje y potencialidades», *Economía industrial*, núm. 402, 2016, pág. 29. Disponible en: https://www.mincotur.gob.es/Publicaciones/Publicacionesperiodicas/EconomiaIndustrial/RevistaEconomiaIndustrial/402/DÍAZ%20FONCEA,%20MARCUELLO%20Y%20MONREAL.pdf (Consultado el 31 de marzo de 2023).

20 ALGUACIL MARÍ, Mª. P., SAJARDO MORENO, A., ALEGRE NUENO, M., GRAU LÓPEZ, C. R. y MERINO GARRIDO, F.: *Viviendas colaborativas: estado actual en la Comunidad Valenciana*, Generalitat Valenciana, Valencia, 2021, pág. 17. Disponible en: https://fecovi.es/documentacion/publicaciones/9-Libro-Viviendas-Colaborativas-estado-actual-CV.pdf (Consultado el 25 de marzo de 2023).

21 ALGUACIL MARÍ, Mª. P., SAJARDO MORENO, A., ALEGRE NUENO, M., GRAU LÓPEZ, C. R. y MERINO GARRIDO, F.: *Viviendas colaborativas: estado actual en la Comunidad Valenciana*, cit., pág. 17.

22 GARCÍA PÉREZ, A. y MOYA GONZÁLEZ, L.: «El cohousing como una alternativa a las nuevas dinámicas de habitar en la ciudad de Ma-

vimientos a través de redes de colaboración. Siendo de destacar los centros *coworking*, *crowdfunding*, entre otros.

Se inserta el tradicional concepto de consumo colaborativo basado en la interacción entre varias personas para satisfacción de sus necesidades, se introduce como un proceso de racionalización social del uso de los recursos para ahorro de los mismos[23].

Se diferencian tres modalidades[24], la modalidad basada en el producto, donde se usa el mismo sin ser propietario. Un ejemplo podría ser el alquiler de ropa o el *carsharing* referido a vehículos; la modalidad que se basa en mercados de redistribución, que se orienta a dar una nueva vida a objetos. Un ejemplo serían los mercadillos de segunda mano o los rastros; y la modalidad que se

---

drid», *Ciudad y territorio: Estudios territoriales*, núm. 195, 2018, pág. 72. Disponible en: https://recyt.fecyt.es/index.php/CyTET/article/view/76610/46961 (Consultado el 30 de marzo de 2023). Señalan este factor: «Un tercer factor que nos hace plantearnos esta opción es el cambio cultural que se está desarrollando en la sociedad en el que se enmarcan las nuevas formas de vida, que se caracteriza por el incremento sustancial de movimientos colaborativos y participativos. Este incremento se evidencia en el aumento de redes colaborativas en prácticamente todos los campos; centros *coworking*, *carsharing* (*ipcar*, *SideCar*, *Lyft*, *Bluemove*, *Getaround*, *Uber*), trueque de comida (Compartoplato, *Shareyourmeal*), alojamientos (*Hipmunk*, *Airbnb*) *Crowdfunding* (KickStarter, Verkami). Todos estos movimientos forman parte de lo que se conoce como economía colaborativa (*sharingeconomy*)»; ROSA JIMÉNEZ, C. J., MÁRQUEZ BALLESTEROS, Mª. J. y NAVAS CARRILLO, D.: «Hacia un nuevo modelo de gestión y autofinanciación de la regeneración de barriadas obsoletas», *Ciudades: Revista del Instituto Universitario de Urbanística de la Universidad de Valladolid*, núm. 20, 2017, págs. 45 y sigs. Disponible en: https://revistas.uva.es/index.php/ciudades/article/view/775/752 (Consultado el 30 de marzo de 2023).

23 ALGUACIL MARÍ, Mª. P., SAJARDO MORENO, A., ALEGRE NUENO, M., GRAU LÓPEZ, C. R. y MERINO GARRIDO, F.: *Viviendas colaborativas: estado actual en la Comunidad Valenciana*, cit., pág. 18.

24 ALGUACIL MARÍ, Mª. P., SAJARDO MORENO, A., ALEGRE NUENO, M., GRAU LÓPEZ, C. R. y MERINO GARRIDO, F.: *Viviendas colaborativas: estado actual en la Comunidad Valenciana*, cit., pág. 18.

sustenta en estilos de vida colaborativos, que lo que pretende es compartir formas o experiencias de vida. Un ejemplo serían las modalidades de viviendas colaborativas[25].

La Comunicación de la Comisión al Parlamento Europeo, al Consejo, al Comité Económico y Social Europeo y al Comité de las Regiones: Una Agenda Europea para la economía colaborativa COM(2016) 356 final de 02 de junio de 2016[26] indicó que el término economía colaborativa se refiere a modelos de negocio en los que se facilitan actividades mediante plataformas colaborativas que crean un mercado abierto para el uso temporal de mercancías o servicios ofrecidos a menudo por particulares.

Esta economía colaborativa implica a tres categorías de agentes: prestadores de servicios; usuarios de los mismos e intermediarios, a través de una plataforma en línea. Estas transacciones de la economía colaborativa no implica un cambio de propiedad y se pueden realizar con o sin ánimo de lucro.

---

25 ALGUACIL MARÍ, Mª. P., SAJARDO MORENO, A., ALEGRE NUENO, M., GRAU LÓPEZ, C. R. y MERINO GARRIDO, F.: *Viviendas colaborativas: estado actual en la Comunidad Valenciana*, cit., pág. 19, «Las viviendas colaborativas, como parte del consumo colaborativo pueden generar una redefinición de las estrategias de uso del suelo en las ciudades minimizando sus costes, la optimización de activos públicos, y propiciar marcos convivenciales cohesionados. Junto a ello, son una estrategia para evitar la degradación de zonas urbanas equilibrando la distribución poblacional en los espacios rurales, para propiciar valores sociales y de sostenibilidad, y fomentar la colaboración entre los diferentes agentes económicos públicos y privados, coadyuvando en el desarrollo de políticas y marcos normativos que redunden en beneficio de todas las personas».

26 UNIÓN EUROPEA: *Comunicación de la Comisión al Parlamento Europeo, al Consejo, al Comité Económico y Social Europeo y al Comité de las Regiones: Una Agenda Europea para la economía colaborativa* COM(2016) 356final de 02 de junio de 2016. Disponible en: https://eur-lex.europa.eu/legal-content/ES/TXT/PDF/?uri=CELEX:52016DC0356&from=ES (Consultado el 25 de marzo de 2023).

Como advierte la citada Comunicación esta economía crea nuevas oportunidades para consumidores y emprendedores, y contribuye de forma sustancial a la creación de empleo, siempre que se fomente y se utilice de forma responsable. Las plataformas colaborativas contribuyen a nuevas oportunidades de empleo, modalidades de trabajo flexibles y nuevas fuentes de ingresos. Para el consumidor, la economía colaborativa aporta ventajas a través de nuevos servicios, ampliación de oferta y precios más asequibles. También puede promover una mayor reparto de los activos y un uso más eficaz de los recursos, contribuyendo a la agenda de sostenibilidad de la Unión Europea y a la transición a la economía circular.

La intervención reglamentaria se motiva por diferentes objetivos de interés público como son la protección de los turistas, garantizar la seguridad pública, la lucha contra la evasión fiscal, el mantenimiento de unas condiciones de competencia basadas en la equidad, la protección de la salud pública, y también dar una solución a la escasez de viviendas que sean asequibles para los ciudadanos.

La Resolución del Parlamento Europeo de 15 de junio de 2017, sobre una Agenda Europea para la economía colaborativa (2017/2003(INI)) (2018/C 331/18)[27] insta a la Comisión Europea para que apoye a las autoridades nacionales para regular la economía colaborativa.[28]

---

27 DOUE C 331/125, de 18 de septiembre de 2018.

28 Olvidando que nos encontramos en un mercado común que precisa una regulación armonizada con la finalidad de garantizar la protección de los consumidores como señala ARGELICH COMELLES, C.: «Gobernanza de las plataformas en línea ante la DSA y las Propuestas de Reglamento de Mercados Digitales e Inteligencia Artificial (DMA y AIA)», *Anuario de Derecho civil*, vol. 75, núm. 2, 2022, pág. 511. Disponible en: https://revistas.mjusticia.gob.es/index.php/ADC/article/view/9588/9150 (Consultado el 25 de marzo de 2023). Véase también: VIGIL DE QUIÑONES OTERO, D.: «La protección del consumidor de

El Tribunal de Justicia de la Unión Europea, Gran Sala, en sentencia de 19 de diciembre de 2019[29] ha considerado que las plataformas intermediarias en línea las califica como servicios de la sociedad de la información, sin tener la consideración de plataformas prestadoras de servicios.[30]

Hay que tener en cuenta la reciente regulación por Reglamento (UE) 2022/1925 del Parlamento Europeo y del Consejo, de 14 de septiembre de 2022, sobre mercados digitales y equitativos en el sector digital y por el que se modifican las Directivas (UE) 2019/1937 y (UE) 2020/1828 (Reglamento de Mercados Digitales)[31], y Reglamento (UE) 2022/2065 del Parlamento Europeo y del Consejo, de 19 de octubre de 2022 relativo a un mercado único de servicios digitales y por el que se modifica la Directiva 2000/31/CE (Reglamento de Servicios Digitales).[32]

Su aplicación a la vivienda resulta claro en la medida en que se supera el sentido de la propiedad como tal, y se orienta hacia el disfrute del bien o servicio.[33] También en el sentido de la cesión del uso de la vivienda por parte del propietario

---

viviendas colaborativas», *Boletín. Servicio de Estudios Registrales de Cataluña*, núm. 217, 2022, págs. 263 y sigs.

29 ECLI:EU:C:2019:1112.

30 ARGELICH COMELLES, C.: «Gobernanza de las plataformas en línea ante la DSA y las Propuestas de Reglamento de Mercados Digitales e Inteligencia Artificial (DMA y AIA)», cit., pág. 511.

31 DOUE L 265/1, de 12 de octubre de 2022.

32 DOUE L 277/1, de 27 de octubre de 2022. Véase más ampliamente: RAMÓN FERNÁNDEZ, F.: «Inteligencia artificial y transparencia en relación con la regulación de los servicios y mercados digitales», *Equidad y transparencia en la contratación de servicios*, Dykinson, Madrid, 2023, págs. 147 y sigs.

33 SÁENZ DE JUBERA HIGUERO, B.: «Vivienda colaborativa: algunas notas sobre la situación jurídica en España y Portugal», *Revista Electrónica de Direito. RED*, vol. 16, núm. 2, 2018, págs. 169 y sigs. Disponible en: https://cij.up.pt//client/files/0000000001/8_595.pdf (Consultado el 29 de marzo de 2023).

mediante plataformas virtuales destinadas a los alojamientos turísticos, pasando a un segundo plano la adquisición de una segunda propiedad para vacaciones o uso más allá de la primera residencia, pero tiene su máximo exponente en lo que vamos a desarrollar en el presente trabajo que es el ideal de colaboración, como modo de habitar alternativo al acceso a la vivienda en propiedad tal y como la entendemos, es la vivienda colaborativa que se diseña teniendo en cuenta el propósito de compartir en común, de ayuda mutua y que es el *cohousing*.

1.2. VIVIENDA COLABORATIVA, COMPARTIDA, COVIVIENDA, *COHOUSING*, *COLIVING*, COHABITATGE, TRANSVIVIENDA

Bajo la denominación de vivienda colaborativa se enmarca una forma de habitar basada en compartir espacios comunes junto con espacios privativos de los habitantes[34].

---

34 LABELLA IGLESIAS, A., TORRES ULLÉS, I. e IZQUIERDO GRAU, G.: «Cohousing: convivir con ocho dimensiones (8D)», *Inmueble: Revista del sector inmobiliario*, núm. 176, 2017, págs. 44 y sigs.; DOS SANTOS PIMENTA GARCÍA LOPES, Mª. de F.: «Sociedade civil, cohousing e Serviço social», *Intervenção social*, núm. 55-56, 2020, págs. 151 y sigs. Disponible en: http://revistas.lis.ulusiada.pt/index.php/is/article/view/3051 (Consultado el 29 de marzo de 2023). Como señalan ALGUACIL MARÍ, Mª. P., SAJARDO MORENO, A., ALEGRE NUENO, M., GRAU LÓPEZ, C. R. y MERINO GARRIDO, F.: *Viviendas colaborativas: estado actual en la Comunidad Valenciana*, cit., pág. 15, « Las iniciativas de vivienda colaborativa surgen como respuesta habitacional frente a tres grupos de problemáticas, necesidades y aspiraciones sociales. De un lado, y procedentes de la auto-organización de la sociedad civil, como solución a los diferentes problemas de sobredimensión y hacinamiento poblacional en las ciudades, elevados costes de la vivienda y del suelo, problemas medioambientales derivados del uso intensivo del espacio y del territorio, degradación de zonas, junto a otras problemáticas aparecidas en los núcleos urbanos y ciudades de mayor tamaño y crecimiento, alineándose por

Podemos encontrar otras denominaciones que responden a esa idea como es covivienda[35], *cohousing*[36], cohabitatge,

---

lo general con nociones opuestas al concepto de propiedad privada (...), y de racionalización del consumo. De otro lado, como respuesta o recurso social asistencial para colectivos vulnerables o desfavorecidos. Y por último como alternativa de vivienda coherente con aspiraciones de vida diferentes y/o concordantes con filosofías, ideologías o estilos vitales concretos, como sería el caso de las viviendas colaborativas senior para personas no dependientes.»

35 TORÍO LÓPEZ, S., VIÑUELA HERNÁNDEZ, Mª. P. y GARCÍA PÉREZ, O.: «Experiencias de vejez vital. Senior Cohousing: autonomía y participación», *Aula abierta*, vol. 47, núm. 1, 2018, págs. 79 y sigs. Disponible en: https://reunido.uniovi.es/index.php/AA/article/view/12639/11587 (Consultado el 30 de marzo de 2023).

36 Ha sido ampliamente tratado por la doctrina: WILLIAMS, J.: «Designing Neighbourhoods for Social Interaction: The Case of Cohousing», *Journal of urban design*, núm. 10, 2, 2005, págs. 195 y sigs.; RAMÍREZ, O.: «Cohousing, una alternativa per viure la vellesa fora de les residències», *Tag: Revista institucional del Col legi d´Aparelladors, Arquitectes Tècnics i Enginyers d´Edificació de Tarragona*, núm. 84, 2019, págs. 27 y sigs.; DE JORGE HUERTAS, V.: *Esferas, umbrales e infraestructuras*, Universidad de Alcalá, Alcalá de Henares, 2019; AYUSO RUIZ-TOLEDO, M.: «El urbanismo después de la pandemia del COVID-19», *Revista de Derecho Urbanístico y Medio Ambiente*, núm. 337-338, 2020, págs. 23 y sigs.; NASARRE AZNAR, S.: *Los años de la crisis de la vivienda: de las hipotecas "suprime" a la vivienda colaborativa*, Tirant lo Blanch, Valencia, 2020; CABALLÉ FABRA, G., GARCÍA TERUEL, R. Mª., LAMBEA LLOP, N., NASARRE AZNAR, S. y SIMÓN ROMERO, H.: *L´Habitatge compartit a Barcelona i la seva adequació als estàndars internacionals*, Ajuntament de Barcelona, 2020. Disponible en: https://www.sindicaturabarcelona.cat/wp-content/uploads/2021/11/Informe_OK_web.pdf (Consultado el 26 de marzo de 2023); MORENO MOZO, F.: «La vivienda compartida. El cohousing», *La protección del consumidor en la vivienda colaborativa*, MUÑIZ ESPADA, E. (coord.), La Ley, Madrid, 2019, págs. 457 y sigs.; ALBORCH DE LA FUENTE, J. A.: «Cohousing», *Boletín. Servicio de Estudios Registrales de Catalunya*, núm. 217, 2022, págs. 251 y sigs.; GALDINI, R.: «Esperienze di cohousing a Berlino: verso una nuova idea di comunità», *Sociologia urbana e rurale*, núm. 108, 2015, págs. 101- y sigs.; HERNÁNDEZ CÁCERES, D.: «El desarrollo del "Cohousing" en España», *Turismo, vivienda y economía colaborativa*, MUNAR

BERNAT, P. A., MARTOS CALABRÚS, Mª. A., LÓPEZ SAN LUIS, R. y BASTANTE GRANELL, V. (dir.), Thomson Reuters Aranzadi, Cizur Menor, 2020, págs. 335 y sigs.; HURTADO GARCÍA, I. y LÓPEZ MARTÍNEZ, G.: «Las fisuras del estado del bienestar español: el cohousing como estrategia comunitaria», *La sonrisa de Europa: el estado de bienestar en el proceso de integración europea*, CAYUELA SÁNCHEZ, S. y RUIZ, P. A. (ed.), Marcial Pons, Universidad de Murcia, Centro de Estudios Europeos (CEEUM), Madrid, 2023, págs. 169 y sigs.; LUCERGA REVUELTA, R. Mª.: «"Cohousing", ¿un nuevo modelo de convivencia?: Filosofía de un estilo», *Sesenta y más*, núm. 338, 2018, págs. 12 y sigs.; LÓPEZ DE LA CRUZ, L. y VÁZQUEZ PASTOR JIMÉNEZ, L.: «Nuevos modelos de hábitat compartido: el proyecto cohousing. Del derecho de propiedad al derecho de uso», *Revista Aranzadi de derecho patrimonial*, núm. 38, 2015, págs. 253 y sigs.; RODRÍGUEZ LIÉVANO, Mª. P. y GALIANA SAURA, A.: «El "Cohousing" como modelo de vivienda colaborativa: riesgos derivados de la determinación de los espacios y usos, y el carácter dogmático del propósito», *Turismo, vivienda y economía colaborativa*, MUNAR BERNAT, P. A., MARTOS CALABRÚS, Mª. A., LÓPEZ SAN LUIS, R. y BASTANTE GRANELL, V. (dir.), Thomson Reuters Aranzadi, Cizur Menor, 2020, págs. 357 y sigs.; SÁENZ DE JUBERA HIGUERO, B.: «Propiedad y vivienda en el marco de la economía colaborativa: alojamientos turísticos y "cohousing"», *Congreso Internacional de Derecho Civil Octavo Centenario de la Universidad de Salamanca: libro de ponencias. Salamanca, 24, 25 y 26 de octubre de 2018*, LLAMAS POMBO, E. (coord.), Tirant lo Blanch, Valencia, 2018, págs. 1459 y sigs.; SAJARDO MORENO, A.: «Vivienda colaborativa y Economía Social: análisis del modelo senior e intergeneracional», *Revista del Ministerio de Trabajo y Economía Social*, núm. 153, 2022, págs. 153 y sigs.; DÍAZ RUBIO, P.: «La cesión de uso de viviendas con fines turísticos: algunos aspectos fiscales», *Journal of Tourism Analysis. Revista de Análisis Turístico*, vol. 27, núm. 2, 2020, págs. 221 y sigs. Disponible en: https://analisis-turistico.aecit.org/index.php/AECIT/article/view/362/239 (Consultado el 24 de marzo de 2023); MARTÍNEZ CAÑELLAS, A.: «La cesión del uso de la vivienda a no residentes: contrato de alojamiento (de estancias turísticas) en viviendas y el contrato de arrendamiento de temporada, conforme a la Ley del Turismo de las Islas Baleares tras la reforma de la Ley de Arrendamientos Urbanos», *Boletín de la Real Academia de la Jurisprudencia y Legislación de las Illes Balears*, núm. 15, 2014, págs. 151 y sigs. Disponible en: http://ibdigital.uib.es/greenstone/collect/boletinJurisprudencia/index/

transvivienda[37], vivienda compartida[38] y que dan respuesta al acceso a la vivienda por parte de determinados colectivos. Subyace la idea de innovación en el ámbito de la vivienda, proponiendo nuevas opciones para la misma.[39]

Dentro del concepto de vivienda colaborativa tenemos distintas variantes, como el *community-led*, el *resident-led*, *participative housing* o *cohousing*, en el que el denominador común es que un conjunto de personas se organizan de forma autónoma para disponer de una vivienda. Un ejemplo de este concepto es el *cohousing* que tiene unas notas claramente diferenciadoras.[40] Este modelo dispone de espacios privados de carácter residencial en los que los residen-

---

assoc/Bajlib_2/014_t015/_151.dir/Bajlib_2014_t015_151.pdf (Consultado el 27 de marzo de 2023).

37 RIEIRO DÍAZ, R.: «Cosmonautas del futuro. Experiencias de transvivienda para tiempos de posbienestar», *Boletín Académico: Revista de investigación y arquitectura contemporánea*, núm. 8, 2018, págs. 79-102. Disponible en: https://revistas.udc.es/index.php/BAC/article/view/bac.2018.8.0.3124/g3124_pdf_en_es (Consultado el 24 de marzo de 2023).

38 ABELLO ALDANA, V. y KUEHLER, M.: «Los inquilinatos en Bogotá: desde la problemática socioespacial hasta una propuesta arquitectónica», *Dearq*, núm. 31, 2021, págs. 60-73. Disponible en: https://revistas.uniandes.edu.co/index.php/dearq/article/view/3427/2424 (Consultado el 28 de marzo de 2023).

39 AIZPURÚA MARTÍN, E.: «Estudio piloto sobre las viviendas colaborativas o "cohousing", una posible alternativa de futuro en el ámbito de la gerontología», *Investigaciones en gerontología social*, BARRERA ALGARÍN, E. y SARASOLA, J. L. (coord.), Dykinson, Madrid, 2022, págs. 279 y sigs.; BIANCHI, F.: «Verso un nuevo spazio abitativo? Un´indagine sulle rappresentazioni social del cohousing», *Studi di sociología*, núm. 3, 2015, págs. 237 y sigs.; BIDAURRAZAGA VAN DIERDONCK, A.: «Cohousing: elkarbizitzarako veste eredu bat», *Aldiri: arkitektura eta abar*, núm. 19, 2014, págs. 5 y sigs.; DERIU, F. y BUCCO, G.: «Il social "cohousing": una risposta innovativa alle incertezze presenti e future dei giovani in Italia», *Sociologia urbana e rurale*, núm. 100, 2013, págs. 74 y sigs.

40 CABALLÉ FABRA, G., GARCÍA TERUEL, R. Mª., LAMBEA LLOP, N., NASARRE AZNAR, S. y SIMÓN ROMERO, H.: *L´Habitatge compartit a Barcelona i la seva adequació als estàndars internacionals*, cit., pág. 54 y sigs.

tes tienen un derecho de naturaleza real u obligaciones, y otros espacios e instalaciones que tienen naturaleza común como puede ser la cocina, el comedor, lavandería, zona de juegos, sala de reuniones, biblioteca, terrazas o cualquier otro servicio para uso común, y que se dispondrán según las preferencias y la capacidad adquisitiva de cada uno de los habitantes. Por ejemplo, disponer de más o menos servicios comunes dependerá de lo que puedan pagarlos los habitantes. Existen normas de naturaleza privada por las cuales se organiza la comunidad y que deben ser aceptados por todos los habitantes y comprometerse a su cumplimiento. Los integrantes de la comunidad son los que tienen la capacidad de decidir las personas físicas o jurídica que pueden formar parte de la misma. Pero, además esta modalidad de habitar tiene unos valores intrínsecos como es la solidaridad, la inclusión, el activismo social, el soporte mutuo, el envejecimiento activo[41] o la sostenibilidad medioambiental generando menos residuos y contaminación al usarse los servicios de forma común y no individual.

Esta sostenibilidad se entiende, según la doctrina[42] en relación a la eficiencia energética. De ahí que los proyectos contemplen que sean los edificios bioclimáticos, con poco impacto ambiental y con un mantenimiento asequible. El diseño con orientación sur para aprovechar la luz solar, y accesos al norte para la conservación del calor, la recogida de agua de los tejados, además del suelo radiante y un sistema de calefacción geotérmico, junto con

---

41 AA.VV.: *Soluciones habitacionales para el envejecimiento activo: viviendas colaborativas o cohousing: respondiendo a los cambios demográficos desde la innovación social,* ALARCÓN, D., LÓPEZ DE LA CRUZ, L. y SÁNCHEZ MEDINA, J. A. (coord.), Tirant lo Blanch, Valencia, 2017.

42 ETXEZARRETA ETXARRI, A., CANO FUENTES, G. y MERINO, S.: «Las cooperativas de viviendas de cesión de uso: experiencias emergentes en España», *CIRIEC-España. Revista de economía pública, social y cooperativa,* núm. 92, 2018, pág. 81. Disponible en: https://ojs.uv.es/index.php/ciriecespana/article/view/9266/11695 (Consultado el 26 de marzo de 2023).

la adaptación de la vivienda (por ejemplo, peldaños menos altos para facilitar la subida y bajada).

Por su parte el *coliving* está orientado a franjas de edad más jóvenes, principalmente estudiantes o profesionales autónomos[43]. Se basa en el uso exclusivo o compartido de habitaciones individuales, y en el uso compartido de zonas amplias que son comunes. En este caso pueden ser sales de cine, de juego, bibliotecas, gimnasios, restaurantes o piscinas. Al ser el público potencialmente más joven y de ámbito profesional, esta modalidad habitacional cumple la función para estas personas que no desean adquirir una propiedad, sino que prefieren utilizar el espacio, y disfrutar de su uso. Son valores también asociados a generaciones más modernas. Se vincula también a los denominados «nómadas digitales», que perciben el hogar como tal, sino como un servicio.[44]

---

[43] CABALLÉ FABRA, G., GARCÍA TERUEL, R. Mª., LAMBEA LLOP, N., NASARRE AZNAR, S. y SIMÓN ROMERO, H.: *L'Habitatge compartit a Barcelona i la seva adequació als estàndars internacionals,* cit., pág. 52 y sigs. Véase también: BLANCO GONZÁLEZ, A.: «Cohousing y Coliving. Nuevos modelos residenciales en el avance de la modificación de las normas urbanísticas del Plan General de Ordenación de Madrid», *Anuario Jurídico Secciones del ICAM* 2022, RIBÓN SEISDEDOS, E. y ALONSO HERRANZ, Y. (coord.), Sepín, Madrid, 2022, págs. 377 y sigs.

[44] DE MOLINA BENAVIDES, L. y VALERO RAMOS, E.: «Habitar en la era digital: modelos colaborativos y su respuesta en tiempos de crisis», *Rita: Revista Indexada de Textos Académicos,* núm. 14, 2020, págs. 97. Disponible en: http://ojs.redfundamentos.com/index.php/rita/article/view/523/456 (Consultado el 28 de marzo de 2023) lo aclaran indicado lo siguiente: «En el siglo XXI, se observa cómo la tecnología digital ha producido dos efectos contradictorios: una movilidad y una permanencia sin precedentes, que han dado lugar a dos nuevas arquitecturas: el modelo *Coliving* frente al modelo *Cohousing*.

Una tecnología que fomenta la movilidad eleva el nivel de aislamiento y efimeridad del usuario en el espacio, no solo por un aumento de los desplazamientos, sino también por la superposición de actividades digitales que reduce la atención del usuario hacia su alrededor. Un ejemplo son los vagones del metro densificados por personas apiladas e indife-

---

rentes, inmersas en su propia burbuja. De esta manera, se produce una desconexión no solo con el entorno, también con la realidad, debido a la disrupción de la relación cuerpo-mente. Se aprecia cómo una arquitectura para un individuo que vive en una realidad virtual reduce sus dimensiones y lo muestra como un usuario pasivo y estático. Resulta asombroso cómo esta nueva realidad cada vez se asemeja más a las películas de ciencia-ficción donde las ciudades, con una apariencia asiática, presentan a la sociedad como un conjunto de individuos aislados en espacios mínimos, como el ejemplo que se muestra con el pequeño tamaño de la vivienda del protagonista en la película de *Blade Runner*.

Debido a los efectos de la digitalización, el nuevo espacio doméstico pensado para los nómadas digitales dista mucho del Pao diseñado por Toyo Ito para la chica nómada de Tokio, ya que este no contaba con una tecnología que aislaba al individuo de su entorno, sin necesidad de ninguna instalación. De esta manera, el modelo *Coliving* resulta un negocio inmobiliario de alta rentabilidad económica ya que no solo reduce el espacio íntimo a células individuales, el resto de estancias "de servicios compartidos" son densificadas al estar ocupadas por usuarios desconectados del entorno. El flujo permanente de personas hace posible un uso continuo del espacio y acaba por disolver la consistencia del hogar.

Su arquitectura se muestra como un conjunto de espacios dispersos dentro de un contenedor controlado, en el que sus fachadas suelen ser estáticas y herméticas, cerradas hacia la ciudad. En su interior, aparecen numerosos ámbitos definidos y predeterminados con un uso compartido, desde coworking, cocinas, salas de estar, hasta gimnasio o spa; y otros de uso individual, para la intimidad de cada individuo. Su ubicación suele encontrarse próxima a puntos de gran conectividad y en ciudades con una gran oferta de servicios, para permitir al individuo continuar con su libre circulación. Para acceder a este tipo de modelo, previamente se debe haber superado un proceso de selección que admitirá a los usuarios más acordes a un perfil estipulado, y que corresponde a un nómada digital con altos ingresos. Una vez admitido el usuario, se "suscribe" a la plataforma para poder disfrutar de los numerosos servicios ofertados, cuya cuota, además de funcionar como un alquiler, incluirá la asistencia a eventos, multitud de productos, o el acceso a otras localizaciones de la misma cadena. El nicho de mercado al que está dirigido, clases más acomodadas , lo convierte en un modelo exclusivo y, lejos de ser un modelo colaborativo, la "comunidad" del modelo *Coliving* funciona en realidad como un club global y cerrado,

La idea de vivir en comunidad no siempre ha sido demasiado aceptada socialmente, e incluso se ha visto de forma desfavorable.[45] Compartir espacios era sinónimo de no poder acceder a una vivienda, ya sea en propiedad o en alquiler, de forma individual y con la finalidad de tener un techo se tenía que compartir. Aún hoy en día el disponer de una habitación o compartir una vivienda nos encontramos que son determinados colectivos más desfavorecidos los que tienen que vivir compartiendo el espacio. Sin embargo, el *cohousing* no es eso, no se comparte por necesidad económica, se comparte por necesidad social y de relación, así como ayuda mutua.

Dentro de esta forma de habitar, se distingue por parte de la doctrina diversos tipos o modalidades de *cohousing46*, en atención a las características y personas a las que va destinado:

-Ecológicos. Se prioriza el contacto con la naturaleza y el respecto por el medio ambiente.

---

en el que sus "miembros" se comportan verdaderamente como socios. Esta red de servicios global, esparcida por todo el mundo, permite al nuevo individuo mantenerse continuamente en movimiento, impidiendo su vinculación con el entorno y contribuyendo a la generación de relaciones efímeras y superficiales que dan lugar a una comunidad líquida. Estas empresas digitales no solo eliminan al habitante, también al vecindario. Ahora manzanas completas de servicios actúan como "hogares" dirigidos a nómadas digitales. Se observa cómo un hogar líquido, que muestra el espacio doméstico como un servicio, contribuye de manera silenciosa a la clausura y gentrificación de los barrios donde se establece».

45 TRILLAS FONTS, A.: «Contra el estigma, vivir en comunidad», *Alternativas económicas,* número 92, 2021, pág. 56.

46 SOSA RAMÍREZ, R., LÓPEZ MENESES, E. y VÁZQUEZ CANO, E.: «Nuevas formas de habitar: Cohousing un modelo educo-comunitario», *Educación y sociedad: Pensamiento e innovación para la transformación social,* MOLINA GARCÍA, L., COBOS SÁNCHIZ, D., LÓPEZ MENESES, E., JAÉN MARTÍNEZ, A. y MARTÍN PADILLA, A. H. (Coord.), Dykinson, Madrid, 2023, págs. 2845 y sigs. Disponible en: https://dialnet.unirioja.es/servlet/articulo?codigo=8881802 (Consultado el 14 de mayo de 2023).

-Femeninos o destinados a mujeres. Se contempla dicha forma de habitar destinada a las mujeres, como acompañamiento, o en situación de crianza, como ayuda mutua.

- Senior. Enfocados a personas mayores, como una alternativa a los modelos de residencia de tercera edad.

- Diversidad funcional. Dirigidos a personas que tienen diversidad funcional o sufren alguna dependencia.

- Artísticos. Se centran en personas que realizan alguna actividad y que necesitan disponer de un espacio adaptado, como puede ser la insonorización, etc.

- Rurales. Atienden a la necesidad de evitar el despoblamiento de zonas aisladas, así como la conservación del patrimonio cultural.

- Juveniles. Se orientan a la población más joven para combinar espacios de uso y de ocio.

- Intergeneracionales. Se establecen para la convivencia entre distintas generaciones y complementarse mutuamente.

1.3. EL MODELO COOPERATIVO

Esta es una de las modalidades que adopta el *cohousing*, el modelo de cooperativa[47]. Las cooperativas mantienen la propiedad del inmueble y ceden el uso a los integrantes de la misma[48]. En

---

47 Sobre ello, se puede consultar más ampliamente: ALGUACIL MARÍ, Mª. P., BONET SÁNCHEZ, Mª. P. y GRAU LÓPEZ, C. R.: *Guía jurídica y fiscal del cohousing cooperativo en la Comunidad Valenciana*, Generalitat Valenciana, Valencia, 2021. Disponible en: https://www.uv.es/aulaempresoc/publicaciones/2020-guia-juridica-cohousing.pdf (Consultado el 25 de marzo de 2023).

48 Cfr. ALLEGUE REQUEIJO, B.: *Las cooperativas de viviendas: adaptación de su objeto social hacia las nuevas necesidades del siglo XXI*, Centro Internacional de Investigación e Información sobre la Economía Pública,

nuestro ordenamiento jurídico el cooperativismo ha sido una fórmula utilizada para alcanzar un fin común. En virtud del principio de autonomía de la voluntad, diversas personas se pueden asociar de forma voluntaria para alcanzar un objetivo, ya sea económico, social o cultural, mediante una estructura de funcionamiento en el que exista una propiedad y un medio de regirse de forma democrática.

El movimiento cooperativo nace de la necesidad social, tanto de carácter económico (reunirse un grupo de personas para alcanzar un objetivo de forma más económica o más barata), y también cubrir unas necesidades de carácter básico, que en el caso que nos ocupa es una vivienda, un techo para vivir. Su origen se sitúa sobre la mitad del siglo XIX, y se alude a un grupo de artesanos los fundadores del sistema, que se conocen como «los pioneros de Rochdale»[49], en 1844. Este grupo de artesanos se unieron con la finalidad de hacer frente a la situación de carestía que les asolaba y decidieron poner en común su trabajo y recursos y or-

---

Social y Cooperativa, CIRIEC-España, Madrid, 2011; MERINO HERNÁNDEZ, S.: «La cooperativa de viviendas como administradora de bienes comunes», *Revista vasca de economía social*, núm. 9, 2013, págs. 101 y sigs. Disponible en: https://ojs.ehu.eus/index.php/Gezki/article/view/12737/11537 (Consultado el 27 de marzo de 2023); «Realidad de las cooperativas de viviendas en la Comunidad Autónoma del País Vasco», *Revista vasca de economía social*, núm. 15, 2018, págs. 273 y sigs. Disponible en: https://ojs.ehu.eus/index.php/gezki/article/view/20525/18496 (Consultado el 27 de marzo de 2023); MICHELINI, J. J., RELLI UGARTAMENDÍA, M. y VÉRTIZ, F.: «Pensar y producir otra ciudad: panorámica actual de las cooperativas de vivienda en cesión de uso en el Estado español», *Quid 16: Revista del Área de Estudios Urbanos*, núm. Extra 0, 2021, págs. 100 y sigs. Disponible en: https://publicaciones.sociales.uba.ar/index.php/quid16/article/view/6395/pdf (Consultado el 24 de marzo de 2023).

49 Véase: RIVERA RODRÍGUEZ, C. A. y LABRADOR MACHÍN, O.: «Bases teóricas y metodológicas de la cooperación y el cooperativismo», *Cooperativismo y Desarrollo: COODES*, vol. 1, núm. 2, 2013, págs. 191-208. Disponible en: https://coodes.upr.edu.cu/index.php/coodes/article/view/50/169 (Consultado el 28 de abril de 2023).

ganizarse teniendo como principios la honestidad, transparencia, respeto, participación y democracia interna.[50]

Este movimiento ha tenido una gran expansión a nivel internacional y fue propiciado también por la Revolución Industrial. Surgieron las cooperativas de consumo, trabajo, vivienda.

El movimiento cooperativista se articula alrededor de los denominados siete principios[51] básicos que son: adhesión voluntaria y abierta; control democrático de los miembros; participación económica de sus miembros; autonomía e independencia; educación, entrenamiento e información; cooperación entre cooperativas e interés por la comunidad.

La Ley 27/1999, de 16 de julio, de Cooperativas[52], en su artículo 1, define a la cooperativa como una sociedad constituida por personas que se asocian, en régimen de libre adhesión y baja voluntaria, para la realización de actividades empresariales, encaminadas a satisfacer sus necesidades y aspiraciones económicas y sociales, con estructura y funcionamiento democrático, conforme a los principios formulados por la alianza cooperativa internacional, en los términos resultantes de la presente Ley.

El artículo 6 de la Ley 27/1999 establece la clasificación de las cooperativas en primer y segundo grado. En el caso de las de primer grado se pueden clasificar de la siguiente forma: cooperativas de trabajo asociado; de consumidores y usuarios; de

---

50 ALBORS SOROLLA, M. A.: *Estudio del modelo Andel de cooperativas de viviendas en cesión de uso y su posibilidad de introducción en España,* Universitat Politècnica de València, Valencia, 2011, págs. 10 y sigs. Disponible en: https://riunet.upv.es/bitstream/handle/10251/15154/Tesis%20Master_%20Albors%20Sorolla%2c%20M.A._2011.pdf?sequence=1&isAllowed=y (Consultado el 24 de marzo de 2023).

51 Como señala ALBORS SOROLLA, M.A.: *Estudio del modelo Andel de cooperativas de viviendas en cesión de uso y su posibilidad de introducción en España,* cit., pág. 13, los valores propios del cooperativismo son autoayuda, auto-responsabilidad, democracia, igualdad, equidad y solidaridad.

52 BOE núm. 170, de 17 de julio de 1999.

viviendas; agroalimentarias; de explotación comunitaria de la tierra; de servicios; del mar; de transportistas; de seguros; sanitarias; de enseñanza, y de crédito.

Las cooperativas de viviendas se regulan en los artículos 89 a 91 de la Ley 27/1999. Según el artículo 89 de la Ley 27/1999, las cooperativas de viviendas asocian a personas físicas que precisen alojamiento y/o locales para sí y las personas que con ellas convivan. También podrán ser socios los entes públicos y las entidades sin ánimo de lucro, que precisen alojamiento para aquellas personas que dependientes de ellos tengan que residir, por razón de su trabajo o función, en el entorno de una promoción cooperativa o que precisen locales para desarrollar sus actividades. Asimismo, pueden tener como objeto, incluso único, en cuyo caso podrán ser socios cualquier tipo de personas, el procurar edificaciones e instalaciones complementarias para el uso de viviendas y locales de los socios, la conservación y administración de las viviendas y locales, elementos, zonas o edificaciones comunes y la creación y suministros de servicios complementarios, así como la rehabilitación de viviendas, locales y edificaciones e instalaciones complementarias.

Las cooperativas de viviendas podrán adquirir, parcelar y urbanizar terrenos y, en general, desarrollar cuantas actividades y trabajos sean necesarios para el cumplimiento de su objeto social.

La propiedad o el uso y disfrute de las viviendas y locales podrán ser adjudicados o cedidos a los socios mediante cualquier título admitido en derecho.

Cuando la cooperativa retenga la propiedad de las viviendas o locales, los Estatutos establecerán las normas a que ha de ajustarse tanto su uso y disfrute por los socios, como los demás derechos y obligaciones de éstos y de la cooperativa, pudiendo prever y regular la posibilidad de cesión o permita del derecho de uso y disfrute de la vivienda o local con socios de otras cooperativas de viviendas que tengan establecida la misma modalidad.

Las cooperativas de viviendas podrán enajenar o arrendar a terceros, no socios, los locales comerciales y las instalaciones y edificaciones complementarias de su propiedad. La Asamblea General acordará el destino del importe obtenido por enajenación o arrendamiento de los mismos.

Los Estatutos podrán prever en qué casos la baja de un socio es justificada y para los restantes, la aplicación, en la devolución de las cantidades entregadas por el mismo para financiar el pago de las viviendas y locales, de las deducciones a que se refiere el apartado 3 del artículo 51, hasta un máximo del 50 por 100 de los porcentajes que en el mismo se establecen.

Las cantidades a que se refiere el párrafo anterior, así como las aportaciones del socio al capital social, deberán reembolsarse a éste en el momento en que sea sustituido en sus derechos y obligaciones por otro socio.

Ninguna persona podrá desempeñar simultáneamente el cargo de miembro del Consejo Rector en más de una cooperativa de viviendas.

Los miembros del Consejo Rector en ningún caso podrán percibir remuneraciones o compensaciones por el desempeño del cargo, sin perjuicio de su derecho a ser resarcidos por los gastos que se les origine.

Las cooperativas de viviendas realizarán sus promociones en el ámbito territorial que delimiten sus Estatutos.

El artículo 90 de la Ley 27/1999 se destina a la regulación de las construcciones por fases o promociones.

Si la cooperativa de viviendas desarrollase más de una promoción o una misma promoción lo fuera en varias fases, estará obligada a dotar a cada una de ellas de autonomía de gestión y patrimonial, para lo que deberá llevar una contabilidad independiente con relación a cada una, sin perjuicio de la general de la cooperativa, individualizando todos los justificantes de cobros o pagos que no correspondan a créditos o deudas generales.

Cada promoción o fase deberá identificarse con una denominación específica que deberá figurar de forma clara y destacada en toda la documentación relativa a la misma, incluidos permisos o licencias administrativas y cualquier contrato celebrado con terceros.

En la inscripción en el Registro de la Propiedad de los terrenos o solares a nombre de la cooperativa se hará constar la promoción o fase a que están destinados y si ese destino se acordase con posterioridad a su adquisición, se hará constar por nota marginal a solicitud de los representantes legales de la cooperativa.

Deberán constituirse por cada fase o promoción Juntas especiales de socios, cuya regulación deberán de contener los Estatutos, siempre respetando las competencias propias de la Asamblea General sobre las operaciones y compromisos comunes de la cooperativa y sobre lo que afecte a más de un patrimonio separado o a los derechos u obligaciones de los socios no adscritos a la fase o bloque respectivo. La convocatoria de las Juntas se hará en la misma forma que la de las Asambleas.

Los bienes que integre el patrimonio debidamente contabilizado de una promoción o fase no responderán de las deudas de las restantes.

La Auditoría de cuentas en las cooperativas de viviendas se contempla en el artículo 91 de la Ley 27/1999. Las cooperativas de viviendas, antes de presentar las cuentas anuales, para su aprobación a la Asamblea General, deberán someterlas a auditoría, en los ejercicios económicos en que se produzca alguno de los siguientes supuestos:

a) Que la cooperativa tenga en promoción, entre viviendas y locales, un número superior a cincuenta.

b) Cualquiera que sea el número de viviendas y locales en promoción, cuando correspondan a distintas fases, o cuando se construyan en distintos bloques que constituyan, a efectos económicos, promociones diferentes.

c) Que la cooperativa haya otorgado poderes relativos a la gestión empresarial a personas físicas o jurídicas, distintas de los miembros del Consejo Rector.

d) Cuando lo prevean los Estatutos o lo acuerde la Asamblea General.

No obstante lo establecido en el apartado anterior, será de aplicación, en cualquier caso, a este precepto lo recogido en la presente Ley sobre esta materia.

La transmisión de derechos se contiene en el artículo 92 de la Ley 27/1999.

En las cooperativas de viviendas, el socio que pretendiera transmitir «inter vivos» sus derechos sobre la vivienda o local, antes de haber transcurrido cinco años u otro plazo superior fijado por los Estatutos, que no podrá ser superior a diez desde la fecha de concesión de la licencia de primera ocupación de la vivienda o local, o del documento que legalmente le sustituya, y de no existir, desde la entrega de la posesión de la vivienda o local, deberá ponerlos a disposición de la cooperativa, la cual los ofrecerá a los solicitantes de admisión como socios por orden de antigüedad.

El precio de tanteo será igual a la cantidad desembolsada por el socio que transmite sus derechos sobre la vivienda o local, incrementada con la revalorización que haya experimentado, conforme al índice de precios al consumo, durante el período comprendido entre las fechas de los distintos desembolsos parciales y la fecha de la comunicación de la intención de transmisión de los derechos sobre la vivienda o local.

Transcurridos tres meses desde que el socio puso en conocimiento del Consejo Rector el propósito de transmitir sus derechos sobre la vivienda o local, sin que ningún solicitante de admisión como socio por orden de antigüedad haga uso del derecho de preferencia para la adquisición de los mismos, el socio queda autorizado para transmitirlos, «inter vivos», a terceros no socios.

No obstante, transcurrido un año desde que se comunicó la intención de transmitir sin haber llevado a cabo la transmisión, deberá repetirse el ofrecimiento a que se refiere el párrafo primero.

Si, en el supuesto a que se refiere el número anterior de este artículo, el socio, sin cumplimentar lo que en el mismo se establece, transmitiera a terceros sus derechos sobre la vivienda o local, la cooperativa, si quisiera adquirirlos algún solicitante de admisión como socio, ejercerá el derecho de retracto, debiendo reembolsar al comprador el precio que señala el número anterior de este artículo, incrementado con los gastos a que se refiere el número 2 del artículo 1518 del Código civil. Los gastos contemplados por el número 1 del referido artículo del Código civil serán a cargo del socio que incumplió lo establecido en el número anterior del presente artículo.

El derecho de retracto podrá ejercitarse, durante un año, desde la inscripción de la transmisión en el Registro de la Propiedad, o, en su defecto, durante tres meses, desde que el retrayente tuviese conocimiento de dicha transmisión.

Las limitaciones establecidas en los números anteriores de este artículo no serán de aplicación cuando el socio transmita sus derechos sobre la vivienda o local a sus ascendientes o descendientes, así como en las transmisiones entre cónyuges decretadas o aprobadas judicialmente en los casos de separación o divorcio.

La Ley 5/2011, de 29 de marzo, de Economía Social[53], en su artículo 5, indica como parte de la economía social las cooperativas[54]. Estas entidades tienen unos principios orientadores que

---

53 BOE núm. 76, de 30 de marzo de 2011.

54 Junto con las mutualidades, las fundaciones y las asociaciones que lleven a cabo actividad económica, las sociedades laborales, las empresas de inserción, los centros especiales de empleo, las cofradías de pescadores, las sociedades agrarias de transformación y las entidades singulares creadas por normas específicas que se rijan por los principios establecidos en el artículo anterior.

actúan en base a los mismos y que son los siguientes tal y como indica el artículo 4:

a) La primacía de las personas y del fin social sobre el capital, que se concreta en gestión autónoma y transparente, democrática y participativa, que lleva a priorizar la toma de decisiones más en función de las personas y sus aportaciones de trabajo y servicios prestados a la entidad o en función del fin social, que en relación a sus aportaciones al capital social;

b) Se aplican los resultados obtenidos de la actividad económica principalmente en función del trabajo aportado y servicio o actividad realizada por las socias y socios o por sus miembros y, en su caso, al fin social objeto de la entidad.

c) Promoción de la solidaridad interna y con la sociedad que favorezca el compromiso con el desarrollo local, la igualdad de oportunidades entre hombres y mujeres, la cohesión social, la inserción de personas en riesgo de exclusión social, la generación de empleo estable y de calidad, la conciliación de la vida personal, familiar y laboral y la sostenibilidad;

d) La independencia respecto a los poderes públicos.

Esta norma, en su disposición transitoria segunda referente a las cooperativas de vivienda indica que sin perjuicio de lo dispuesto en el artículo 89.4 de la Ley 27/1999,[55] las cooperativas de viviendas podrán enajenar o arrendar a terceros no socios, las viviendas de su propiedad iniciadas con anterioridad a la entrada en vigor de la presente Ley. En este supuesto, la enajenación o arrendamiento de las viviendas y sus condiciones generales deberán haber

---

[55] El citado artículo 89.4 dispone que: «Las cooperativas de viviendas podrán enajenar o arrendar a terceros, no socios, los locales comerciales y las instalaciones y edificaciones complementarias de su propiedad. La Asamblea General acordará el destino del importe obtenido por enajenación o arrendamiento de los mismos».

sido acordadas previamente por la Asamblea General. Adicionalmente, estas operaciones con terceros no socios podrán alcanzar como límite máximo el 50 por ciento de las realizadas con los socios. La Asamblea General acordará también el destino del importe obtenido por la enajenación o arrendamiento.

Vamos a mencionar cómo se regula este modelo en el ámbito de la Comunitat Valenciana. El Decreto Ley 4/2023, de 10 de marzo, del Consell de modificación del Decreto Legislativo 2/2015, de 15 de mayo, del Consell, por el que se aprueba el texto refundido de la Ley de cooperativas de la Comunitat Valenciana[56] modifica el artículo 91 destinado a la regulación de las cooperativas de viviendas y cooperativas de despachos y locales, que queda redactado de la siguiente forma:

> «1. Las cooperativas de viviendas tienen por objeto facilitar alojamiento a personas socias, para sí y para las personas que con ellas convivan.
>
> También podrán tener por objeto proporcionar a las personas socias solares o terrenos para la edificación de viviendas o facilitar a las personas propietarias o usuarias de las viviendas, aparcamientos, locales, instalaciones o servicios complementarios o accesorios de la vivienda, así como servicios que consideren necesarios para el bienestar y desarrollo colectivo.
>
> La cooperativa de vivienda podrá tener por objeto, incluso único, la conservación, rehabilitación y administración de las viviendas y demás edificaciones, instalaciones o servicios. En estos casos, podrán ser socias de la cooperativa las personas propietarias o usuarias de las viviendas y demás instalaciones o servicios, con independencia de su naturaleza física, jurídica, pública o privada.

---

[56] DOGV núm. 9553, de 14 de marzo de 2023.

Las cooperativas de viviendas también podrán tener por objeto el desempeño de las funciones de administrador de las comunidades de propietarios, sometidas o no a la Ley de Propiedad Horizontal, hayan sido o no construidas y adjudicadas en régimen cooperativo.

Las cooperativas de viviendas podrán adquirir, parcelar y urbanizar terrenos y, en general, desarrollar cuantas actividades y trabajos sean necesarios para el cumplimiento de su objeto social.

2. Podrán ser socias de las cooperativas de viviendas las personas físicas que pretendan alojamiento o locales para sí y las personas que con ellas convivan. También podrán ser personas socias los entes públicos, las cooperativas y las entidades sin ánimo de lucro que precisen alojamiento para aquellas personas que, dependientes de ellas, tengan que residir, por razón de su trabajo o función, en el entorno de una promoción cooperativa o que precisen locales para desarrollar sus actividades.

Para adquirir la condición de persona socia de una cooperativa de viviendas en cesión de uso habrá de realizar una aportación al capital social. Sin perjuicio de las aportaciones que los estatutos o la asamblea general acuerden para promover la construcción o la adquisición de la vivienda o alojamiento en cesión de uso, dicha aportación a capital no podrá ser de cuantía superior a coste de la construcción o adquisición de la vivienda o alojamiento en cesión de uso. Asimismo, la persona socia deberá realizar los desembolsos pendientes y demás aportaciones previstas por la asamblea general o por los estatutos sociales que le sean exigidos, abonar las cuotas periódicas que fijen los órganos de la cooperativa para atender los gastos derivados del mantenimiento y mejora de las viviendas y demás instalaciones de la cooperativa, y en su caso, de los demás servicios que la cooperativa presta a sus socios.

3. La cooperativa de viviendas determinará en sus estatutos si va a satisfacer el interés de sus socios y socias mediante la adquisición, el arrendamiento, la promoción, y en su caso, construcción o autoconstrucción, de las viviendas por tales socios y socias; y si una vez concluidas estas actividades las viviendas van a adjudicarse en propiedad o las personas socias o van a cederse para uso y disfrute de las mismas.

Cuando la cooperativa retenga la propiedad de las viviendas o locales, los estatutos, el reglamento de régimen interior o los acuerdos de la asamblea general establecerán las normas por las que se regirá el uso y disfrute por las personas socias de las viviendas y demás espacios, instalaciones y servicios, tanto particulares como comunes, pudiendo prever y regular la posibilidad de cesión o permuta del derecho de uso y disfrute de la vivienda o local con socios o socias de otras cooperativas de viviendas que tengan establecida la misma modalidad, así como entre las personas que convivan con las socias y socios, y pudiendo regular asimismo el régimen de reembolso de las aportaciones reembolsables.

En cualquier caso, las viviendas y alojamientos ofrecidos en régimen cooperativo deberán destinarse al alojamiento de las personas socias y quienes con ellas conviven, ya sea para uso habitual y permanente, o para descanso o vacaciones, pudiendo destinarse también para uso residencial o colaborativo, con carácter general o para determinados colectivos.

En el momento de constitución de la cooperativa, el número de viviendas que se proyectan adquirir o construir no podrá superar el doble del número de socios, excepto si se trata de una promoción realizada en colaboración con administraciones o entidades públicas.

4. Las cooperativas de viviendas podrán enajenar o arrendar a terceras personas no socias las viviendas, locales comerciales e instalaciones y edificaciones complementarias de su propiedad. La asamblea general acordará el destino del importe obtenido por enajenación o arrendamiento de los mismos.

En todo caso, las cooperativas de viviendas no podrán realizar operaciones con terceras personas no socias por importe superior al 25% de la cuantía de las realizadas con las personas socias, límite que operará para cada promoción o fase diferente existente en la cooperativa.

5. En caso de baja del socio o socia, la cooperativa podrá retener el importe total que deba reembolsarse a la persona socia saliente, hasta que sea sustituida en sus derechos y obligaciones por otro socio o socia.

En los estatutos sociales deberá fijarse el plazo máximo de duración del derecho de retención.

6. La persona titular del derecho a la adjudicación en propiedad de una vivienda o local, no podrá transmitir este derecho si hay personas aspirantes a ser socias, excepto a estas últimas y respetando el orden de antigüedad de sus solicitudes de ingreso.

7. En caso de transmisión inter vivos de una vivienda o local antes de haber transcurrido cinco años desde la adjudicación al socio o socia, la persona transmitente comunicará previamente su propósito a la cooperativa.

Se exceptúa el caso en que la persona adquirente sea ascendiente, descendiente o cónyuge del socio o socia, o adjudicataria en transmisiones entre cónyuges decretadas o aprobadas judicialmente en los casos de separación o divorcio.

La cooperativa podrá decidir la adquisición de la vivienda o local, por acuerdo del consejo rector, adoptado en el plazo de tres meses desde la comunicación, por un precio equivalente a las cantidades aportadas por la persona transmitente a la cooperativa, debidamente revalorizadas.

Si la persona transmitente no lleva a efecto la citada comunicación, la cooperativa podrá ejercitar el derecho de retracto, al mismo precio antes indicado o al precio que figure en el documento de transmisión si fuese inferior, en el plazo de un año a contar desde el momento de la inscripción en el Registro de la Propiedad o, en defecto de esta, desde que la cooperativa se dé por enterada de la transmisión.

En todo caso, el derecho de retracto prescribirá a los cinco años de la efectiva transmisión.

Una vez ejercitados el tanteo o el retracto, la cooperativa ofrecerá la vivienda o local a los aspirantes a socios por orden de antigüedad de su solicitud de inscripción.

La persona titular del derecho al uso y disfrute de una vivienda cooperativa por cesión de uso, solo podrá transmitir este derecho si los estatutos lo han previsto y respetando las condiciones contempladas en los mismos.

Lo dispuesto en este apartado deberá aplicarse sin perjuicio de las limitaciones que establezca la legislación específica, en los supuestos de viviendas que hayan obtenido ayudas públicas.

8. La persona socia, desde el momento de la inscripción en el Registro de la Propiedad de la escritura de constitución del régimen de propiedad horizontal, podrá exigir la constitución de una hipoteca de máximo para garantizar las cantidades que venga obligado a entregar hasta la adjudicación de la vivienda. Los gastos correrán a cargo de la persona socia.

Será de aplicación a las cooperativas de viviendas y para las cantidades anticipadas por la persona socia, antes de iniciarse la construcción o durante la misma, lo dispuesto en la legislación vigente sobre la materia, respecto de garantías por las cantidades anticipadas en la adquisición de viviendas.

9. Las cooperativas que desarrollen más de una fase o promoción deberán constituir en su seno una sección para cada una de ellas, bastando a dichos efectos que los estatutos sociales incorporen una regulación genérica de las secciones.

10. Las cooperativas de despachos o locales tienen por objeto procurar, exclusivamente para sus socios y socias, despachos,

oficinas o locales, así como aparcamientos u otros inmuebles o edificaciones complementarias de los anteriores.

A tales efectos, la cooperativa podrá adquirir, parcelar y urbanizar terrenos y, en general, desarrollar cuantas actividades conduzcan al cumplimiento de su objeto social. También podrá corresponder a estas cooperativas la rehabilitación, administración, conservación o mejora de dichos inmuebles.

Podrán pertenecer como socios y socias a estas cooperativas las personas profesionales, estén o no colegiadas, las cooperativas, y los demás empresarios o empresarias, ya sean personas físicas o jurídicas.

Estas cooperativas podrán agruparse entre sí, o con cooperativas de viviendas, para la edificación o rehabilitación conjunta de un mismo inmueble o grupo de ellos, incluyendo la urbanización, si procede.

En lo demás, será de aplicación a estas cooperativas lo establecido para las de viviendas.

11. Ninguna persona podrá desempeñar simultáneamente el cargo de miembro del consejo rector en más de una cooperativa de viviendas, salvo que los estatutos lo autoricen expresamente.

12. En el caso de que el consejo rector decida contratar un gestor profesional que dirija los actos necesarios para el desarrollo del objeto social de la cooperativa, la asamblea general deberá acordar las condiciones contractuales, particularmente la delimitación de la responsabilidad civil.

13. Las cooperativas de viviendas deberán someter a auditoría sus cuentas en los casos y condiciones previstos en esta ley y en las leyes sobre la materia y, además, en tanto no se produzca la adjudicación o cesión de las viviendas o locales a las personas socias, en los ejercicios económicos en que se produzca alguno de los siguientes supuestos:

a. Que la cooperativa tenga en promoción, entre viviendas y locales, un número superior a cincuenta.

b. Cualquiera que sea el número de viviendas y locales en promoción, cuando correspondan a distintas fases o promociones.

c. Que la cooperativa haya otorgado poderes relativos a la gestión empresarial a personas físicas o jurídicas que no sean miembros del consejo rector.

14. Las cooperativas de viviendas colaborativas se regirán por lo establecido en la normativa sectorial de vivienda colaborativa y en lo aplicable por la presente ley».

2. *La vivienda colaborativa*

La tipología de la vivienda colaborativa se contempla también como una opción de cambio en el modelo de residencia actual[57]. La posibilidad de gestión de espacios privados de los residentes y públicos con la interrelación de los usuarios se orienta en una mejor calidad de vida y también de gestión emocional.

Actualmente encontramos distintos ejemplos del denominado *cohousing senior* que constituye una fórmula de convivencia en la que los socios tienen una participación activa en el diseño y la autogestión del edificio y que es habitual en Estados Unidos y también en Europa.[58]

---

57 MARTÍ COMAS, P.: «Cambio en el modelo residencial actual: el cuidado y la diversidad funcional en la covivienda», *Ecohabitar: bioconstrucción, consumo ético, permacultura y vida sostenible*, núm. 69, 2021, págs. 43 y sigs.

58 Como señala SÁENZ DE JUBERA HIGUERO, B.: «Vivienda colaborativa: algunas notas sobre la situación jurídica en España y Portugal», cit., pág. 182, « En cuanto a su configuración, en el marco del *cohousing*, la forma más frecuente que se adopta en su diseño y estructura es la de una cooperativa formada por los propios integrantes de la comunidad, que participan inicialmente en el diseño y después en la gestión y administración.

Puede darse la situación de que se constituya inicialmente la cooperativa para la gestión de la constitución de este modelo de viviendas colaborativas y luego esa cooperativa se disuelva, una vez transmitida la propiedad de los elementos privativos y la copropiedad de los comunes a cada uno de los residentes.

Pero también es posible que esa cooperativa permanezca manteniendo la propiedad de todos los elementos y gestionando la comunidad, y lo que proceda es únicamente a ceder el uso de los elementos a cada residente. Esta cesión de uso puede configurarse bajo un derecho real (fundamentalmente usufructo, pues los derechos de uso o habitación presentan mayores problemas por su naturaleza y configuración), o, lo que suele ser más frecuente, a través de un derecho de naturaleza

2.1. LA CESIÓN DE USO

La naturaleza jurídica de la vivienda colaborativa tiene distintas perspectivas. Se hace referencia a la misma como la cesión de uso, manteniendo la propiedad el titular, el uso el que habita la misma[59].

---

obligacional (en este caso, es el arrendamiento la forma contractual más habitual de cesión)».

59 Cfr. ESTEVE I SALA, P.: «La Cesión de Uso: una nueva vía de acceso a la vivienda», *Noticias de la economía pública social y cooperativa*, núm. 53, 2009, págs. 57 y sigs.; CABREJAS GUIJARRO, Mª. del M.: «Uso de vivienda: cesión gratuita a hijo y cónyuge», *CEFLegal: Revista práctica de derecho. Comentarios y casos prácticos*, núm. 48, 2005; MARTÍ COSTA, M. y FERRERI, M.: «Una política de vivienda municipal innovadora: el programa de apoyo a las cooperativas de cesión de uso en Barcelona», *Nuevos retos para las políticas urbanas: innovación, gobernanza, servicios municipales y políticas sectoriales*, NAVARRO, C. J. (coord.), Tirant lo Blanch, Valencia, 2021, págs. 87 y sigs.; BERROCAL LANZAROT, A. I.: «La atribución del uso de la vivienda perteneciente a un tercero: precario o comodato», *Revista Crítica de Derecho Inmobiliario*, núm. 790, 2022, págs. 1082 y sigs.; MARTENS JIMÉNEZ, I.: «Las cooperativas de vivienda en régimen de cesión de uso: Una vía desaprovechada para facilitar el acceso a la vivienda», *Vivienda y colectivos vulnerables*, NIETO, A. y LÓPEZ SUÁREZ, C. (coord.), CERVILLA GARZÓN, Mª. D. y ZURITA MARTÍN, I. (dir.), Thomson Reuters Aranzadi, Cizur Menor, 2022, págs. 445 y sigs.; COLÓN MORALES, R.: «La ruta autodestructiva del cooperativismo de vivienda puertorriqueño: el problema de la pérdida de la identidad cooperativa mediante la transformación de valores de uso en valores de cambio», *Boletín de la Asociación Internacional de Derecho Cooperativo*, núm. 52, 2018, págs. 19 y sigs. Disponible en: https://baidc.revistas.deusto.es/article/view/1413/1739 (Consultado el 27 de marzo de 2023); MEDRANO ARANGUREN, A.: «Desahucio por precario y comodato por cesión de uso», *CEFLegal: Revista práctica de derecho. Comentarios y casos prácticos*, núm. 173, 2015, págs. 147 y sigs.; GÓMEZ PERALS, M.: «Algunas herramientas del Derecho Civil en favor de la vivienda», *Anales de la Facultad de Derecho*, núm. 28, 2011, págs. 25-42. Disponible en: https://riull.ull.es/xmlui/bitstream/handle/915/2378/AFD_28_%282011%29_02.pdf?sequence=5&isAllowed=y (Consultado el 27 de marzo de 2023); JOANPERE FORASTER, M. y MORLÀ FOLCH, T.: «Liderazgo creador de nuevas realidades. Respuestas cooperativas a los desafíos de

Como señala la doctrina[60], el régimen al que se acoge esta modalidad de habitar es el de cooperativas de viviendas en régimen de cesión de uso. Las razones de su elección son estructurales, ya que para que esta modalidad pueda adoptar otras formas jurídicas o societarias sería necesario una adaptación de la normativa. Sin embargo, se detectan distintos problemas de replicar este modelo cooperativo[61] en el *cohousing*, ya que

---

la vivienda», *RIO: Revista Internacional de Organizaciones*, núm. 21, 2018, págs. 127 y sigs. Disponible en: https://www.revista-rio.org/index.php/revista_rio/article/view/290/236 (Consultado el 27 de marzo de 2023); LAMBEA RUEDA, A.: «Adjudicación y cesión de uso en las Cooperativas de Viviendas: usufructo, uso y habitación y arrendamiento», *CIRIEC-España. Revista jurídica de economía social y cooperativa*, núm. 23, 2012, págs. 139 y sigs. Disponible en: http://ciriec-revistajuridica.es/wp-content/uploads/023-006.pdf (Consultado el 26 de marzo de 2023); LOUREDO CASADO, S.: «Las cooperativas de viviendas en régimen de cesión de uso como cauce jurídico para los nuevos modelos habitacionales», *CIRIEC-España. Revista jurídica de economía social y cooperativa*, núm. 37, 2020, págs. 167 y sigs. Disponible en: https://ojs.uv.es/index.php/juridicaciriec/article/view/17396/18023 (Consultado el 26 de marzo de 2023).

60 SIMÓN MORENO, H.: «Las cooperativas de viviendas en régimen de cesión de uso: ¿una alternativa a la vivienda en propiedad y en alquiler en España?», *REVESCO: revista de estudios cooperativos*, núm. 134, 2020, págs. 10 y sigs. Disponible en: https://revistas.ucm.es/index.php/REVE/article/view/69165/4564456553406 (Consultado el 26 de marzo de 2023).

61 Como señala SIMÓN MORENO, H.: «Las cooperativas de viviendas en régimen de cesión de uso: ¿una alternativa a la vivienda en propiedad y en alquiler en España?», cit., págs. 9 y sigs., «varios son los problemas detectados para la potencial "replicabilidad" de las experiencias *co-housing* articuladas mediante cooperativas de viviendas en régimen de cesión de uso:

a) El primero es la puesta en funcionamiento de la cooperativa. Así, una de las críticas vertidas a otros modelos de vivienda colaborativa presentes en otros países, como el *Community Land Trusts* y el modelo alemán *Syndikat*, es el hecho de que todavía son iniciativas a pequeña escala y, por lo tanto, que solo benefician a una cantidad limitada de personas. Además, el hecho de que el *co-housing* no sea una alternativa

---

inmediata sino a medio o largo plazo es un hándicap para el desarrollo del *co-housing* para mayores en España (Vives Barceló, 2016), lo que es extrapolable al resto de experiencias *co-housing*. También encontramos los mismos problemas en el modelo cooperativo francés (Devaux, 2017): el tiempo que tarda en cristalizar el proyecto colaborativo implica, por un lado, que aquellos que tengan una necesidad inmediata de vivienda (por ejemplo, personas mayores) opten por otras vías, y, por otro, que los potenciales conflictos para llegar a un acuerdo pueden desincentivar la inversión de los socios e inversores. El impulso de las cooperativas también se resiente si no existe un apoyo profesional que ayude a definir los aspectos arquitectónicos y económicos del proyecto. Aquí cabe destacar la figura del *project manager* en el derecho comparado, que ofrece asesoramiento en el proceso de creación y consolidación de los proyectos (Mogollón García y Fernández Cubero, 2016).

b) En segundo lugar, el necesario cumplimiento de algunos requisitos de acceso. Así, las experiencias de co-*housing* intergeneracional de La Borda en Cataluña o Amaryllis eG y Villa Emmaen Alemania están abiertas a toda la ciudadanía (en el caso de La Borda, deben cumplir con los requisitos económicos para acceder a las viviendas de protección oficial). En otros modelos, sin embargo, sí existen barreras para acceder a ser miembro de la cooperativa al discriminarse por edad y/o por otras condiciones. Esto puede observarse en particular en las experiencias co-*housing* para mayores en España, que requieren, por la finalidad específica de la cooperativa, una edad mínima e, incluso, estar en perfecto estado de salud52. También ocurre lo mismo en otros países, donde además se discrimina por el género. Así, en Alemania la cooperativa Kölner Beginenhofs está destinada a mujeres mayores de 50 años que desean vivir conforme a los valores que inspiraron a las beguinas medievales, y en Francia la Maison des Babayagas está destinada sólo a mujeres mayores de 60 y menores de 30 años. De hecho, en España también existen proyectos que también se centran en otros segmentos específicos de la población, como Brisa Canarias respecto a las personas con discapacidad.

c) Y, en tercer lugar, las dificultades expuestas para formar parte de las cooperativas de vivienda y la financiación requerida pueden desembocar en algunas externalidades negativas del modelo, como la homogeneidad social, étnica e ideológica de los socios y la exclusión del modelo de aquellas familias con pocos ingresos (Chiodelli y Baglione, 2014). De hecho, las experiencias co-*housing* danesas (Jakobsen y Gutzon Lar-

tienen sus características genuinas, y son una alternativa viable a la vivienda en propiedad y en alquiler tal y como la conocemos.[62]

Como indica la doctrina[63] en el modelo de cooperativa en cesión de uso no se produce una adjudicación de la vivienda en pro-

---

sen, 2018) apuntan a que el estado socioeconómico de los miembros de la comunidad es mejor que el promedio de la población, a que su nivel de educación se distingue inequívocamente de la población danesa en general (por ejemplo, el 44% de los encuestados había completado un máster o un doctorado) y a que el creciente carácter multicultural de la sociedad todavía no había llegado con carácter general a estas comunidades. Y en el caso de España, las personas mayores que muestran interés por el co-*housing* para mayores suelen compartir una estabilidad económica, un cierto nivel cultural (medio-alto) y una conciencia social más o menos elaborada (Torío López, Viñuela Hernández y García-Pérez, 2018), lo que puede predicarse, en general, de los modelos co-*housing* (Tummers, 2016)».

62 SIMÓN MORENO, H.: «Las cooperativas de viviendas en régimen de cesión de uso: ¿una alternativa a la vivienda en propiedad y en alquiler en España?», cit., pág. 12 y sigs.

63 VAÑÓ VAÑÓ, Mª. J.: «Vivienda colaborativa y personas mayores», *Teoría y derecho: revista de pensamiento jurídico,* núm. 33, 2022, págs. 197 y sigs. Disponible en: https://teoriayderecho.tirant.com/index.php/teoria-y-derecho/article/view/717/649 (Consultado el 23 de abril de 2023), «A diferencia del supuesto anterior, la persona socia no hace entregas directas a cuenta, sino a cuenta del capital social que debe aportar a la cooperativa. En ese caso, la obtención de un préstamo con garantía hipotecaria lo solicitará la cooperativa. El problema en estos casos lo tienen las personas socias en la obtención de financiación suficiente para aportar a la cooperativa porque las entidades de crédito suelen requerir avales de terceros, privados o la titularidad de la construcción y viviendas es de la cooperativa. Las aportaciones realizadas por las personas socias se destinarán a la construcción o adquisición del edificio (fondos propios de la cooperativa). Además, podrán recuperar las aportaciones si causan baja de la cooperativa provenientes de organismos públicos para poderles financiar el proyecto. Consideramos, por tanto, que el modelo de cooperativa en cesión de uso es un modelo híbrido que se encuentra a medio camino entre el alquiler y la propiedad. En este tipo de proyectos, el socio podrá disponer de la vivienda, con carácter general de manera indefinida (según sea un proyecto totalmente priva-

piedad y la titularidad de las viviendas corresponde a las cooperativas. Las aportaciones que realicen las personas socias estarán destinadas a la construcción o adquisición del edificio, pudiendo recuperar las cantidades, en el caso de baja de la cooperativa.

Los principales problemas, a juicio de la doctrina, son los siguientes[64]: la determinación de la naturaleza jurídica del derecho de cesión de uso a la persona socia de la cooperativa. Se deben establecer de forma clara esa naturaleza y las relaciones entre los socios usuarios de la vivienda y la cooperativa. También si se puede exigir al usuario algún tipo de garantía para el pago de la cuota mensual para el derecho de uso de la vivienda, la inscripción del derecho de la persona usuaria en el Registro de la Propiedad, la responsabilidad del préstamo hipotecario de la propiedad de la cooperativa y de las viviendas cuyo uso se adjudica a la persona social; el embargo del derecho de uso y adjudicación a terceros que no tienen relación con los intereses cooperativos; el pago de los impuestos y seguros asociados a la vivienda; la prohibición de actividades en la vivienda, en su caso, en los supuestos en que no se utilizara como residencia permanente; las reparaciones ordinarias y extraordinarias y a quién corresponderían, así como las obras de accesibilidad den el edificio, a semejanza de lo que se aplica en el caso del propietario en una comunidad regida por la legislación de propiedad horizontal; en el caso de mejoras útiles que supongan un incremento del valor de la vivienda o las mejoras suntuarias que realice la persona usuaria se pueden o no reem-

---

do o con participación pública en la cesión del derecho de superficie) a cambio de un depósito inicial y una renta mensual que descenderá progresivamente a medida que se amortice el inmueble (devolución de la deuda de la construcción o rehabilitación del inmueble y mantenimiento y gastos comunes del edificio). Los titulares del derecho de uso también se podrán obligar de forma personal y solidaria mediante una deuda hipotecaria».

64 SIMÓN MORENO, H.: «Las cooperativas de viviendas en régimen de cesión de uso: ¿una alternativa a la vivienda en propiedad y en alquiler en España?», cit., págs. 10 y sigs.

bolsar en el caso de baja de la cooperativa; las relaciones entre los usuarios de la vivienda y la cooperativa en los casos de atribución del uso de la vivienda a uno de ellos en los supuestos de separación, divorcio o nulidad matrimonial; la situación de hacer frente a aportaciones adicionales en los casos en los que la cooperativa no puede hacer frente a las deudas pendientes.

Todas estas cuestiones deberían tratarse en una regulación específica de las cooperativas en régimen de cesión de uso.

2.2. DESTINATARIOS

Los principales destinatarios de esta forma de habitar tienen un perfil concreto y determinado. La doctrina[65] ha considerado que el *cohousing senior* ha evolucionado y se ha destinado a lograr un envejecimiento activo mediante su función colaborativa. Siendo las cooperativas de uso de vivienda la fórmula adoptada.

La calidad de vida y la determinación de cuándo empieza el envejecimiento de la persona no puede ser precisado con una edad concreta. Se refiere a partir de los 55 años, pero en realidad son personas de edad más avanzada las que eligen esta forma, al precisar una necesidad de cuidado que consideran que así pueden disponer, sin tener que decidirse por una residencia. La intención de que los habitantes se presten los cuidados entre sí, una ayuda mutua, un cuidado comunitario es lo que decide a las personas preferir este sistema para vivir su última etapa vital.

Precisamente uno de los problemas es la disposición de espacio, de terreno, de suelo y de financiación, junto con el diseño de las viviendas.

---

65 TORTOSA CHULIÁ, Mª. A. y SUNDSTRÖM, G.: «La Economía Social y el Plan Estatal de Vivienda en apoyo de los alojamientos colaborativos para personas mayores en España», *33º Congreso Internacional del CIRIEC Valencia. Nuevas dinámicas mundiales en la era post-Covid; desafíos para la economía pública, social y cooperativa*, Valencia, 2022, pág. 9 y sigs.

Al ser una forma de habitar no tan conocida como las residencias de la tercera edad, que, insistimos se diferencia del modelo *cohousing* como hemos tenido ocasión de indicar, existe reticencia por esta forma de habitar, además de no existir una mentalidad de vivir de esa forma. Según encuestas realizadas[66] la mitad indica que no iría a vivir a un complejo de vivienda colaborativa, pero lo preferirían antes de ir a una residencia de la tercera edad. También se referían al poco conocimiento y la falta de ayudas para desarrollar viviendas colaborativas.

Se establece un perfil para la vivienda *cohousing senior* de una persona de edad avanzada, clase media, nivel cultural medio-alto, y preferiblemente mujer, que disponen de una autonomía y que rechazan las residencias de la tercera edad[67], además de apostar por un sistema más económico que una residencia privada, y que lo consideran como una inversión, por lo que disponen de recursos económicos suficientes alrededor de 100.000 o 150.000 euros.[68]

También el perfil se ajusta a las preferencias de este tipo de construcción, más en sintonía con el medio ambiente, accesible, y que fomentan el intercambio social, por lo que el vivir en comunidad resulta altamente atractivo para estas personas que responden al perfil indicado. Apuestan también por proyectos novedo-

---

66 TORTOSA CHULIÁ, Mª. A. y SUNDSTRÖM, G.: «La Economía Social y el Plan Estatal de Vivienda en apoyo de los alojamientos colaborativos para personas mayores en España», cit., pág. 10 y sigs.

67 PEDRÓS, B.: «Impulsan un complejo pionero para mayores basado en el "couhousing". Un grupo de mayores construirá un residencial en Alfara de la Baronía para envejecer activamente y de manera sostenible, huyendo de los asilos», *El periódico de aquí*, 2023. Disponible en: https://valencia.elperiodicodeaqui.com/epda-noticias/impulsan-un-complejo-pionero-para-mayores-basado-en-el-cohousing/307398 (Consultado el 11 de abril de 2023).

68 TORTOSA CHULIÁ, Mª. A. y SUNDSTRÖM, G.: «La Economía Social y el Plan Estatal de Vivienda en apoyo de los alojamientos colaborativos para personas mayores en España», cit., pág. 10 y sigs.

sos, participativos, en los que la colaboración es una prioridad, y que el espíritu de compartir las tareas y los cuidados, manteniendo su privacidad les resulta de gran interés.

Por tanto, no es un tipo de vivienda que todas las personas mayores puedan considerar adecuadas para su situación, ya que muchas personas que no están acostumbradas a una vida más social, les puede generar dificultades de inclusión y de integración, además de generarles un rechazo por no ajustarse a sus necesidades.

2.3. REQUISITOS Y CARACTERÍSTICAS

En el caso de las viviendas colaborativas se considera por parte de la doctrina que tienen una serie de características comunes que presentan[69]. Es verdad que los distintos modelos de vivienda colaborativa a los que hemos hecho referencia tienen una finalidad concreta, y que tanto las necesidades, como los recursos y experiencia de los sujetos que las van a habitar la hacen diferente.

a) Lo más identificatorio de la vivienda colaborativa es la forma de vida, es decir, vivir de acuerdo a unos principios que son compartir y preocupación por el medio ambiente. El intercambio de apoyos, ayudas y participación dentro de los habitantes es el denominador común, junto con la disposición de espacios privados y espacios comunes de convivencia. Vivir en común, pero disponiendo de un espacio propio sería la filosofía aplicable.

b) El deseo de esta forma de vivir, es decir, la voluntariedad en virtud del principio de autonomía de la voluntad de las personas de querer vivir en común, disponiendo un espacio privado. De tal forma que se involucran desde el primer momento en el diseño de esos espacios, de buscar sus "compañeros y compañeras de

---

69 Sigo la exposición de ALGUACIL MARÍ, Mª. P., SAJARDO MORENO, A., ALEGRE NUENO, M., GRAU LÓPEZ, C. R. y MERINO GARRIDO, F.: *Viviendas colaborativas: estado actual en la Comunidad Valenciana*, cit., pág. 19.

vida", o bien se integran en un grupo que ya está constituido y que consideran idóneo para ellos[70].

c) La existencia necesariamente de espacios comunes dentro de la edificación. No se trata de instalaciones en un club próximo, como podría ser una urbanización, sino que esas instalaciones se enmarcan dentro del espacio. No se concibe el espacio sin ellas, y forman parte de la forma de vida que se quiere realizar. Nos encontramos con un núcleo de viviendas privadas, de uso privativo, que disponen de unos servicios mínimos como puede ser la cocina, salón, comedor y baño; junto con espacios amplios de uso común como pueden ser salas de múltiples usos, la biblioteca, lavandería, piscina, zonas verdes, talleres, gimnasios, saunas, zonas de relax, zonas de juegos, sala para ejercicios, además de que pueden también disponer de alguna habitación para invitados.

Los equipamientos comunitarios forman parte de la comunidad de vivienda, y se establecen como suplemento de las áreas privativas. No son espacios de uso externo, sino integrados dentro del complejo. Las personas no salen del complejo para su ocio o actividad en común, sino que la idea es la integridad de lo común

---

70 Como señala FERNÁNDEZ LORENZO, P.: *La casa abierta: hacia una vivienda variable y sostenible concebida como si el habitante importara,* Universidad Politécnica de Madrid, Madrid, 2013, pág. 291. Disponible en: https://oa.upm.es/21971/1/PABLO_FERNANDEZ_LORENZO.pdf (Consultado el 31 de marzo de 2023), «Los integrantes de un *cohousing* constituyen un „vecindario intencional", ya que pertenecen a la comunidad por voluntad propia. Todos ellos participan en la planificación del hábitat. De este modo, el diseño arquitectónico busca aunar, con la asistencia técnica de los arquitectos, los deseos de todos los integrantes de la comunidad. Es muy común que las construcciones planteadas tengan un doble objetivo: ayudar a unir lazos, fortaleciendo el sentimiento comunitario y, al tiempo, preservar la independencia e intimidad de sus habitantes. En cuanto al diseño interior de las propias viviendas, en muchos casos se prescinde de algunos de los espacios y servicios compartidos como, por ejemplo, la lavadora, la secadora o la televisión. También es común que las casas cuenten con amplios porches exteriores que ayuden a fomentar el sentimiento vecinal de la comunidad».

dentro de lo privado, o lo privado dentro de lo común. Se adquiere, por tanto, un compromiso de comunidad.

La ubicación de los espacios comunes también es determinante, se ubican dentro del complejo y se destinan a las actividades colectivas y de compartir, ya pueden ser para la colada, o para utilizar instrumentos para bricolaje, o para costura, entre otros muchos. Los espacios comunes se destinan a ese uso social compartido que es el espíritu de la vivienda colaborativa, pudiendo ser espacios en los que los habitantes puedan comer acompañados, o bien realizar un hobbie en común, actividades de gimnasia, o bien culturales, charlas, lectura en la biblioteca, conversación o ver películas en una pantalla de cine o televisión.

También ese uso común se contempla en las actividades lúdicas para esparcimiento mental y físico como puede ser la zona de aguas, con piscinas, juegos acuáticos, o sauna, o piscinas de rehabilitación o de hidromasaje.

Los espacios verdes también están presentes, con la finalidad de incentivar los paseos, las actividades de movilidad, el juego, y la relajación.

También se puede contemplar destinar un espacio para cultivo urbano, para la sostenibilidad, y la autogestión alimentaria de la comunidad, así como un espacio, en su caso, para animales y utilizar sus frutos.

d) Funcionamiento totalmente democrático de la utilización y de la convivencia en la vivienda colaborativa. No existe una jerarquización en el funcionamiento de esta forma de vida, ya que las decisiones se toman por acuerdo democrático, y existe una responsabilidad en la llevanza del funcionamiento de la comunidad. Se basan en una autogestión comunitaria, donde la inclusión y exclusión de realiza de forma consensuada y por acuerdo de los miembros.

Cada persona que viva en la comunidad desempeña una actividad, pero es la comunidad la que tiene la soberanía y la que gestiona de forma autónoma el mantenimiento del centro y sus necesidades. No hay superioridad, y se establece la gestión a través de reuniones donde se adopten los acuerdos a seguir, y donde se procede a determinar cómo sufragar gastos de mantenimiento, reparaciones, mejoras, instalaciones a implementar, etc.

e) La coparticipación e implicación en el proceso de la comunidad. Cada persona que decide vivir de esta forma se implica desde el principio en todo el proceso, desde la creación del espacio hasta la búsqueda, en su caso, de las personas que la van a acompañar en esta comunidad. El diseño del conjunto resulta primordial para el buen uso del espacio y es algo que debe privilegiarse al iniciar el planteamiento de una vivienda colaborativa. La idea de compartir debe estar muy presente, y el compromiso e involucración en esta forma de habitar, también.

Es una decisión voluntaria, y como tal, la implicación también lo es, pero se tiene que asumir que si se decide vivir de esta manera, debe haber una implicación, según las posibilidades de cada persona (atendiendo a la edad y condiciones de salud) para llevar a cabo el proyecto con éxito. La idea es conseguir una comunidad autogestionada y autónoma, desde el principio, ya buscando el sitio de emplazamiento de la comunidad y los recursos económicos, hasta diseñar el edificio, sus espacios privativos y comunes, su gestión y mantenimiento durante su existencia.

La participación de los habitantes resulta fundamental porque es la forma en la que pueden precisar sus necesidades y la forma de abastecerlas de la forma más adecuado. Serán ellos los que decidan qué tipo de espacios privativos desean, pero también, y es algo fundamental, los espacios comunes que desean compartir, que es la clave de la vivienda colaborativa. Dependiendo de sus intereses, gustos y preferencias, podrán establecer unos y otros espacios para uso común, y ahí residirá el éxito del funcionamiento de la vivienda colaborativa, porque será una vivienda adaptada al grupo.

La decisión de esos espacios y del funcionamiento debe ser acordada por todos los miembros, ya que no hay jerarquía, y deben llegar a un acuerdo de lo que consideren más conveniente a un espacio en el que van a vivir, y a una forma de vida que han elegido y que prioriza el compartir.

f) Autonomía en la administración. La comunidad es gestionada por las personas que habitan en ella. Su mantenimiento debe ser llevado a cabo por ellas mismas, en las que también podrán contar con ayuda externa, para llevar a cabo reparaciones, estructuras, diseño, etc.

g) Integración vecinal. El sentido de comunidad pasa porque el diseño de la vivienda y los espacios estén integrados. No es acudir a un club próximo para realizar actividades. El club está integrado dentro de la comunidad. La intención es hacer vida en común, vida de comunidad, incrementar las relaciones de vecindad, la ayuda mutua y la comunicación. Es un sistema de vida diferente a la propiedad horizontal de una comunidad de vecinos, o a la de una urbanización[71].

---

71 Como señala BURÓN CUADRADO, J. y GONZÁLEZ DE MOLINA, E.: «Colaboración público-comunitaria: una nueva solución para generar más vivienda asequible», *Documentación social*, núm. 7, 2021, pág. 2. Disponible en: https://documentacionsocial.es/7/a-fondo/colaboracion-publico-comunitaria-nueva-solucion-generar-vivienda-asequible/?print=pdf (Consultado el 27 de marzo de 2023), «las ciudades se han rediseñado más como espacios para invertir que como espacios para vivir. Ciudades que pierden sus espacios comunes, que introducen su lógica mercantil por doquier, donde los procesos de concentración y acumulación son el anverso de los procesos de exclusión y expulsión (...). Este modelo de ciudad deviene en un lugar frío, individualizado, solitario, atomizado y con débiles lazos sociales. En otras palabras, una ciudad deshumanizada.

En este contexto, la vivienda se muestra como centro neurálgico de estos procesos. En las grandes ciudades, cerca de dos tercios del suelo urbano está destinado a uso residencial. El edificio residencial es diseñado arquitectónicamente por los promotores inmobiliarios bajo la lógica de maximización de beneficio: minimización de los espacios comunes y maximización de los espacios privados. Un edificio de propiedad horizontal u vertical, habitado por propietarios o inquilinos de su vivienda, está diseñado para no producir ningún tipo de lazo social ni de comunidad. El edificio se fragmenta como una colmena y los espacios comu-

Así lo ha señalado la doctrina que incide en esas diferencias.[72] A pesar de que tanto en el *cohousing* como en la propiedad horizontal hay coexistencia de bienes privados o de uso exclusivo como bienes que se utilizan en común, hay una diferencia fundamental en la extensión de los servicios y bienes comunes de una comunidad de propietarios. En el caso del *cohousing* los servicios y equipamientos son mucho más extensos y van más allá de lo que se consideran los elementos comunes en la propiedad horizontal, según lo indicado en el artículo 396 del Código civil.

En el caso del *cohousing*, se incluyen otros servicios como es la cocina comunal, la piscina, biblioteca, lavandería, gimnasio, jardines, lugares de ocio, y también servicios asistenciales destinados a la tercera edad y/o a personas con discapacidad.

La propiedad horizontal responde a una estructura de viviendas en un inmueble en la que existen elementos privativos y comunes y se regula su uso y también se establecen reglas para dirimir en caso de conflicto, con la finalidad de poder convivir en el mismo edificio. Sin embargo, el *cohousing* parte de una idea radicalmente distinta, es la convivencia la razón de ser, el compartir, se apuesta por la vida en común, por lo que existe una mayor interacción que en la propiedad horizontal, de hecho, el espíritu del *cohousing* es interactuar entre las personas que viven, para hacer un proyecto común, una comunidad de intereses, y la elaboración

---

nes son auténticos no-lugares (...), espacios pensados exclusivamente para el tránsito. El vecino es un auténtico extraño. Hecho que no se pretende solucionar, sino que está normalizado e incluso se considera deseable. La comunidad de vecinos no es más que una comunidad de intereses, donde la participación es muy débil y los conflictos se terminan resolviendo, en ocasiones, vía demanda judicial».

72 RODRÍGUEZ LIÉVANO, Mª. P.: «El cohousing como modelo habitacional colaborativo y su diferenciación respecto a la propiedad horizontal», *Housing: Revista de la Cátedra de Vivienda de la Universidad Rovira i Virgili*, núm. 11, 2019, pág. 27 y sigs. Disponible en: https://housing.urv.cat/wp-content/uploads/2019/07/HousingCHURV11.pdf (Consultado el 29 de marzo de 2023).

de un entorno funciona y práctico con un espíritu comunitario con la finalidad de mejora de la calidad de vida de las personas, y con una finalidad de sostenibilidad ambiental, e ir más allá de una vida al uso, fomentando una interrelación para el bien común.

En el caso de la gestión también hay notables diferencias, ya que en el *cohousing* se caracteriza por una alta participación de los sujetos, y no hay un esquema rígido como en una comunidad de propietarios en régimen de propiedad horizontal con la figura del presidente y secretario. Los valores que se aprecian en el *cohousing* son de compartir, y son propios de la vida cooperativa, se potencia el grupo en vez de al individuo.

Se establece una política de aunar esfuerzos en beneficio de la comunidad, ya sea para obtener mejores servicios a un mejor precio, o utilizar el capital humano del que se dispone para la ayuda mutua. Valores muy diferentes de los que nos podemos encontrar en una propiedad horizontal, en el que se somete todo a la consideración de la votación de los propietarios, y que se puede decidir con independencia de los intereses comunes. Se trata, más bien, de un sostenimiento de las cargas del edificio, reparaciones, derramas, pero no una apuesta en común de una vida compartida.

En el caso del *cohousing* aunque también hay que contribuir al pago de las cargas y sostenimiento de la edificación, va más allá de una mera cuota, ya que es un proyecto de vida en común. Existe una distribución de las tareas, y una prestación de los servicios comunes con una distribución equitativa para una ayuda mutua.

La socialización en el *cohousing* es mucho mayor y se diseña el entorno en función del uso compartido que se va a realizar, teniendo en cuenta las necesidades de las personas que van a habitar. Por ejemplo, menores de edad, personas mayores, etc. Aparcamiento de vehículos en zonas menos transitadas, espacios para el juego donde pueda un campo visual para el seguimiento. Es decir, el diseño forma parte también de la forma de habitar, a diferencia que en la propiedad horizontal, que está pensada para disponer de una vivienda, pero sin realizar un uso común de espacios más allá de los comunes del edificio, pero que no se identifican con los que tiene una edificación en la modalidad *cohousing*.

Por tanto, el diseño arquitectónico también es diferente en una forma de habitar u otra, ya que en el *cohousing* predominan los espacios comunes para compartir, el diseño sostenible de los recursos, al utilizarse energías renovables y fomentar el reciclado, los espacios abiertos para disfrute y socialización, a diferencia de la propiedad horizontal, donde lo que prima son los espacios privativos.

La existencia de pertenencia a un grupo también denota una de las características principales del *cohousing*, a diferencia de la impersonalización de la propiedad horizontal, donde las personas no se conoce, no coinciden, no comparten, no socializan.

Es preciso también establecer las normas para la transmisión en el caso del *cohousing*, dependiendo de la forma jurídica en la que se constituya, y las limitaciones a esa transmisión, la selección de futuros miembros en la comunidad, entre otras cuestiones. Hay que tener en cuenta el espíritu de comunidad, y los intereses que mueven a una personas para esta forma de habitar. A diferencia de la propiedad horizontal, en el que la transmisión de la vivienda produce también la transmisión de la parte de copropiedad de los elementos comunes, sin ninguna limitación, tanto *inter vivos* como *mortis causa* y en aplicación de lo indicado en el artículo 396 del Código civil. La comunidad de propietarios no tiene ninguna capacidad de decisión sobre la transmisión de la propiedad privada.

Otro de los elementos que diferencia el *cohousing* de la propiedad horizontal es el impacto en la comunidad, ya que en el *cohousing* son comunidades abiertas de intereses y de intercambio con el tejido social con el que interactúan (pueden realizar talleres, servicios, voluntariado, entre otros), con la finalidad de una repercusión positiva en la sociedad y en el entorno, con unos valores más allá del interés económico, como es la ayuda mutua, la protección del medio ambiente, la economía circular, la generación de empleo, la creación de barrio, la trasformación social, en definitiva. Todo ello no resulta posible en una propiedad horizontal, donde prima el individualismo, y no se conciben los valores señalados para el *cohousing*. A pesar de ello, también resulta de interés indicar que algunas comunidades de *cohousing* se han constituido como una propiedad horizontal, pero en los Estatutos se establecen las características propias del *cohousing*, con la determinación de los espacios comunes, la ayuda mutua, la regulación, la limitación respecto al régimen de transmisión, y el establecimiento de tareas entre los habitantes, entre otros aspectos.

h) Diseño proporcional de los espacios. Se debe realizar un diseño adecuado de los espacios tanto privativos como comunes para garantizar la privacidad de los habitantes, pero también el uso común que es la razón de ser de la vivienda colaborativa. Debe establecerse una proporcionalidad adecuada a las necesidades y funcionalidad de la vivienda. De tal forma que los espacios comunes deben propiciar el uso común, la socialización y la vida compartida[73].

---

[73] BURÓN CUADRADO, J. y GONZÁLEZ DE MOLINA, E.: «Colaboración público-comunitaria: una nueva solución para generar más vivienda asequible», cit., pág. 2, « el edifico residencial es diseñado desde el principio por sus futuros habitantes. Ese diseño se hace desde la participación y la co-decisión, donde la lógica de organización espacial se equilibra: conviven en armonía espacios comunes y espacios privados. Los espacios comunes se diseñan para satisfacer necesidades comunes y para fomentar relaciones sociales: comedor comunitario, coworking, sala multiusos, lavandería, taller, huerto urbano, etc. Todo ello sin eliminar la imprescindible privacidad de la vivienda. Un modelo en donde, en lugar de perder, se gana libertad. Libertad tanto para quedarte en tu hogar como para socializar con tus vecinos. Un modelo que permite mantener las virtudes de lo privado mientras potencia las posibilidades de lo común. Aquí los vecinos no son extraños. La democracia no es una palabra hueca. Los conflictos se dirimen bajo otra lógica. Un modelo que además crea barrio, al aprovechar los bajos del edificio para dinamizar actividades conectadas con el entorno. El edificio residencial ya no es una colmena, sino un pueblo en miniatura. En lugar de un mosaico de individuos aislados, aparece una comunidad articulada: una de las materias primas para producir ciudades más humanas».

i) Diseño adaptado a los habitantes y la forma de vida, a la forma de habitar. El contacto social entre las personas debe ser posible a través del diseño de los espacios. La forma de habitar se basa no solo en compartir espacios comunes, sino en la ayuda mutua, en utilizar el tiempo para pasarlo en comunidad, destinar tiempo a la vida propia y a la comunidad.

j) Adaptación de los espacios a las necesidades de las personas. No es lo mismo una vivienda colaborativa en una zona rural que urbana. Parece que pensemos que la vivienda colaborativa tenga que estar necesariamente en las afueras de una ciudad, en un espacio rural, en el campo[74], pero ello no es así. La vivienda colaborativa también puede estar integrada dentro de la ciudad, con espacios comunes de convivencia. La adaptación de la construcción también deberá contemplarse para llevarlo a cabo. Puede ser un formato bungalow, casas de poca altura o de altura única con espacios comunes alrededor.

k) Equilibrio entre espacios públicos y privados. Necesariamente la vivienda colaborativa debe de contar con espacios privados. Estos espacios se complementan con los espacios públicos que son las áreas que se comparten con los demás habitantes. La configuración de la vivienda colaborativa es la que será determinante para incluir estos espacios, su tamaño, proporción y función. Las necesidades de los habitantes es lo que decidirá esos lugares, así

---

[74] Sin embargo, en el ámbito rural son distintas las ventajas del *cohousing*, como puede ser el evitar el despoblamiento: SANZ MARTOS, S.: «Conocimiento colaborativo y nueva ruralidad», *Anuario ThinkEPI*, vol. 16, 2022, págs. 1 y sigs. Disponible en: https://thinkepi.profesionaldelainformacion.com/index.php/ThinkEPI/article/view/91560/66319 (Consultado el 27 de marzo de 2023); VÁZQUEZ ATOCHERO, A., CAMBERO RIVERO, S. y SECO GONZÁLEZ, J.: «Cohousing y envejecimiento activo como medio para evitar el despoblamiento rural: la experiencia de Pescueza», *Envejecimiento activo, bienestar y calidad de vida en áreas rurales*, ADSUAR SALA, J. C. (coord.), Wanceulen Editorial, Sevilla, 2022, págs. 70 y sigs. Disponible en: https://zenodo.org/record/7466642#.ZCH-N3ZByUl (Consultado el 27 de marzo de 2023).

como el destino de los espacios. Podrán destinarse más o menos espacios comunes a actividades culturales, talleres, lavandería o almacenamiento o bien establecerse para cuidados, rehabilitación, alimentación o producción alimentaria.

l) Equidad entre lo privado y lo público o común. En la vivienda colaborativa coexisten una economía individual y privada con una autónoma y común para los espacios comunes. Se desarrolla la vida de forma normal, como si viviera en una vivienda particular, pero con la características de que hay espacios comunes que hay que sostener económicamente.

ll) Distintos perfiles sociales y grupos de personas. En la vivienda colaborativas pueden convivir distintos tipos de perfiles sociales y grupos de personas específicos siempre que se establezcan unos criterios propios. Nos podemos encontrar con personas de diferentes generaciones, con corrientes ideológicas y orientación diferente, o bien no existir ningún rango o ideología específica, con la finalidad de compartir un espacio vital.

m) Estructura jurídica a adoptar. En la vivienda colaborativa la estructura jurídica que se suele adoptar es la cesión de uso, de consumo, mixtas de consumo y viviendas integrales o de iniciativa social. La propiedad del edificio pertenece a la cooperativa, y se cede el uso a la comunidad que adquiere una serie de derechos y obligaciones.

n) Gestión de las prestaciones y tareas a desempeñar para el mantenimiento de los espacios. Las tareas domésticas y las necesidades en una vivienda colaborativa es algo habitual. Se suele adoptar un sistema de común acuerdo para la gestión de las tareas domésticas de los espacios comunes. Por ejemplo, puede darse la necesidad del cuidado a personas mayores, atención a menores, realización de actividades sociales a través de tareas domésticas, como puede ser limpieza de los espacios comunes, regar los jardines, control de la piscina, reemplazo de utensilios para hobbies, etc. La dedicación a esas tareas se establecerá en función del acuerdo común teniendo en cuenta la disponibilidad, edad de las personas, y cualquier otro factor que se tenga en cuenta.

ñ) Comunidades en constante evolución y cambio. Las viviendas colaborativas van evolucionando conforme evolucionan sus habitantes. Esta modalidad de habitar puede tener un efecto "llamada" no solamente por las ayudas que se están indicando, sino también porque la forma de habitar sea deseada por las personas, tras la experiencia de familiares y amigos. La vivienda colaborativa se va adaptando y va transformándose conforme pasa el tiempo a las necesidades y la evolución vital de las personas que eligen esa forma de vivir. La utilización de formas de mediación interna para resolución de conflictos puede ser una excelente vía para llegar a una buena convivencia.

o) Gastos comunes y gastos propios. El funcionamiento económico de la vivienda colaborativa es muy claro. Hay gastos propios de las personas que corresponden a lo que pueden generar a nivel individual en su espacio propio y con los miembros con los que viven en ese espacio, y hay gastos comunes de los espacios que se comparten, y que tienen que soportar para el mantenimiento de la comunidad.

p) La vivienda colaborativa surge *ex novo* de esa necesidad de crear un espacio compartido. Bien puede ser un proyecto aislado, o bien colectivo tras la decisión de un grupo de personas. Sí que la implementación llevará una forma para llevarse a cabo, anticipos, forma de financiación, listas de espera, entre otros.

q) Una vida compartida, y una vida individual al mismo tiempo. La vivienda colaborativa participa de esa ayuda común, de compartir espacios y actividades, y es una fórmula que, cada día, está ganando más adeptos, no solamente por la filosofía que prima en esta forma de habitar, sino también por las ayudas y cauces para poder acceder a las mismas, en las que económicamente puede ser más sostenible.

r) La ubicación y disfrute del espacio. Aunque la vivienda colaborativa la ubicación puede ser un elemento de gran interés. No hay nada que impida que se sitúe en el núcleo urbano de la población, aunque si la intención es estar más en contacto con la naturaleza, la ubicación sea semi urbana. La vivienda colaborativa es un movimiento urbano, pero también extensible al ámbito rural para que puedan darse distintas formas de vida basadas en el autoabastecimiento y la sostenibilidad, en alienación con los Objetivos de Desarrollo Sostenible. También para evitar la despoblación, y dotar a las zonas rurales de estructuras para vivir y revitalizarlas.

s) En la vivienda colaborativa no se implementa con fines de especulación. Se trata de una forma de acceso a la propiedad asequible[75], y con la finalidad del uso compartido como primordial.

t) Sostenibilidad ambiental, económica y social. Uno de los pilares de la vivienda colaborativa es la reducción energética, la implantación del reciclado y la reducción de los residuos, siendo una alternativa al derroche y despilfarro.

u) Permanencia e integridad. La vivienda colaborativa no es estacional, se trata de un proyecto con visos de continuidad, además de no poderse dividir las viviendas, con lo que se garantiza la integridad del proyecto.

---

75 VARGAS GARAY, M. A., RONCANCIO GARCÍA, A. D. y CARDONA GARCÍA, O.: «Cohousing: Una alternativa comunitaria a la propiedad privada», *Cuadernos Latinoamericanos de Administración*, vol. 14, núm. 27, 2018, págs. 58 y sigs. Disponible en: https://revistas.unbosque.edu.co/index.php/cuaderlam/article/view/2653/2162 (Consultado el 29 de marzo de 2023); VILNITZKY, M.: «Un modelo que se abre camino», *Alternativas económicas*, núm. 71, 2019, págs. 44 y sigs. Disponible en: https://alternativaseconomicas.coop/articulo/dossier/un-modelo-que-se-abre-camino (Consultado el 29 de marzo de 2023); «Reformar los patios en cooperativa», *Alternativas económicas*, núm. 72, 2019, pág. 54. Disponible en: https://alternativaseconomicas.coop/articulo/economia-social-y-colaborativa/reformar-los-patios-en-cooperativa (Consultado el 29 de marzo de 2023); VIVES BARCELÓ, M.: «Senior cohousing. Una nova alternativa de convivencia per a la gent gran», *Anuari de l´envelliment. Illes Balears*, 2016, págs. 383 y sigs. Disponible en: http://ibdigital.uib.es/greenstone/collect/anuariEnvelliment/index/assoc/2016_anu/ari_enve/lliment_/p383.dir/2016_anuari_envelliment_p383.pdf (Consultado el 30 de marzo de 2023).

v) Convivencia. La vivienda colaborativa está destina al uso común para interaccionar, interactuar y comunicarse entre las personas con el aporte de su presencia, compañía, y experiencia.

w) En continua evolución. La vivienda colaborativa está viva como sus habitantes, y en constante evolución con las necesidades y demandas, pero también se predica de ellas que son estables y cohesionadas en cuanto a su propósito. Es por ello que la planificación, diseño y equipamiento resulta primordial en sus inicios, para luego ir adaptándose a la persona. Incluso la tecnología puede resultar de especial interés, estando al servicio de esta forma de habitar.[76]

La vivienda colaborativa intergeneracional tiene también unas características peculiares que la dotan de una singularidad[77]:

---

76 PEÑÍN LLOBELL, A.: «Estructuras del habitar: Colectividad y resiliencia como estrategias de proyecto», *Proyecto, Progreso, Arquitectura,* núm. 16, 2017, pág. 93 y sigs. Disponible en: https://revistascientificas.us.es/index.php/ppa/article/view/2992/3013 (Consultado el 30 de marzo de 2023), «A esta urgencia, se le suma la ineludible necesidad de una mayor economía en la gestión de recursos: *saving by sharing.* Pero también, el desarrollo de las nuevas tecnologías y en particular los recursos compartidos de la red que, tras una primera etapa en la que impulsaron el individualismo, hoy estimulan con fuerza el trabajo cooperativo y el intercambio de recursos. Algunas experiencias desarrolladas en Suiza van en este sentido entre las que destacamos el área Hunziker en Zúrich cuyo máster plan fue proyectado por Duplex Architekten y realizado entre 2011 y 2015. El ejemplo no es sólo relevante por su diseño, obtuvo el premio de la ciudad de Zúrich, sino por su concepto cooperativo *Mehr als wohnen,* –más allá de la vivienda–. Cada usuario accede a metros cuadrados privativos compartiendo espacios de vida, lugares para el trabajo u opciones de transporte, todo ello gestionado a través de aplicaciones de software».

77 Sigo la exposición de ALGUACIL MARÍ, Mª. P., SAJARDO MORENO, A., ALEGRE NUENO, M., GRAU LÓPEZ, C. R. y MERINO GARRIDO, F.: *Viviendas colaborativas: estado actual en la Comunidad Valenciana,* cit., pág. 19 y sigs.

a) Entorno de apoyo mutuo entre las personas, de ahí la realización de actividades comunes, a través de la diferencia de edad se produce el enriquecimiento entre las personas, que son recíprocamente ayudadas, unas a través de la experiencia; otras, a través del apoyo físico que necesitan las otras.

b) Participación activa por parte de todas las personas tanto en la gestión diaria de la convivencia.

c) Alternativa viable para las personas de edad avanzada que conviven con otras más jóvenes, evitando sentirse marginadas y apartadas de la sociedad, y evitando la denostada imagen de una residencia de la tercera edad con una connotación negativa.

d) Distintas personas, en una situación vital diferente, pero en un mismo entorno. Ello conlleva una perspectiva vital muy distinta, ya que todas las personas van evolucionando según su edad, y tanto las personas más jóvenes, como las más mayores disfrutan de la compañía mutua con una experiencia altamente enriquecedora a través de las vivencias de cada persona.

e) La conversión de personas en edad laboral, con personas ya jubiladas, personas que vivan solas, en pareja, con o sin hijos, personas económicamente más pudientes de otras que no lo son igual en el uso del espacio, ya que se reúnen para disfrutar de la ayuda mutua y de la compañía independientemente del estado personal de cada una de ellas. Psicológicamente es muy positivo que se aúnen en los espacios distintas personas, cada una con su travesía por la vida, pero que estén dispuestas a aportar su ayuda en común, y vivir de una forma diferente al resto.

La motivación por esta forma de habitar en una vivienda colaborativa intergeneracional puede ser múltiple: alejarse de una soledad no deseada, compromisos sociales, deseo de desarrollar hobbies compartidos, disfrutar de una etapa de la vida de forma distinta, disponer de un espacio adaptado que a nivel individual no se podría alcanzar (piscina, zonas verdes, gimnasio, etc.), entrega al otro, evitar la carga del cuidado a hijos o tener un cuidador/a externo/a, no tener barreras arquitectónicas, apoyo mutuo, ahorro en los costes, ya que la utilización en colectividad es más rentable que la individual, etc.

Sin embargo, al igual que la vivienda colaborativa, la vivienda colaborativa intergeneracional no está hecha para todo tipo de personas, y habrá personas que esa forma de vida la consideren insoportable, o, simplemente, no se puedan adaptar a ella. Por eso, la voluntariedad, el deseo interno de cada persona es fundamental para dar el paso y vivir según esta forma.

Hay que tener en cuenta distintos factores para que haya un buen funcionamiento de una vivienda colaborativa intergeneracional: la intención de participación activa por parte de todas las personas, independientemente de la edad que tengan.

Una actitud pasiva similar a que voy a vivir para que me lo hagan todo, no es admisible, ya que no es la razón de ser de la vivienda colaborativa intergeneracional. La idea de aporte en común y de participación con el otro es fundamental, y de ahí radica que se pueda crear un entorno amable de convivencia, se creen vínculos de amistad, y que se produzca un enriquecimiento mutuo y no de carácter unilateral.

Esta convivencia intergeneracional también resulta positiva por las aportaciones de forma proactiva, así como la detección de necesidades y soluciones a adoptar en las distintas etapas de la vida.

f) Núcleos poblacionales adecuados. La vivienda colaborativa intergeneracional debe estar integrada en los núcleos de población, no aislada en la que las personas que habiten se sientan desprotegidas o separadas de la población, además de que en la vivienda colaborativa intergeneracional haya un equilibrio entre las distintas edades de las personas que van a habitar. No será adecuado que existieran personas de muy avanzada edad la mayoría y solamente un par de jóvenes, porque no estaría equilibrada la ayuda mutua.

g) Comunicación con el entorno a través de la dotación de transporte público que pudiera conectar con los principales servicios y recursos, junto con una nutrida disposición de servicios asistenciales, culturales y de ocio.

h) Planificación de las actividades y los espacios. En el caso de la vivienda colaborativa intergeneracional las actividades son diversas según el perfil del habitante. Para ello, una buena planificación de actividades en los elementos comunes es la clave del éxito. Actividades que puedan ser realizadas por todas las personas, con independencia de la edad, ya sea un salón de juegos de mesa, gimnasio, biblioteca, piscina, jardines, cafetería, restaurante que propicien el intercambio común.

i) Dotación técnica y asistencial. La vivienda colaborativa intergeneracional debe disponer de una dotación adecuada para dar respuesta a las necesidades, y adaptada a la edad de las personas. Servicio médico y de rehabilitación, psicológico, etc.

j) Un sistema de financiación y de compartir los gastos que sea asumible por las personas. Es primordial que el acceso a una vivienda colaborativa intergeneracional deseada por las persona no suponga un obstáculo económico. Sufragar los costes de las prestaciones en las zonas comunes como puede ser la limpieza del espacio, los cuidados asistenciales, la vigilancia, la cocina o la jardinería deben adoptarse métodos que sean viables, y sin que supongan un ahogo para los habitantes.

k) Elección del mejor método legal para la propiedad y el uso. La decisión de cómo se va a gestionar en el ámbito legal una vivienda colaborativa intergeneracional resulta fundamental para la viabilidad del proyecto. El sentido de propiedad, de uso y de pertenencia debe ser contemplado y ser coherente con los principios y valores de cada una de las personas. La fórmula cooperativa suele ser bien aceptada.

l) Equipo humano para impulsar una vivienda colaborativa intergeneracional. La puesta en marcha de una vivienda de estas características no es fácil, y surgen multitud de dificultades desde la elección del espacio, hasta la distribución de las zonas comunes y los servicios con los que se va a contar. Lograr un quorum puede ser complejo, ya que cada persona tiene unos intereses, y debe llegarse a un consenso de vida en común compartiendo espacios y ayuda mutua. La idea de cohesión y su perspectiva no debe nunca obviarse y de esa forma se podrá lograr una convivencia saludable.

2.4. VENTAJAS Y DESVENTAJAS

Esta modalidad habitacional no resulta demasiado conocida en nuestro país, a diferencia de otros países, como por ejemplo, en los países escandinavos como Dinamarca[78] en las que está implan-

---

78 Como señala GARCÍA PARRA, A.: «Vivienda colectiva. Retos reales de vivienda en comunidad», cit., pág. 35, «Los inicios de este tipo de proyectos se dieron en los años 60tas en Dinamarca y desde los años 90tas tienen un gran desarrollo en el mundo anglosajón y más recientemente en Europa y Japón, tanto en contextos urbanos como semi-urbanos, como una alternativa constructiva a la "soledad" de individuos en las grandes ciudades. Todo empezó cuando el arquitecto Jan Gudmand-Hoyer reunió a un grupo de amigos para discutir sobre algunas opciones de vivienda dentro de un ambiente de apoyo mutuo. Sobre todo respecto a los más pequeños, como publicaba Bodil Graae en 1967 en su artículo "*Los niños deben de tener 100 padres*", sobre qué mejor que los niños estén rodeados de adultos que los cuiden, toquen música, les enseñen a leer libros, hablen de días de pesca, esto les hace "*caer más lejos del árbol, pero más cerca de ellos mismos*", como el proverbio africano que habla de que para criar a un niño se necesita toda una comunidad para hacerlo. Al igual que varios estudios de salud actuales que apoyan este tipo de proyectos multigeneracionales que indican que la mejor terapia para un anciano es la presencia de niños bajo un mismo techo, en donde los mayores adoptan el papel de abuelos, volviendo a dar sentido a su vida».

tando el denominado modelo Andel[79]. Este sistema cuyo nombre significa «compartir» se caracteriza por la constitución de cooperativas de viviendas sin ánimo de lucro que construyen u obtienen los inmuebles para los socios de la cooperativa. El inmueble es propiedad de la cooperativa y se cede a los socios el uso, es una cesión de uso mediante la fórmula de cooperativa, y es vitalicio ese uso. El modelo Andel combina la propiedad que la mantiene la cooperativa con el uso de por vida para los cooperativistas, que pueden cederlo a sus herederos, o bien renunciar al mismo abandonando la cooperativa. La permanencia en la cooperativa es libre, y ningún cooperativista puede ser excluido mientras cumpla con las obligaciones estatutarias[80].

En otros países como Alemania[81] se conoce como *Wohnprojeckte,* y en Uruguay, como Federación Uruguaya de Cooperativas de Vivienda por Ayuda Mutua (FUCVAM)[82], o la *Kalkbreite.*[83] Es el

---

79 ALBORS SOROLLA, M. A.: *Estudio del modelo Andel de cooperativas de viviendas en cesión de uso y su posibilidad de introducción en España,* cit., págs. 5 y sigs.

80 Sigo a ALBORS SOROLLA, M. A.: *Estudio del modelo Andel de cooperativas de viviendas en cesión de uso y su posibilidad de introducción en España,* cit., pág. 7.

81 Véase: SCHELLER, D. y THÖRN, H.: «Governing "Sustainable Urban Development" Through Self-Build Groups and Co-Housing: The Cases of Hamburg and Gothenburg», *International journal of urban and regional research,* vol. 42, núm. 5, 2018, págs. 914 y sigs.

82 Véase: CABRERA, M.: «Cooperativas de vivienda: experiencia en Uruguay», *Revista vasca de economía social,* núm. 15, 2018, págs. 259 y sigs. Disponible en: https://ojs.ehu.eus/index.php/gezki/article/view/20524/18495 (Consultado el 27 de marzo de 2023).

83 CAMPAÑA BARQUERO, E.: «El papel de las cooperativas de vivienda sin fines de lucro en el desarrollo urbano: El caso de kalkbreite», *Proyecto, Progreso, Arquitectura,* núm. 16, 2017, págs. 62 y sigs. Disponible en: https://revistascientificas.us.es/index.php/ppa/article/view/2979/3011 (Consultado el 27 de marzo de 2023); DE JORGE HUERTAS, V.: «Collaborative designing of communities: Helsinke and Zurich Pioneers», *ACE: architecture, city and environment,* núm. 43, 2020, págs. 1 y sigs. Disponible en: https://upcommons.upc.edu/bitstream/

formato de cooperativa el utilizado, de tal forma que la persona que tiene la propiedad del inmueble cede el uso de las personas asociadas, que tienen una voluntad de duración indefinida, en las que las viviendas son siempre propiedad de la cooperativa y no se puede transformar el modelo de cooperativa para la obtención de viviendas de propiedad privada. Lo que se prioriza es el alojamiento de los socios, y la participación de los mismos comienza desde el diseño del conjunto, con la posibilidad de incorporar el alquiler de otras viviendas o locales para el uso de personas no pertenecientes a la cooperativa, por un tiempo determinado[84].

---

handle/2117/192029/9012-9629-1-PB.pdf?sequence=1&isAllowed=y (Consultado el 29 de marzo de 2023).

84 Así lo indica GARCÍA PARRA, A.: «Vivienda colectiva. Retos reales de vivienda en comunidad», cit., pág. 32, «Tal es el caso del proyecto Sargfabrik en Viena -premio Adolf Loos 1996- , en donde se "obliga" a la vecindad, generando verdaderas "tribus" dentro de la ciudad, satisfaciendo tanto necesidades individuales como de comunidad. Promovido por la Asociación para el Diseño Viviente Integral –VIL- en la década de los 80, que vio cumplidos sus objetivos de cohabitación abierta y autodefinida después de diez años de planificación estricta; un modelo donde existe una administración de los elementos comunes, así como de servicios complementarios de uso local, generando oficios y empleos en el barrio, a través de la cafetería, oficinas, talleres, casa de baños, sala de seminarios, librería, centro cultural, guardería y lavandería que se localizan dentro del conjunto.

Los miembros de la asociación son los propietarios de la urbanización y a la vez, usuarios de los apartamentos, cuyas obligaciones están reguladas dentro de un contrato interno similar a una cooperativa; comparten gastos y decisiones, y cuando terminan de hacer uso del piso o apartamento, lo devuelven a la asociación3. La asociación cuenta con una oficina para la ad ministración del conjunto y emplea a unas 20 personas.

Se trata de una verdadera arquitectura social que cuenta con elementos de comunicación, autodeterminación e integración de usuarios. En donde la diversidad de viviendas da cabida a viviendas-oficinas, viviendas para discapacitados, estudiantes, personas de todas las edades y culturas, que comparten espacios comunes como lo es la azotea en donde

Tiene las ventajas del alquiler y también de la compraventa, pero no es ni alquiler, ni propiedad, es un modelo diferente y adaptado a unas necesidades. El residente disfruta de la vivienda a título vitalicio, pero no dispone de la propiedad, se acercaría más a un uso y disfrute, un usufructuario pero con algunas diferencias. La persona que quiera acceder a este sistema de habitar debe abonar una cantidad inicial y una cuota mensual, pero tampoco es una hipoteca, ya que tiene algunas peculiaridades que la alejan de esta garantía. Pueden dejar en cualquier momento y tienen derecho a la devolución de la cantidad.

Una de las principales ventajas es la eliminación de la especulación. Se evita que la vivienda sea objeto de venta para obtener beneficios económicos. Tiene, por tanto, esta modalidad una clara función social y también de facilitar el acceso a la vivienda por parte de los colectivos más desfavorecidos o necesitados de protección. Es, por tanto, un sistema de acceso a la vivienda que resulta compatible con los sistemas más tradicionales de la compraventa y el arrendamiento.

También ofrece beneficios fiscales[85] y resulta atractivo a la hora de realizar una inversión, por lo que se potencia a través de los

---

se desarrolla un huerto urbano, o la entrada del conjunto apropiada por parte de los más pequeños como zona de juegos (...).

El conjunto lo conforman 39 unidades de viviendas, tres de ellas con zona de oficina integrada e incluso una unidad compartida para un máximo de 8 habitantes, la mayoría de ellas con doble altura, de espacios flexibles de entre 50 y 60 m2. Un conjunto realizado bajo cuestiones de sostenibilidad, con grandes ventanales orientados al sur, un consumo optimizado de energía, sistema de compostaje, calentamiento solar de agua y control de temperatura interior a través de un amplio jardín ubicado en la azotea».

85 Sobre la tributación, se puede consultar: ALGUACIL MARÍ, Mª. P.: «Cuestiones tributarias del Cohousing a través de cooperativas residenciales», *Aspectos financieros y tributarios del patrimonio inmobiliario,* PATÓN GARCÍA, G. (coord.), Wolters Kluwer, Madrid, 2018, págs. 723 y sigs.; BONET SÁNCHEZ, Mª. P.: «Senior Cohousing: Tratamiento del IVA», *Mayores y vivienda. Innovaciones sociales desde el Derecho financiero y tribu-*

tario: Proyecto I+D+i DER2014-54714-R "Nuevos retos de lo gerontoinmigración: Innovación social en perspectiva jurídica", SOTO MOYA, Mª. del M. (coord.), y GARCÍA CALVENTE, Y. (dir.), Tirant lo Blanch, Valencia, 2019, págs. 257 y sigs.; BUENO MALUENDA, C.: «Repensar la política fiscal sobre la rehabilitación de viviendas: propuesta de régimen fiscal para iniciativas "cohousing"», *CIRIEC-España. Revista jurídica de economía social y cooperativa*, núm. 31, 2017, págs. 197 y sigs. Disponible en: http://ciriec-revistajuridica.es/wp-content/uploads/comen31-06.pdf (Consultado el 30 de marzo de 2023); CALVO VÉRGEZ, J.: «La obligación de información específica en el ámbito tributario para las llamadas "plataformas colaborativas" que intermedien en la cesión del uso de viviendas con fines turísticos», *Estudios financieros. Revista de contabilidad y tributación: Comentarios, casos prácticos*, núm. 434, 2019, págs. 5 y sigs.; CARRERAS ROIG, L.: «Las cooperativas de viviendas en cesión de uso en España», *La Ordenación tributaria de la vivienda: España, Italia y América Latina*, URQUIZU CAVALLÉ, A. (dir.), Universitat Rovira i Virgili, Thomson Reuters-Civitas, Cizur Menor, 2016, págs. 217 y sigs.; CRESPO, A.: «Análisis de la nueva declaración informativa sobre la cesión de uso de las viviendas con fines turísticos y sus implicaciones fiscales para los anfitriones», *Inmueble: Revista del sector inmobiliario*, núm. 182, 2018, págs. 5 y sigs.; NAVARRO GARCÍA, A.: «Políticas fiscales dirigidas a garantizar el derecho de acceso a la vivienda: Especial referencia al cohousing senior desde la perspectiva comparada», *Mayores y vivienda. Innovaciones sociales desde el Derecho financiero y tributario: Proyecto I+D+i DER2014-54714-R "Nuevos retos de lo gerontoinmigración: Innovación social en perspectiva jurídica"*, SOTO MOYA, Mª. del M. (coord.), y GARCÍA CALVENTE, Y. (dir.), Tirant lo Blanch, Valencia, 2019, págs. 183 y sigs.; NAVARRO GARCÍA, A.: *Políticas fiscales para fomentar el acceso a una vivienda*, Aranzadi, Cizur Menor, 2019; DEL VALLE BAUDINO, P.: «El rol de las plataformas digitales intermediarias en la cesión de viviendas para uso turístico en la lucha contra el fraude fiscal», *Fiscalidad del cohousing*, DEL VALLE BAUDINO, P., RIVAS NIETO, E. y VILLCA POZO, M. (coord.), URQUIZO CAVALLÉ, A. (dir.), Aranzadi, Cizur Menor, 2021, págs. 65 y sigs.; FONT GORGORIÓ, P.: «Vivienda colaborativa y tributación indirecta: análisis de los arrendamientos de viviendas de uso turístico», *Fiscalidad del cohousing*, DEL VALLE BAUDINO, P., RIVAS NIETO, E. y VILLCA POZO, M. (coord.), URQUIZO CAVALLÉ, A. (dir.), Aranzadi, Cizur Menor, 2021, págs. 89 y sigs.; PAGÈS I GALTÉS, J.: «Estudios fiscalidad local del cohousing o vivienda colaborativa», *Tributos*

---

locales, núm. 151, 2021, págs. 29 y sigs.; «Cohousing: tributos locales y medidas de fomento», *Fiscalidad del cohousing,* DEL VALLE BAUDINO, P., RIVAS NIETO, E. y VILLCA POZO, M. (coord.), URQUIZO CAVALLÉ, A. (dir.), Aranzadi, Cizur Menor, 2021, págs. 153 y sigs.; PASCUAL GONZÁLEZ, M. M.: «Donde se analizan dos problemas que podrá generar el deber de declaración al que quedan sometidas las plataformas colaborativas que intermedien en el arrendamiento o cesión de uso de viviendas con fines turísticos», *Fiscalidad de la colaboración social,* PEDREIRA MENÉNDEZ, J. (dir.), Thomson Reuters Aranzadi, Cizur Menor, 2018, págs. 307 y sigs.; RIVAS NIETO, E.: «La tributación de las cooperativas de vivienda», *Fiscalidad del* cohousing, DEL VALLE BAUDINO, P., RIVAS NIETO, E., VILLCA POZO, M. (coord.), URQUIZU CAVALLÉ (dir.), Aranzadi, Cizur Menor, 2021, págs. 105 y sigs.; SALASSA BOIX, R. R.: «Beneficios fiscales y energías renovables en la provincia de Córdoba: una oportunidad para la vivienda colaborativa ecológica», *Fiscalidad del cohousing,* DEL VALLE BAUDINO, P., RIVAS NIETO, E. y VILLCA POZO, M. (coord.), URQUIZO CAVALLÉ, A. (dir.), Aranzadi, Cizur Menor, 2021, págs. 123 y sigs.; SÁNCHEZ HUETE, M. A.: «Las nuevas obligaciones informativas en la cesión de uso de viviendas con fines turísticos», *Fiscalidad de la colaboración social,* PEDREIRA MENÉNDEZ, J. (dir.), Thomson Reuters Aranzadi, Cizur Menor, 2018, págs. 365 y sigs.; SÁNCHEZ HUETE, M. A.: «¿Existe un deber tributario a obtener datos ajenos? La información en la cesión de uso de viviendas con fines turísticos», *Quincena fiscal,* núm. 14, 2018; URQUIZU CAVALLÉ, A.: «Vivienda colaborativa y convenios para evitar la doble imposición», *Fiscalidad del cohousing,* DEL VALLE BAUDINO, P., RIVAS NIETO, E. y VILLCA POZO, M. (coord.), URQUIZO CAVALLÉ, A. (dir.), Aranzadi, Cizur Menor, 2021, págs. 225 y sigs.; VILLCA POZO, M.: «Análisis jurídico-tributario de la vivienda colaborativa o cohousing», *Comercio internacional y economía colaborativa en la era digital. Aspectos tributarios y empresariales,* RIVAS NIETO, E. (coord.), URQUIZU CAVALLÉ, A. (dir.), Aranzadi, Cizur Menor, 2019, págs. 331 y sigs.; «La fiscalidad de nuevos modelos de vivienda colaborativa: hogares compartidos y cohousing», *Fiscalidad del cohousing,* DEL VALLE BAUDINO, P., RIVAS NIETO, E. y VILLCA POZO, M. (coord.), URQUIZO CAVALLÉ, A. (dir.), Aranzadi, Cizur Menor, 2021, págs. 19- y sigs.; «Análisis de la tributación del cohousing y reflexiones frente al impacto económico de la COVID-19», *Quincena fiscal,* núm. 5, 2021, págs. 99 y sigs.; LUCAS DURÁN, M.: «Aspectos tributarios del "cohousing" o covivienda»,

Planes Estatales la obtención de ayudas y subvenciones para este tipo de modalidad habitacional[86].

Según la doctrina estos beneficios se pueden estructurar en los siguientes[87]:

-Beneficios sociales y personales. Se evita el destino de las personas mayores en residencias, con los efectos negativos que ello puede conllevar, como es la pérdida de la independencia, la rigidez de los horarios, la pérdida de la autonomía personal, o la pérdida de un espacio íntimo. Esta solución habitacional permite a la persona mantener su autonomía, autogestionarse en su horario, mantener la máxima autonomía y la dignidad personal, así como su autodeterminación y voluntad. Se permite el envejecimiento activo y resulta una forma de vida más creativa pudiendo elegir las condiciones de vida siempre que sea posible.

Representa una inversión económica para una ayuda y apoyo mutuo, y también una forma de vivir más personalizada, ofreciendo una compañía a las personas de edad avanzada, ante una despersonalización de los nuevos barrios modernos donde prima la independencia y la falta de atención vecinal.

Se establece una excelente opción para evitar barreras arquitectónicas que se pueden encontrar en la ciudad y también en

CIRIEC-España. Revista jurídica de economía social y cooperativa, núm. 31, 2017, págs. 137 y sigs. Disponible en: http://ciriec-revistajuridica.es/wp-content/uploads/comen31-04.pdf (Consultado el 20 de marzo de 2023).

86 LUCAS DURÁN, M.: «Incentivos fiscales territoriales para la promoción del cohousing o covivienda», *Mayores y vivienda. Innovaciones sociales desde el Derecho financiero y tributario: Proyecto I+D+i DER2014-54714-R "Nuevos retos de lo gerontoinmigración: Innovación social en perspectiva jurídica"*, SOTO MOYA, Mª. del M. (coord.) y GARCÍA CALVENTE, Y. (dir.), Tirant lo Blanch, Valencia, 2019, págs. 343 y sigs.

87 Sigo la exposición de ALGUACIL MARÍ, Mª. P., SAJARDO MORENO, A., ALEGRE NUENO, M., GRAU LÓPEZ, C. R. y MERINO GARRIDO, F.: *Viviendas colaborativas: estado actual en la Comunidad Valenciana*, cit., pág. 59 y sigs.

las comunidades de propietarios, pudiendo disponer de espacios libres, donde se aumenta la movilidad y la autonomía de las personas mayores.

También es una oportunidad de intercambio de habilidades y aprendizajes, así como de realizar actividades compartidas, se fomenta la integración y la participación social mucho más que en una vivienda habitual.

Se ofrecen espacios vitales privados y comunes con una vida participativa dentro de la comunidad, lo que incrementa el sentimiento de pertenencia a la misma, de sentido de grupo.

Suponen una comunidad vecinal que comparte intereses y vivencias, con una edad similar, y generando un sentimiento de cohesión, empatía, solidaridad y ayuda mutua.

Permite un envejecimiento activo y también una alternativa al cuidado tradicional, que en la mayoría de las ocasiones recae sobre la mujer, con lo que se mejoran las relaciones familiares y se fomenta la autotutela.

Permiten el disfrute de una vida privada autónoma con un componente comunitario que permite las interrelaciones personales, y evita el aislamiento personal y la soledad no deseada. La vida comunitaria se realizará según la necesidad, preferencia y deseo, ya que las personas decidirán cuándo realizar actividades en común, y cuándo disfrutar de su autonomía privada.

Son espacios para transformar la visión de la vida en las últimas etapas, ya que la persona de avanzada edad tiene la percepción de necesitar ser cuidada, a través de los familiares o de una persona externa, y con esta forma de habitar pasa a ser un componente activo dentro de la comunidad, de tal manera que se percibe a sí misma como una persona activa que también puede cuidar o colaborar en el cuidado de otros.

Se trata de envejecer de una forma distinta, o de una forma distinta a la prevista, que es, en muchas ocasiones, la soledad no deseada, el aislamiento del entorno. Además, supone una fórmula para la reducción de los costes, potenciar la vida activa de la tercera edad y una mejor inserción en la sociedad.

-Beneficios de índole económica. La vivienda colaborativa resulta a largo plazo más económica y es una mejor inversión por todos los beneficios indicados. Se produce una distribución equitativa de los recursos, minimizando el gasto a diferencia de una vivienda. Aunque el coste inicial puede ser elevado, la optimización de la inversión es evidente, al poderse disponer de más recursos que a título individual. Se accederá a más recursos con un gasto menor. La idea de compartir en común los recursos también se extiende a los gastos. Se potencia una eficiencia energética. También se mejora la situación del cuidador, que suele recaer en las mujeres, y posibilitaría que se incorporarse el colectivo femenino al mercado laboral.

También favorece el cuidado para las personas de edad avanzada siendo otra opción a las de cuidador a domicilio o residencia, con un ahorro también de los costes, al ser la comunidad quien asume el cuidado. Del mismo modo, favorece la adaptación de la persona de edad avanzada al entorno, al eliminarse barreras arquitectónicas, y disfrutar de espacios abiertos, más allá de una vivienda normal en el que no se dispone de jardines y zonas de ocio integradas. La vivienda colaborativa senior da respuesta a esa necesidad de la demanda de la tercera edad que quiere envejecer de una forma activa, diferente, proactiva y a través de la ayuda mutua. Es una opción que también favorece a la economía porque se ofrecen distintas opciones a las residencias públicas para poder acceder a unos cuidados y a una forma de habitar que puede ser elegida por determinadas personas.

-Beneficios ecológicos y sostenibles. También se indica que una de las ventajas es la sostenibilidad,[88] además de ser una forma de habitar que está en boga, ya que son numerosos los proyectos de

---

[88] CHATTERTON, P.: «Towards an Agenda for Post-carbon Cities: Lessons from Lilac, the UK´s First Ecological, Affordable Cohousing Community», *International journal of urban and regional research*, vol. 37, núm. 5, 2013, págs. 1654 y sigs.; LEBLAY, M.: «La néo-autochtonie comme

viviendas *cohousing*.[89] Se incrementa la conciencia ambiental, se realiza un diseño más ecológico, menor contaminación e impacto medioambiental.

Se involucran los habitantes en proyectos ecológicos, plantación de vegetación, jardines comunitarios y reciclaje.

-Beneficios para la salud. La necesidad de que las personas mayores estén activas el máximo tiempo posible ayuda a una mejora de su salud, y a una reducción de la necesidad de servicios sanitarios y sociales. Se promueve la independencia, se evita el aislamiento social, así como el deterioro de la salud. También se ajusta la vivienda a las necesidades de las personas de edad avanzada, que pueden vivir en un espacio adecuado, y no en viviendas de

---

resort de l´activisme anticipateur: observation de trois lieux d´habitat rural, coopératif et écologique», *Pôle Sud*, núm. 52, 2020, págs. 95 y sigs.

89 Como señala GARCÍA PARRA, A.: «Vivienda colectiva. Retos reales de vivienda en comunidad», cit., pág. 36, «Uno de los proyectos más recientes de co-housing es el del proyecto Inter-generacional para la villa de Meinier, Ginebra, de los arquitectos G15 Dar Architects, con el objetivo de proporcionar vivienda social al mismo tiempo de reforzar los lazos sociales y comunitarios con la localidad. La iniciativa responde a la necesidad de desarrollar una nueva forma de vida saludable para la localidad, en donde se promueva la mejora de lazos sociales, especialmente entre generaciones, creando un nuevo espacio ambientalmente más favorable que proporcione un bienestar y calidad de vida para todos. La vivienda proyectada se centró en las personas mayores y personas con movilidad reducida, en donde se compartiera espacio con una guardería, zona recreativa, restaurante, centro de día para personas mayores y centro de tarde para el "after-school" de los niños de la zona, todo ello rodeado de un gran parque, con espacios abiertos, zona de juegos y aparcamiento. La parte habitable del conjunto, se diseñó para diferentes tipos de usuarios de todas las edades, para lo que se propusieron diferentes tamaños de pisos y por lo tanto de alquileres de forma mezclada para asegurar la diversidad social en el conjunto. La parte comunal de uso social (parques, grandes terraza y escaleras), se combina con una red de espacios que dan servicio a los edificios y barrios vecinos, conectando los beneficios de esta comunidad con el resto de la ciudad».

excesivos metros en los que pueden verse agobiados. Como sigue indicando la doctrina, a quien seguimos en esta exposición[90], se incentiva que las personas implicadas planifiquen su futuro, pudiendo elegir el enfoque y modelo para envejecer que desean, se facilita su empoderamiento y se incrementa su calidad de vida y salud. Se favorece también el bienestar de todos los habitantes al ser un modelo multidimensional en el que se acometen determinados objetivos en una forma de vivir distinta y adaptada a las necesidades. Las interacciones personas y el entorno favorecen la integración, además de mejorarse el estado emocional e incrementarse la calidad de vida. La ausencia de jerarquización también ayuda a lograr unas relaciones sanas y activas, y a la reducción de los problemas como la ansiedad, depresión, problemas cognitivos, ya que se elimina el aislamiento y se propicia la socialización.

En el caso de la vivienda colaborativa intergeneracional al convivir personas de avanzada edad con personas más jóvenes se generan una serie de beneficios, no solamente para las personas mayores como es la convivencia intergeneracional ya por sí beneficiosa, sino también la interacción social, a diferencia de las residencias de la tercera edad en las que suelen estar personas de edad similar. La convivencia intergeneracional previene enfermedades degenerativas, mejora la cognición, además de estabilizar la hipertensión, evita situaciones de depresión, previene, dado el ejercicio, la osteoporosis, artritis, enfermedades cardiovasculares, entre otras patologías.

También se aumenta la autoestima, el sentimiento de ser útiles y de poder colaborar en los objetivos que se comparten, además se genera una sensación de seguridad entre las personas de avanzada edad por estar en contacto con personas más jóvenes. Se retrasa el ingreso hospitalario y también en centros de la tercera edad. Se produce una mayor integración de las personas, además de reducirse los gastos, el realizar tareas en común, como domésticas, co-

---

90 ALGUACIL MARÍ, Mª. P., SAJARDO MORENO, A., ALEGRE NUENO, M., GRAU LÓPEZ, C. R. y MERINO GARRIDO, F.: *Viviendas colaborativas: estado actual en la Comunidad Valenciana*, cit., pág. 62 y sigs.

cina, recados. En el caso de que se encuentren cerca de centros universitarios, se potencia un estilo de vida más activo y un mejor acceso a los espacios y servicios y se propicia una mayor relación social por estar cerca de núcleos densos de población. También la oferta de actividades culturales y académicas puede ser un aliciente e incentivo a tener en cuenta.

Los modelos de viviendas colaborativas intergeneracional potencian el envejecimiento más activo, participativo, saludable e ilusionante que en otro tipo de vivienda. Es un remedio ante la soledad, falta de un objetivo vital y de etapas de decaimiento personal. El entorno propia el contacto humano y se permite el cuidado recíproco con una vida más participativa y activa.

También para las personas más jóvenes presenta beneficios como es la integración en núcleos intergeneracionales lo que les aporta una perspectiva diferente y un experiencia de la que carecen. Se reducen también los gastos, al ser compartidos. Puede ser un apoyo en la crianza de los hijos y en el disfrute de espacios amplios con una mejora de las condiciones de habitabilidad. Es una mejor opción que los pisos compartidos. Los beneficios sociales, educacionales y culturales son evidentes, al estar en relación con personas de diferentes generaciones.

En el ámbito de los beneficios compartidos nos encontramos con beneficios de índole económico-social, en el que se comparten determinados recursos. Los gastos comunes compartidos y la ayuda mutua permiten un ahorro de los costes, y también evitan el ingreso en centros de la tercera edad de la personas de edad avanzada.

La reducción del gasto permite la redistribución del mismo en otros servicios más necesarios. También se reduce la precariedad socioeconómica para las personas más jóvenes, con más dificultades de acceso a la vivienda, y se permite que se compartan recursos que serían inaccesibles por su alto coste. También se benefician las personas más jóvenes que pueden vivir de forma más amplia, evitando el hacinamiento o la infravivienda, y ello también beneficia a las personas de mayor edad, ya que les evita una soledad no deseada, el poder compartir vivencias con personas más jóvenes, y sentirse acompañados.

Se fortalecen valores como la solidaridad, la ayuda mutua vecinal, la cohesión social, la convivencia intergeneracional, el disfrute del entorno, la transmisión de valores, la pervivencia de las costumbres, y se evita el aislamiento y la frialdad social. También ayuda a combatir la brecha digital, ya que se dispone de ayuda para familiarizarse con las tecnologías. Se favorece la empatía, la vida en comunidad, el empoderamiento de la misma, por lo que la mejora y beneficios implican una mejora en la calidad de vida, y un enriquecimiento mutuo.

Por ello, las dimensiones de la calidad de vida personal incluyen el bienestar físico, incremento de la salud y actividades de la vida cotidiana, atención sanitaria y ocio; bienestar emocional, a través de la satisfacción, ausencia de estrés, soledad, o depresión; incremento de las relaciones interpersonales mediante la interacción, el apoyo, las relaciones interpersonales; la inclusión social, a través de la integración y participación en la comunidad, adopción de roles dentro de la comunidad, sentimiento de utilidad y prestación de servicios, apoyo social; desarrollo personal mediante actividades placenteras y compartidas; bienestar material, disposición de una vivienda en relación con un posicionamiento social y económico; autodeterminación ya que se fomenta la autonomía, la meta personal, la elección vital. En definitiva, una mejora a nivel humano y social.

Quizás como una de las desventajas que podríamos indicar a esta forma de habitar sea la necesidad de disponer de liquidez económica para el desembolso inicial.[91] También en el caso de la cooperativa, la toma de decisiones puede prolongarse hasta llegar

---

91 CUESTA LERÍN, C.: «Beneficios del cohousing», *Escritura pública*, núm. 122, 2020, pág. 51. Disponible en: https://www.notariado.org/portal/documents/176535/0/Consumo+Cohousing+para+mayores1.pdf/1e60bc0c-0d90-dfbb-f7c4-15675cc73bd6?version=1.0&t=1587115349660 (Consultado el 28 de marzo de 2023).

a un acuerdo. Otro de los inconvenientes es que los espacios privados no son demasiado extensos, por lo que la persona se tiene que adaptar a vivir de una forma diferente a su vivienda (no podrá disponer de todo el mobiliario, muchos enseres no los podrá incorporar por esa reducción de espacio) [92].

2.5. NECESIDADES A CUBRIR EN ESTA MODALIDAD DE HABITAR

Esta modalidad de habitar un espacio puede solucionar algunos de los problemas habituales con los que nos encontramos en relación a determinados colectivos: personas mayores, personas vulnerables, personas con discapacidad, etc.

La Carta Mundial de Derecho a la Ciudad, de 2004[93] indica que el derecho a la ciudad se define como el usufructo equitativo de las ciudades dentro de los principios de sustentabilidad y justicia social. Se entiende como un derecho colectivo de los habitantes de las ciudades, en especial de los grupos empobrecidos vulnerables y desfavorecidos, que les confiere la legitimidad de acción y de organización, basado en sus usos y costumbres, con el objetivo de alcanzar el pleno ejercicio del derecho a un patrón de vida adecuado.

En su artículo I proclama que todas las personas tienen derecho a la ciudad sin discriminaciones de género, edad, raza, etnia u orientación política y religiosa, y preservando la memoria y la identidad cultural en conformidad con los principios y normas que se establecen en esta carta.

La ciudad se concibe como un espacio colectivo culturalmente rico y diversificado que pertenece a todos sus habitantes.

---

92 CUESTA LERÍN, C.: «Beneficios del cohousing», cit., pág. 51.

93 Disponible en: https://www.right2city.org/wp-content/uploads/2019/09/A1.1_Carta-Mundial-de-Derecho-a-la-Ciudad.pdf (Consultado el 14 de mayo de 2023).

Y, las ciudades, en corresponsabilidad con las autoridades nacionales, se comprometen a adoptar medidas hasta el máximo de los recursos que disponga, para lograr progresivamente, por todos los medios apropiados, inclusive en particular la adopción de medidas legislativas y normativas, la plena efectividad de los derechos económicos, sociales, culturales y ambientales, sin afectar su contenido mínimo esencial.

Los principios del derecho a la ciudad son la gestión democrática de la ciudad, la función social de la ciudad, el ejercicio pleno de la ciudadanía, la igualdad y no discriminación, la protección especial de grupos y personas en situación de vulnerabilidad, el compromiso social del sector privado, y el impulso de la economía solidaria y políticas impositivas progresivas.

El derecho a la vivienda se contempla en el artículo XIV e indica lo siguiente:

> «1. Las ciudades, en el marco de sus competencias, se comprometen a adoptar medidas para garantizar a todos los(as) ciudadanos (as) que los gastos de vivienda sean soportables de acuerdo a los ingresos; que las viviendas reúnan condiciones de habitabilidad, estén ubicadas en un lugar adecuado y se adapten a las características culturales y étnicas de quienes las habitan.
>
> 2. Las ciudades se obligan a facilitar una oferta adecuada de vivienda y equipamientos de barrio para todos los(as) ciudadanos (as) y a garantizar, a los grupos vulnerables, planes de financiamiento y de estructuras y servicios para la asistencia a la infancia y a la vejez.
>
> 3. Las ciudades garantizan a los grupos vulnerables, prioridad en las leyes y las políticas de vivienda. Las Ciudades se comprometen a establecer programas de subsidio y financiamiento para adquisición de tierras o inmuebles, y de regularización de la tenencia de la tierra y mejoramiento de los barrios precarios, asentamientos y ocupaciones informales para fines habitacionales.

4. Las ciudades se comprometen a incluir a las mujeres beneficiarias en los documentos de posesión y propiedad expedidos y registrados, independientemente de su estado civil, en todas las políticas públicas de distribución y titulación de tierras y viviendas que desarrollen.

5. Todos los(as) ciudadanos (as), en forma individual, en pareja o en grupo familiar sin hogar tienen un derecho exigible a la provisión inmediata por las autoridades públicas de la Ciudad de espacio de vivienda suficiente, independiente y adecuado. Los albergues, los refugios y el alojamiento de cama y desayuno podrán ser adoptados como medidas provisorias de emergencia, sin perjuicio de la obligación de proveer una solución de vivienda definitiva.

6. Toda persona tiene el derecho a la seguridad en la posesión de su vivienda por medio de instrumentos jurídicos que la garanticen y derecho a protección frente a desalojos, expropiaciones o traslados forzados o arbitrarios.

7. Las ciudades se comprometen a inhibir la especulación inmobiliaria mediante la adopción de normas urbanas para una justa distribución de las cargas y los beneficios generados por el proceso de urbanización y la adecuación de los instrumentos de política económica, tributaria y financiera y de los gastos públicos a los objetivos del desarrollo urbano.

8. Las ciudades promulgarán la legislación adecuada y establecerán mecanismos y sanciones destinados a garantizar el pleno aprovechamiento del suelo urbano y de inmuebles públicos y privados no edificados, no utilizados o subutilizados o no ocupados, para el fin de cumplimiento de la función social de la propiedad.

9. Las ciudades protegen a los inquilinos de la usura y los desalojos arbitrarios, regulando los alquileres de inmuebles para habitación de acuerdo a la Observación General Nº 7 del Comité de Derechos Económicos Sociales y Culturales de la Organización de Naciones Unidas.

> 10. El presente artículo será aplicable a todas las personas, incluso familias, grupos, ocupantes sin títulos, sin techo y aquellas cuyas circunstancias de vivienda varían, en particular los nómades, los viajeros y los romaníes.
>
> 11. Las ciudades promueven la instalación de albergues y viviendas sociales en alquiler para mujeres víctimas de violencia conyugal».

Al ser una alternativa a la vivienda tradicional tal y como la conocemos, y teniendo en cuenta que se establece una cesión del uso, y no un régimen de propiedad, ni de alquiler[94], da cumplimiento al derecho constitucional establecido en el artículo 47 de la Constitución española, el derecho a una vivienda, digna y adecuada, ya que el precepto constitucional no establece que tenga que ser la vivienda en régimen de propiedad.

También esta modalidad cubre una función social en tanto en cuanto se considera como una alternativa a las residencias, ya que se comparte el espacio las personas que tengan una independencia funcional, al margen de que puedan percibir una prestación asistencial en el conjunto residencial. Supone también un alivio a la presión de las residencias públicas y privadas que no disponen de suficientes plazas para atender a la población demandante.

También hay que tener en cuenta que para las personas con discapacidad puede ser una opción a tener en cuenta, ya que las viviendas tuteladas suponen un alto coste.[95] Resulta de interés mencionar la Ley 39/2006, de 14 de diciembre, de Pro-

---

[94] DUELO, M.: «Actualización normativa del arrendamiento de vivienda en España: desde la LAU hasta la Ley estatal de Vivienda», *Inmueble: Revista del sector inmobiliario*, núm. 210, 2021, págs. 11 y sigs.

[95] GUMMÀ SERRA, E. y CASTILLA MORA, R.: «Cohousing de personas mayores. Un recurso residencial emergente», *Documentos de trabajo social: Revista de trabajo y acción social*, núm. 59, 2017, págs. 51 y sigs. Disponible en: https://diaconiamadrid.org/wp-content/uploads/Cohousing-Personas-Mayores.pdf (Consultado el 30 de marzo de 2023).

moción de la Autonomía Personal y Atención a las personas en situación de dependencia.[96]

La doctrina[97] ha puesto de manifiesto que los centros residenciales que ofrecen una atención integral a las personas dependientes y las viviendas tuteladas para personas que tienen un cierto nivel de autonomía propia, parten del concepto de deterioro progresivo desde la óptica médica, y una orientación paliativa más que preventiva y que están alejados de implantar los recursos para un envejecimiento activo, ya que las personas se tratan con una visión uniformada, con rigidez y falta de privacidad. Se considera que va en contra de los principios de envejecimiento activo, que se basa en que las personas de edad avanzada sigan gozando de todos sus derechos de ciudadanía y participación.

Según la Organización Mundial de la Salud[98] los distintos principios rectores de la Década del Envejecimiento Saludable son los siguientes:

1. Interconexión e indivisibilidad. Se aborda la aplicación de los Objetivos de Desarrollo Sostenible de forma conjunta, no como una elección entre los objetivos.
2. Inclusión. Se implica a todos los actores de la sociedad, independientemente de su edad, género, etnia, capacidad, ubicación y resto de categorías sociales.

---

96 BOE núm. 299, de 15 de diciembre de 2006.

97 KELLER GARGANTÉ, C. y EZQUERRA, S.: «Viviendas colaborativas de personas mayores: democratizar el cuidado en la vejez», *REVESCO: revista de estudios cooperativos*, núm. 137, 2021, pág. 3. Disponible en: https://revistas.ucm.es/index.php/REVE/article/view/71867/4564456555634 (Consultado el 28 de marzo de 2023).

98 ORGANIZACIÓN MUNDIAL DE LA SALUD: *Década de Envejecimiento Saludable 2020-2030*, 2020, págs. 4 y sigs. Disponible en: https://cdn.who.int/media/docs/default-source/decade-of-healthy-ageing/decade-proposal-final-apr2020rev-es.pdf?sfvrsn=b4b75ebc_28&download=true (Consultado el 17 de mayo de 2023).

3. Alianzas multidisciplinares. Se impulsa la alianza entre las partes interesadas para compartir conocimientos, experiencia, tecnología y recursos.

4. Universalidad. Compromiso por parte de todos los países, independientemente de su nivel de ingresos y desarrollo. Se establece una labor conjunto para alcanzar el desarrollo sostenible, que sea adaptado a cada contexto y población, teniendo en cuenta las distintas necesidades.

5. Participación colectiva. No se deja a nadie fuera. Se aplica a todas las personas con independencia de su nivel, ingresos o procedencia. Se centra en la propia persona y en las vulnerabilidades que le son propias.

6. Equidad. Se apuesta porque todas las personas tengan un nivel igual de oportunidades para poder disfrutar de los factores determinantes y facilitadores de un envejecimiento saludable, como la posición social y económica, la edad, el sexo, el lugar de nacimiento o residencia, la condición de inmigrante y el nivel de capacidad de cada sujeto. Se debe prestar especial atención a los grupos más vulnerables y menos favorecidos por sus circunstancias dentro de la sociedad, marginados y procurar la obtención de los mayores beneficios posibles.

7. Solidaridad intergeneracional. Se facilita la cohesión social y el intercambio entre distintas generaciones para lograr una mejor salud y bienestar de todas las personas.

8. Compromiso. Se potencia la adquisición de un compromiso de larga duración, sostenido durante 10 años y a largo plazo.

9. Inocuidad. Se adquiere el compromiso de protección del bienestar de todas las partes interesadas y minimizar cualquier daño que sea previsible a otros grupos de edad.

El envejecimiento activo parte de una premisas muy concretas:

a) El mantenimiento de la autonomía personal para poder controlar, adaptarse y tomar decisiones sobre la propia vida de forma cotidiana, según sus costumbres, reglas y preferencias.

b) La independencia para desempeñar las actividades cotidianas, tener una vida activa, independientemente de la necesidad de ayuda externa.

c) Valoración de la calidad de vida según la percepción de la persona, teniendo en cuenta su entorno cultural y próxima, sus objetivos, expectativas y deseos.

Otro de los aspectos a resaltar es la pérdida del concepto de «barrio»[99] a raíz de las transformaciones urbanísticas que se han producido en los últimos años. El barrio considerado como un lugar de convivencia y de conocimiento de todos los vecinos ha pasado a ser considerado como una estructura despersonalizada, en la que los edificios se construyen con muchas viviendas, y no

---

99 OSPINA SIERRA, Mª. A. y HERNÁNDEZ ECHEVERRY, E.: «Arquitectura como generadora de comunidades: covivienda, una necesidad emergente», *Dearq*, núm. 19, 2016, págs. 158 y sigs. Disponible en: https://issuu.com/dearq/docs/dearq19-1/160 (Consultado el 20 de marzo de 2023) señala que «Entre los vecinos, los espacios de encuentro y de interacción se han limitado a circulaciones que no ofrecen ningún tipo de permanencia. Por esto, es común que los residentes no se conozcan entre ellos, y ello lleva a que las comunidades se vuelvan cada vez más escasas y se pierda un factor importante dentro de la arquitectura: el componente social. Por ejemplo, hoy en día se han popularizado los edificios donde el ascensor llega directamente a la vivienda, lo cual genera que desaparezca lo comunal. Al analizar la arquitectura vernácula, observamos cómo el límite entre el habitáculo personal y el espacio circundante es difuso desde el interior y cómo está definido desde el exterior. Dichos límites generan espacios comunales que permiten la interacción entre vecinos, lo que a su vez proporciona seguridad. Esto no solo es observable en culturas antiguas o distantes a la nuestra, sino también en pequeñas poblaciones o barrios tradicionales en las cuales el turismo no ha desarraigado a sus pobladores originales».

hay relación entre los vecinos, ni siquiera se conoce al vecino de la misma planta, ni al resto de personas que conviven en el edificio. Se ha superado ese concepto de barrio como elemento unificador de la convivencia vecinal, en la que se podía contar con la ayuda del vecino para cualquier cuestión, desde dejarle la llave para atender al cuidado de niños, enfermos y ancianos, hasta el compartir tiempo en común. Actualmente esta despersonalización en las comunidades de vecinos producen un aislamiento para la mayoría de personas, ya que muchos de los habitantes utilizan la vivienda como "dormitorio" pasando el resto del tiempo en el trabajo o en actividades de ocio. La falta de adaptación de los edificios a las necesidades vecinales, en concreto para las personas de mayor edad, hacen que el desarrollo de la vida cotidiana se vea obstaculizada para determinadas actividades, como la compra, la asistencia a centros de salud, ya que no disponen de una ayuda que les apoye dentro del vecindario, a diferencia de lo que sucedía hace años, en el que la ayuda del vecino era parte fundamental de la convivencia. La pérdida progresiva de la independencia, va provocando ese aislamiento social, y también una mayor vulnerabilidad.

Del mismo modo, es una solución a los problemas de soledad que nos encontramos en la vivienda tradicional, ya que en la vivienda colaborativa se dispone de espacios comunes en los que las personas que conviven disfrutan de los mismos y comparten su tiempo libre, los servicios que ofrece el conjunto residencial y los gastos propios.

También es una solución para frenar la especulación y la subida indiscriminada del precio de la vivienda, ya que esta modalidad no se realiza con la finalidad de enriquecimiento, sino de contribuir a unos espacios sociales de vida mutua.

La jurisprudencia se ha pronunciado sobre esta modalidad de habitar, en relación con el *cohousing*. Así, la STSJ CLM 1332/2020, Sala de lo Contencioso, Sección 2, de 5 de junio de 2020[100] ante

---

100 ECLI:ES:TSJCLM:2020:1332. Id Cendoj: 02003330022020100233

las indicaciones de la parte actora en la que se indica que la Cooperativa objeto del litigio estaba formada por personas de entre 54 y 90 años, que pretende adaptar la novedosa fórmula de *cohousing* o vivienda colaborativa, construcción de viviendas adaptadas a una vida en común y con la incorporación de zonas comunes y/o servicios para todos los habitantes, y, que, en ejecución de esta idea, en la indicada Cooperativa no existen habitaciones sino que dispone de 66 apartamentos absolutamente independientes que cada residente puede usar del mismo modo que en una vivienda tradicional, o bien, a su libre elección, y de la manera y en los momentos que decida, en unión de las zonas comunes de que dispone la entidad y utilizando o no los servicios existentes a demanda de los residentes; servicios que son los propios de lo que hoy en día se conoce bajo el nombre de *resort*, esto es, por una parte, comedor común (para cuando el residente no desea usar la cocina completa de que dispone en su apartamento), limpieza y lavandería; por otro, peluquería y semejantes; actividades culturales y lúdicas incluyendo las que los mismos residentes deciden crear o desarrollar; y, en fin, servicios médicos y de fisioterapia. Bajo esta idea de vivienda colaborativa se pudo de acuerdo un grupo de personas, actualmente residentes, para desarrollar el proyecto, y que la idea ni fue, ni es una «prestación de servicios de asistencia social a la tercera edad»; no estando los residentes en una situación de necesidad, ni afectados por ninguna carencia económica, ni en una situación de indigencia, pobreza o extrema necesidad, estando los ingresos que una persona debe disponer para ser residente por encima de 1.500 euros al mes; no es una entidad dirigida y mucho menos limitada a la «tercera edad», pues a ella pueden acceder personas a partir de los 40 años (según consta en los Estatutos), y pertenecen diversas personas menores de 65 años y en activo. Ni la propia entidad ni sus apartamentos están diseñados para un uso análogo al de una residencia de ancianos, sino también para su utilización al modo de un club de vacaciones o una segunda residencia.

Los servicios que proporciona, no solamente a las personas de la tercera edad, no pueden ser considerados como «servicios de asistencia social», ya que no pretende cubrir esas necesidades básicas, sino proporcionar los medios para que los beneficiarios disfruten de una forma de vida mucho más placentera y completa, al modo de lo que se conoce como *resort*, pero especializado en personas maduras.

A lo que el Tribunal entendió que no nos hallamos ante una residencia que preste servicios de asistencia, ya que la Cooperativa dispone de determinados servicios propios de un establecimiento hotelero y no de residencia de ancianos (se trata de apartamentos independientes con uno o dos dormitorios con baño/s y cocina incluidos) y que es habitual que en los mismos pernocten sus hijos y nietos; que los precios de la utilización de las viviendas están por encima de lo que una persona en condiciones de necesidad podría pagar; que los usuarios pueden residir en sus instalaciones el tiempo que libremente decidan, siendo normal que lo hagan solo ocasionalmente y como segunda residencia; que los socios no padecían en el momento de incorporarse a la Cooperativa ningún tipo de estado de necesidad o carencia; así como que las actividades lúdicas son autogestionadas por los socios. Basta ver la relación de servicios que, junto a los de «Asistencia a la tercera edad», se relacionan en el aludido apartado (protección de la infancia y de la juventud, educación especial y asistencia a personas con minusvalía, asistencia a minorías étnicas, asistencia a refugiados y asilados, asistencia a transeúntes, asistencia a personas con cargas familiares no compartidas, acción social comunitaria y familiar, asistencia a exreclusos, reinserción social y prevención de la delincuencia, asistencia a alcohólicos y toxicómanos y cooperación para el desarrollo) para concluir que nos hallamos ante realidades diferentes.

El Tribunal concluye que no nos encontramos ante un establecimiento de «Asistencia a la tercera edad», ya que los servicios que presta la Cooperativa no encontrarían fácil encaje en las denominadas «prestaciones de servicios de asistencia social».

En el mismo sentido, las STSJ CLM 1374/2020, Sala de lo Contencioso, Sección Segunda, de 2 de junio de 2020[101]; STSJ CLM 2074/2020, Sala de lo Contencioso, Sección Segunda, de 22 de junio de 2020[102]; STSJ CLM 2009/2020, Sala de lo Contencioso, Sección Segunda, de 23 de junio de 2020[103]; STSJ CLM 2056/2020, Sala de lo Contencioso, Sección Segunda, de 27 de julio de 2020[104]; STSJ CLM 2070/2020, Sala de lo Contencioso, Sección Segunda, de 28 de julio de 2020[105]; STSJ CLM 2205/2020, Sala de lo Contencioso, Sección Segunda, de 31 de julio de 2020[106]; STSJ CLM 2423/2020, Sala de lo Contencioso, Sección Segunda, de 5 de octubre de 2020[107]; STSJ CLM 2159/2021, Sala de lo Contencioso, Sección Primera, de 5 de julio de 2021[108], y STSJ CLM 2988/2021, Sala de lo Contencioso, Sección Primera, de 20 de septiembre de 2021[109], que refuerzan los argumentos indicando que en la Cooperativa objeto del litigio los usuarios podían residir en sus instalaciones el tiempo que libremente decidirán, sino normal que lo hagan de forma ocasional, como segunda residencia, no disponían de servicios médicos gerontológicos, y ello unido a que los socios no necesariamente se tenían que encuadrar en el concepto de «tercera edad», ya que pueden formar parte de la Cooperativa las personas físicas mayores de cuarenta años. Todo ello hace que los servicios prestados no se corresponden con los de una «residencia de mayores».

---

101 ECLI:ES:TSJCLM:2020:1374. Id Cendoj: 02003330022020100256.
102 ECLI:ES:TSJCLM:2020:2074. Id Cendoj: 02003330022020100368.
103 ECLI:ES:TSJCLM:2020:2009. Id Cendoj: 02003330022020100342.
104 ECLI:ES:TSJCLM:2020:2056. Id Cendoj: 02003330022020100358.
105 ECLI:ES:TSJCLM:2020:2070. Id Cendoj: 02003330022020100367.
106 ECLI:ES:TSJCLM:2020:2205. Id Cendoj: 02003330022020100432.
107 ECLI:ES:TSJCLM:2020:2423. Id Cendoj: 02003330022020100476.
108 ECLI:ES:TSJCLM:2021:2159. Id Cendoj: 02003330012021100426.
109 ECLI:ES:TSJCLM:2021:2988. Id Cendoj: 02003330012021100642.

3. La regulación de la vivienda colaborativa en la actualidad

Nos vamos a centrar en la normativa y en las propuesta para la regulación del *cohousing* tanto a nivel estatal como autonómico.

No obstante, la referencia al *cohousing* se muestra en diversos instrumentos que, por su interés, vamos a indicar:

La Resolución de 19 de octubre de 2021, de la Secretaría de Estado de Derechos Sociales, por la que se publica el Convenio con la Comunidad Autónoma de Canarias, para la ejecución de proyectos con cargo a los fondos europeos procedentes del Mecanismo para la Recuperación y Resiliencia.[110] Se contempla el programa de viviendas colaborativas en cesión de uso. Este programa apoyará procesos colectivos de acceso a la vivienda, especialmente aquellos con un papel relevante de personas mayores, y preferentemente mediante modelos cooperativos de vivienda en régimen de cesión de uso. Se apostará por proyectos de convivencia y modelos residenciales que enfaticen la perspectiva de género y la facilitación de las tareas de cuidado desde lo colectivo. En este sentido se pondrá especial interés en propiciar diseños arquitectónicos que estudien y cuiden la distribución de las funciones de la vivienda entre los espacios domésticos familiares y los compartidos (posibilidad de espacios y servicios comunes como: lavandería, comedor, trasteros, cuidado de menores, cuartos de invitados, etc.). Los proyectos incorporarán criterios de eficiencia energética y uso de fuentes de energía renovables.

De este modo se quiere promover conjuntos de viviendas colaborativas (*cohousing*) que favorezcan una vida social activa y

---

110 BOE núm. 256, de 26 de octubre de 2021.

colaborativa dentro y fuera de la comunidad, así como consolidar las viviendas colaborativas como alternativa de acceso a la vivienda y al sistema de residencias de mayores.

La inversión se orienta a los siguientes objetivos: adquisición de suelos o inmuebles para su puesta a disposición de colectivos, preferentemente en régimen de cesión de uso, mediante convenios a largo plazo con las cooperativas de usuarios; puesta a disposición de las cooperativas los equipos profesionales de asistencia técnica para el desarrollo del proyecto, o colaborar en su financiación, procurando perfiles de equipos con experiencia o capacitación en perspectiva de género, enfoque de cuidados y diseño participativo; prestación de ayudas a familias que presenten recursos económicos insuficientes, cumpliendo otros requisitos del perfil de acceso a este modelo; actuaciones de comunicación y difusión de este modelo de alojamiento; fomento entre las administraciones la disminución de trabas burocráticas para la constitución de cooperativas orientadas a las viviendas colaborativas y la revisión o adecuación normativa (posible inversión en asistencias técnicas de perfil técnico-jurídico); estudio de la posibilidad de ofrecer avales públicos para facilitar la financiación de los proyectos.; evaluación del impacto de este modelo residencial en la vida de las personas y su entorno para extraer conclusiones de cara a su replicabilidad; implementación de la inversión.

Se contemplan también la convocatoria de ayudas destinadas a grupos promotores (colectivos, asociaciones,...) de viviendas en cesión de uso para la contratación de asistencias técnicas (desarrollo grupal, jurídicas, arquitectónicas,...) que apoyen la generación y desarrollo de cooperativas de usuarios de viviendas en cesión de uso, así como ayudas a cooperativas de usuarios de viviendas en cesión de uso para el acceso a suelo o edificio (convocatoria de ayudas, compra de suelo y cesión en uso,...), la prestación de ayudas económicas a familias que, teniendo recursos económicos insuficientes, deseen acceder a este modelo, y la comunicación y difusión de este modelo.

El Real Decreto 1101/2021, de 10 de diciembre, por el que se regula la concesión directa de subvenciones a entidades del Tercer Sector para proyectos de innovación e investigación orientados a la modernización de los servicios sociales y de los modelos de atención y cuidado a personas mayores, a la infancia y a personas sin hogar, en el marco del Plan de Recuperación, Transformación y Resiliencia[111], el Real Decreto 1129/2021, de 21 de diciembre, por el que se modifica el Real Decreto 581/2017, de 9 de junio, por el que se incorpora al ordenamiento jurídico español la Directiva 2013/55/UE del Parlamento Europeo y del Consejo, de 20 de noviembre de 2013, por la que se modifica la Directiva 2005/36/CE relativa al reconocimiento de cualificaciones profesionales y el Reglamento (UE) núm. 1024/2012 relativo a la cooperación administrativa a través del Sistema de Información del Mercado Interior (Reglamento IMI), en relación con el procedimiento de reconocimiento de cualificaciones profesionales[112] contempla la atención a personas mayores, mediante las comunidades de cuidados, experiencias de *cohousing* y otras redes vecinales de apoyo.

3.1. EL PLAN ESTATAL PARA EL ACCESO A LA VIVIENDA 2022-2025. EL FOMENTO DEL MODELO *COHOUSING*

El Real Decreto 42/2022, de 18 de enero, por el que se regula el Bono Alquiler Joven y el Plan Estatal para el acceso a la vivienda 2022-2025[113] modificado por el Real Decreto 903/2022, de 25 de

---

111 BOE núm. 296, de 11 de diciembre de 2021.

112 BOE núm. 305, de 22 de diciembre de 2021.

113 BOE núm. 16, de 19 de enero de 2022. Anteriormente, como señala TORTOSA CHULIÁ, Mª. A. y SUNDSTRÖM, G.: «La Economía Social y el Plan Estatal de Vivienda en apoyo de los alojamientos colaborativos para personas mayores en España», cit., pág. 7 y sigs., el Real Decreto 106/2018, de 9 de marzo, por el que se regula el Plan Estatal de Vivienda 2018-2021 (BOE núm. 61, de 10 de marzo de 2018), «ya contaba con una mención para los alojamientos en alquiler y en cesión de uso de personas mayores (y de personas con discapacidad),

octubre, por el que se modifican el Real Decreto 42/2022, de 18 de enero, por el que se regula el Bono Alquiler Joven y el Plan Estatal para el acceso a la vivienda 2022-2025, así como el Real Decreto 106/2018, de 9 de marzo, por el que se regula el Plan Estatal de Vivienda 2018-2021, y el Real Decreto 853/2021, de 5 de octubre, por el que se regulan los programas de ayuda en materia de rehabilitación residencial y vivienda social del Plan de Recuperación, Transformación y Resiliencia[114] establece como uno de los objetivos incrementar la oferta de vivienda en una modalidad distinta de la propiedad de la misma, es decir, mediante un alquiler propiciando el incremento del parque público de la vivienda y el de la vivienda en alquiler asequible o social en el entorno urbano y rural con el fomento de viviendas adecuadas y habitables en estas últimas zonas. Hace referencia especialmente al *cohousing*, al indicar que se incrementará la oferta de alojamientos y viviendas en alquiler. El propósito es impulsar la promoción de alojamientos temporales en modalidades residenciales, como es el *cohousing*, de viviendas intergeneracionales y otras de carácter similar, en las que hay una reducción de la superficie privativa de alojamiento y vivienda y un aumento de las superficies de interrelación o comunes en comparación con una solución habitual

---

y se destinaban ayudas para personas mayores y a los promotores de estas viviendas (hasta máximo de 400 euros por metro cuadrado). En este plan 2018 las ayudas al cohousing iban dirigidas a las empresas de economía social, cooperativas, y asociaciones y condicionadas a que el receptor del alquiler tenga una renta inferior a 5 veces el IPREM (34.948€/año 2021), y también que los miembros de la cooperativa no tuvieran ninguna vivienda en propiedad, y su patrimonio fuera inferior a los 200.000€. Y supone que el precio del alquiler o de la cesión de uso de la vivienda fuera proporcional a la superficie útil, e igual o superior a 9,5€/m2 (2018-21) más el coste real de los servicios que disfrute el arrendatario o cesionario. Además, se pedía que el edificio a construir para dedicarlo al alquiler o cesión de uso contase con calificación energética mínima B, asistencia social, atención médica básica, medidas de seguridad, servicios de terapias preventivas, restauración, rehabilitación y actividades sociales y deportivas».

114 BOE núm. 257, de 26 de octubre de 2022.

de vivienda que vayan a ser alquiladas o a cederse el uso o a otro régimen de carácter temporal y no permanente.

En el citado Plan Estatal de Vivienda se estructuran distintos programas de ayudas siendo uno de ellos, el programa 8, que se regula en los artículos 18 y 20, entre otros preceptos, el destinado al fomento de alojamientos temporales, de modelos *cohousing*, de viviendas intergeneracionales y modalidades similares cuyo diseño responde a la necesidad de fomentar este tipo residencial para destinarlo a la modalidad arrendaticia durante un plazo mínimo de veinte años con renta limitada y orientada a arrendatarios con ingresos limitados. Es decir, es una modalidad de vivienda con un carácter social para dar respuesta a la necesidad habitacional para clases menos favorecidas.

La principal característica es el diseño y distribución de los espacios, además de que dichos espacios van a tener un metraje mucho más amplio que los habituales en una vivienda destinada a la propiedad. Estos espacios compartidos de uso, es decir, destinados a la interrelación o relación entre los habitantes del mismo tienen una mayor superficie que los espacios destinados a un uso privativo o particular del habitante. El propósito de integración y relación entre los inquilino deriva en dotar a estas modalidades habitaciones de grandes espacios compartidos.

Como indica el artículo 17, las aportaciones que se prevén en el Plan Estatal[115] también se destinan a conceder nuevas subvenciones

---

115 Indica el artículo 17 que las aportaciones se destinan «al mantenimiento de las ayudas de subsidiación de préstamos convenidos concedidas al amparo de planes estatales de vivienda anteriores y a la concesión de nuevas subvenciones; para facilitar el acceso a la vivienda en régimen de alquiler a sectores de población con dificultades económicas; para ayudar a las víctimas de violencia de género, víctimas de trata con fines de explotación sexual, víctimas de violencia sexual, personas objeto de desahucio de su vivienda habitual, personas sin hogar y otras personas especialmente vulnerables a dicho acceso; para fomentar la puesta a disposición de las administraciones públicas de viviendas libres de la SAREB, de entidades públicas o de gestores privados de vivienda en

para ayuda a las personas jóvenes, que tengan escasos recursos económicos, para poder acceder a la vivienda, bien sea en régimen de alquiler o en régimen de propiedad, y a la recuperación de municipios o núcleos de población de pequeño tamaño. También se fomentan nuevas formas de convivencia entre las que se encuentra el *cohousing* en las que priman los espacios para relación entre los usuarios.

Este régimen queda sujeto a lo indicado en la Ley 38/2003, de 17 de noviembre, General de Subvenciones[116], y la Ley 40/2015, de 1 de octubre, de Régimen Jurídico del Sector Público.[117]

Este Plan Estatal se aplicará en todas las Comunidades Autónomas, así como en Ceuta y Melilla, con excepción del País Vasco y Navarra.

El Capítulo IX del Plan Estatal se decida al Programa de fomento de alojamientos temporales, de modelos *cohousing*, de viviendas intergeneracionales y modalidades similares, que comprende los artículos 81 a 90.

Se fomenta la vivienda cooperativa en cesión de uso y otras soluciones residenciales modelo *cohousing*, alojamientos temporales u otras modalidades similares, destinados al arrendamiento, a la cesión en uso o al disfrute temporal en cualquier régimen admitido en derecho, ya sea de titularidad pública o privada.

---

alquiler para su alquiler asequible o social; para fomentar la promoción y/o rehabilitación de edificios de viviendas que vayan a ser destinadas al alquiler asequible para personas mayores y personas con discapacidad; así como para mejorar la accesibilidad de y en nuestras viviendas también con especial atención a las personas con discapacidad». Véase sobre este aspecto, más ampliamente: RAMÓN FERNÁNDEZ, F.: *Vivienda inteligente: domótica, inteligencia artificial y regulación legal*, Tirant lo Blanch, Valencia, 2022; *Medidas en el ámbito jurídico para el acceso a la vivienda de las personas en situación de vulnerabilidad social y económica*, Tirant lo Blanch, Valencia, 2023.

116 BOE núm. 276, de 18 de noviembre de 2003.

117 BOE núm. 236, de 02 de octubre de 2015.

Para que se pueda conceder la ayuda como forma de ser financiadas los alojamientos y viviendas, las promociones de alojamientos de nueva construcción, así como las promociones de modalidades residenciales tipo *cohousing*, de viviendas intergeneracionales o similares que se vayan a ceder en uso o destinar al arrendamiento durante un plazo mínimo de veinte años. Estarán incluidas las actuaciones que procedan de la rehabilitación de edificios.

El plazo de los veinte años se computará desde la fecha de la calificación definitiva expedida por la Comunidad Autónoma o ciudad de Ceuta o Melilla, declaración responsable de primera ocupación o acto administrativo equiparable admitido expresamente por la Comunidad Autónoma o ciudad de que se trate.

Deberá hacerse constar, en nota marginal en el Registro de la Propiedad el destino por un plazo mínimo de veinte años de las viviendas en arrendamiento o en cesión en uso.

Como sigue precisando el artículo 82, las edificaciones de las promociones de nueva construcción o procedentes de la rehabilitación de edificios que se acojan a las ayudas deberán ser accesibles y estar en condiciones de ser habitadas y habrán de tener una calificación energética mínima A, tanto en emisiones de CO2 como en consumo de energía primaria no renovable.

Estas ayudas se podrán solicitar para todas o parte de los alojamientos o viviendas de una promoción.

Se podrán beneficiar de las ayudas, según el artículo 83, personas físicas mayores de edad; Administraciones Públicas, organismos públicos y demás entidades de derecho público y privado, así como las empresas públicas, privadas y público-privadas; y también las fundaciones, las empresas de economía social y sus asociaciones, cooperativas, incluidas las de autopromoción o autoconstrucción, las organizaciones no gubernamentales y las asociaciones declaradas de utilidad pública, entidades sin ánimo de lucro y aquellas a las que se refiere la disposición adicional quinta de la Ley 7/1985, de 2 de abril, Reguladora de las Bases del Régimen Local.[118]

---

[118] BOE núm. 80, de 03 de abril de 1985. El citado precepto indica que: « 1. Las Entidades Locales pueden constituir asociaciones, de ámbito estatal o autonómico, para la protección y promoción de sus intereses comunes, a las que se les aplicará su normativa específica y, en lo no previsto en él, la legislación del Estado en materia de asociaciones.
2. Las asociaciones de Entidades Locales se regirán por sus estatutos, aprobados por los representantes de las entidades asociadas, los cuales deberán garantizar la participación de sus miembros en las tareas asociativas y la representatividad de sus órganos de gobierno. Asimismo, se señalará en los estatutos la periodicidad con la que hayan de celebrarse las Asambleas Generales Ordinarias, en caso de que dicha periodicidad sea superior a la prevista, con carácter general, en el artículo 11.3 de la Ley Orgánica 1/2002, de 22 de marzo, reguladora del Derecho de Asociación.
3. Dichas asociaciones, en el ámbito propio de sus funciones, podrán celebrar convenios con las distintas Administraciones Públicas. Asimismo, de conformidad con lo establecido en el artículo 12.2 de la Ley 38/2003, de 17 de noviembre, General de Subvenciones, podrán actuar como entidades colaboradoras de la Administración en la gestión de las subvenciones de la que puedan ser beneficiarias las Entidades Locales y sus organismos dependientes.
Las asociaciones de Entidades Locales podrán adherirse al sistema de contratación centralizada estatal regulado en el artículo 206 del Texto Refundido de la Ley de Contratos del Sector Público, aprobado por Real Decreto Legislativo 3/2011, de 14 de noviembre, en los mismos términos que las Entidades Locales.
Conforme a lo previsto en el artículo 203 del Texto Refundido de la Ley de Contratos del Sector Público, estas asociaciones podrán crear centrales de contratación. Las Entidades Locales a ellas asociadas, podrán adherirse a dichas centrales para aquéllos servicios, suministros y obras cuya contratación se haya efectuado por aquéllas, de acuerdo con las normas previstas en ese Texto Refundido, para la preparación y adjudicación de los contratos de las Administraciones Públicas.
4. Las asociaciones de Entidades Locales de ámbito estatal con mayor implantación en todo el territorio ostentarán la representación institucional de la Administración local en sus relaciones con la Administración General del Estado».

En cuanto a la gestión, el artículo 84 determina que se exigirá la suscripción de un acuerdo en el seno de las comisiones de seguimiento entre el Ministerio de Transportes, Movilidad y Agenda Urbana, las Comunidades Autónomas y el Ayuntamiento correspondiente, excepto en los supuestos de Ceuta y Melilla en las que se suscribirá solamente por el Ministerio de Transportes, Movilidad y Agenda Urbana y la ciudad correspondiente.

Podrán ser suscritos únicamente por el Ministerio y las Comunidades Autónomas siempre y cuando éstas asuman la responsabilidad de la conformidad del Ayuntamiento, salvo que éste participe en la financiación de la actuación en cuyo caso el acuerdo se suscribirá obligatoriamente también por éste último.

Con carácter previo al acuerdo de la Comisión de Seguimiento, las Comunidades Autónomas y ciudades de Ceuta y Malilla deberán remitir al Ministerio citado las previsiones de las actuaciones acompañadas de una memoria-programa, que defina cada actuación en todos sus extremos y justifique la viabilidad económica.

Por lo que se refiere a la cuantía de la ayuda, el artículo 85 dispone que las personas o entidades promotoras de actuaciones objeto de este programa podrán obtener una ayuda, proporcional a la superficie útil, tanto privativa del alojamiento o vivienda como de espacios comunes y de interrelación, de hasta un máximo de 420 euros por metro cuadrado de superficie útil. La cuantía máxima de esta subvención, en conjunto, no podrá ser superior al 50% de la inversión de la actuación, con un límite máximo de 50.000 euros por alojamiento o vivienda.

En el caso de que la ayuda se solicite solo para una parte de las viviendas o los alojamientos de una promoción, el importe máximo de 420 euros por metro cuadrado de superficie útil será aplicable a la superficie privativa de las viviendas o alojamientos objeto de la ayuda y a la parte proporcional de la superficie útil de espacios comunes y de interrelación.

Las subvenciones contempladas en este Plan Estatal son compatibles con cualquiera otra subvención que concedan otras

Administraciones para el mismo objeto, pero no son compatibles con las subvenciones que para otros programas existan en esta norma.

La inversión de la actuación, a los efectos de determinar la ayuda, estará constituida por todos los gastos inherentes a la promoción de que se trate con inclusión de los impuestos. Se incluye el coste del suelo, de la edificación, los gastos generales, los informes preceptivos, el beneficio industrial y cualesquiera otro necesario, siempre y cuando todos ellos consten debidamente acreditados. Se excluirá la inclusión del coste del suelo en los casos de actuaciones que sean exclusivamente de rehabilitación.

El artículo 86 contempla la limitación del precio del alquiler o de la cesión en uso. El precio será proporcional a su superficie útil incluida la parte proporcional de superficie de los espacios comunes y de interrelación. El reparto de esta parte proporcional se realizará en función de la superficie privativa de cada alojamiento o vivienda o conforme a otro criterio objetivo determinado por las Comunidades Autónomas o ciudades de Ceuta y Melilla.

Durante el primer año de vigencia de esta norma no podrá superior el importe de 8 euros por metro cuadrado de superficie útil de alojamiento o vivienda incluida la parte proporcional de superficie de los espacios comunes y de interrelación.

Este precio umbral del precio del alquiler o de la cesión en uso habrán de figurar en la resolución de concesión de la ayuda y será actualizado anualmente conforme al Índice de Precios al Consumo, a partir de la entrada en vigor de esta norma.

El umbral del precio del alquiler o de la cesión en uso será aplicable en el momento de la suscripción del contrato de arrendamiento o cesión. En dicho contrato se concretará la actualización que se acuerdo conforme con la normativa que le sea aplicable.

La persona arrendadora podrá percibir, además de la renta inicial o revisada que le corresponda, el coste real de los servicios de que disfrute la arrendataria y se satisfagan por la arrendadora, así como las demás repercusiones que autorice la legislación correspondiente.

La persona cedente podrá percibir, además del precio inicial o revisado que se acuerde, el coste real de los servicios de que disfrute la cesionaria y se satisfagan por la cedente, así como los gastos de comunidad y tributos, también satisfechos por la persona cedente, cuya repercusión sea acordada en la cesión en uso.

Se regula en el artículo 87 la concesión directa de la ayuda y el pago de la misma. Estas subvenciones se podrán conceder de forma directa de acuerdo con lo indicado en el artículo 22.2 de la Ley 38/2003 en los supuestos en que concurran las razones previstas en el precepto que deberán ser justificadas por la Comunidad Autónoma o ciudad de Ceuta y Melilla, siempre que haya una disponibilidad presupuestaria.

El abono de la subvención se podrá realizar mediante pagos a cuenta o anticipados. De forma previa, la persona beneficiaria deberá estar en posesión de la acreditación de la titularidad o de la condición de cesionaria del suelo o del edificio a rehabilitar; la licencia municipal de obra, y el certificado de inicio de obra.

No se podrá abonar el último 20 % a la persona beneficiaria hasta que los alojamientos o viviendas cumplan los tres requisitos siguientes: estar finalizados, que deberá acreditarse con la aportación del certificado final de obra visado; un mínimo del 20% de los alojamientos o viviendas de la promoción que obtengan subvención, hayan sido ya ocupados en régimen de cesión en uso o de arrendamiento, y se haya producido y conste la anotación registral de la nota marginal a la que se refiere el artículo 82.

El plazo de ejecución de las actuaciones, según señala el artículo 88, las obras correspondientes a actuaciones financiadas con cargo a este programa deberán realizarse en el plazo máximo de treinta y seis meses desde la fecha de notificación de la concesión de la ayuda, que podrá extenderse a treinta y ocho meses en los casos de promociones de más de cincuenta alojamientos o viviendas.

En el caso de que se trate de rehabilitaciones los plazos serán de treinta meses y treinta y dos meses, respectivamente.

En los casos en que la concesión de la licencia municipal, o autorización administrativa, se demore y no sea concedida en el plazo de doce meses desde la solicitud, los plazos anteriores podrán incrementarse en el plazo de la demora y hasta doce meses como máximo.

Estos plazos se podrán prorrogar por huelgas que afecten al desarrollo de las actuaciones, por motivos climatológicos que alteren los calendarios de ejecución de obra, o cualquier causa de fuerza mayor debidamente acreditada, y por el tiempo de retraso imputable a dichas causas.

El artículo 89 contempla quiénes pueden ser arrendatarias y cesionarias. Solamente los alojamientos o viviendas que estén con cargo a este programa se podrán alquilar o ceder en uso a personas cuyas rentas anuales, incluyendo, en su caso, las de todas las personas que constituyan la unidad de convivencia, no superen cinco veces el indicador público de renta de efectos múltiples (IPREM) que se atenderá en el momento de la suscripción del contrato de arrendamiento o de la cesión. Esta limitación se podrá modificar si hay un acuerdo que adopte el Ministerio correspondiente y la Comunidad Autónoma o ciudad de Ceuta y Melilla, suscrito en la comisión de seguimiento del convenio correspondiente.

La transmisión de la edificación se regula en el artículo 90, y solamente se podrá realizar una vez que hayan finalizado las obras.

La misma conllevará de forma automática para el adquirente la asunción de las obligaciones correspondientes a este programa de ayuda, debiendo el título de la transmisión recoger de forma expresa la asunción por éste de las mismas.

El título de la transmisión habrá de recoger también de forma expresa las consecuencias derivadas del incumplimiento obligacional, incluyendo la devolución de las subvenciones recibidas por razón de la edificación cualquiera que hubiese sido el perceptor, así como en su caso, intereses, recargos y multas o sanciones que procedan.

La Resolución de 12 de julio de 2022, de la Dirección General de Vivienda y Suelo, por la que se publica el Convenio con la Comunidad Autónoma de La Rioja, para la ejecución del Plan Estatal para el acceso a la vivienda 2022-2025[119], la Resolución de 12 de julio de 2022, de la Dirección General de Vivienda y Suelo, por la que se publica el Convenio con la Comunitat Valenciana, para la ejecución del Plan Estatal para el acceso a la vivienda 2022-2025[120], la Resolución de 12 de julio de 2022, de la Dirección General de Vivienda y Suelo, por la que se publica el Convenio entre la Secretaría General de Agenda Urbana y Vivienda y la Comunidad Autónoma de Aragón, para la ejecución del Plan Estatal para el acceso a la vivienda 2022-2025[121], la Resolución de 12 de julio de 2022, de la Dirección General de Vivienda y Suelo, por la que se publica el Convenio entre la Secretaría General de Agenda Urbana y Vivienda y la Comunidad Autónoma de Extremadura, para la ejecución del Plan Estatal para el acceso a la vivienda 2022-2025[122], la Resolución de 2 de agosto de 2022, de la Dirección General de Vivienda y Suelo, por la que se publica el Convenio con la Comunidad Autónoma de Cantabria, para la ejecución del Plan Estatal para el acceso a la vivienda 2022-2025[123], la Resolución de 20 de julio de 2022, de la Dirección General de Vivienda y Suelo, por la que se publica el Convenio con la Generalitat de Cataluña, para la ejecución del Plan Estatal para el acceso a la vivienda 2022-2025[124], la Resolución de 2 de agosto de 2022, de la Dirección General de Vivienda y Suelo, por la que se publica el Convenio con la Comunidad Autónoma de Cantabria, para la ejecución del

---

[119] BOE núm. 209, de 31 de agosto de 2022.
[120] BOE núm. 209, de 31 de agosto de 2022.
[121] BOE núm. 207, de 29 de agosto de 2022.
[122] BOE núm. 207, de 29 de agosto de 2022.
[123] BOE núm. 209, de 31 de agosto de 2022.
[124] BOE núm. 209, de 31 de agosto de 2022.

Plan Estatal para el acceso a la vivienda 2022-2025[125], la Resolución de 12 de julio de 2022, de la Dirección General de Vivienda y Suelo, por la que publica el Convenio entre la Secretaría General de Agenda Urbana y Vivienda y la Comunidad Autónoma de Galicia, para la ejecución del Plan Estatal para el acceso a la vivienda 2022-2025[126], la Resolución de 12 de julio de 2022, de la Dirección General de Vivienda y Suelo, por la que se publica el Convenio entre la Secretaría General de Agenda Urbana y Vivienda y la Ciudad de Melilla, para la ejecución del Plan Estatal para el acceso a la vivienda 2022-2025[127], la Resolución de 12 de julio de 2022, de la Dirección General de Vivienda y Suelo, por la que se publica el Convenio entre la Secretaría General de Agenda Urbana y Vivienda y la Comunidad Autónoma de Canarias, para la ejecución del Plan Estatal para el acceso a la vivienda 2022-2025[128], la Resolución de 12 de julio de 2022, de la Dirección General de Vivienda y Suelo, por la que se publica el Convenio entre la Secretaría General de Agenda Urbana y Vivienda y la Ciudad de Ceuta, para la ejecución del Plan Estatal para el acceso a la vivienda 2022-2025,[129] la Resolución de 2 de agosto de 2022, de la Dirección General de Vivienda y Suelo, por la que se publica el Convenio con la Comunidad Autónoma de las Illes Balears, para la ejecución del Plan Estatal para el acceso a la vivienda 2022-2025[130], la Resolución de 5 de agosto de 2022, de la Dirección General de Vivienda y Suelo, por la que se publica el Convenio con la Comunidad Autónoma de Castilla-La Mancha, para la ejecución del Plan Estatal para el acceso a la vivienda 2022-2025[131], la Resolución de 5 de agosto de 2022, de la Dirección General de Vivienda y Suelo, por la que se publica el Convenio con la Comunidad de Castilla y León, para

---

125 BOE núm. 209, de 31 de agosto de 2022.

126 BOE núm. 212, de 3 de septiembre de 2022.

127 BOE núm. 212, de 3 de septiembre de 2022.

128 BOE núm. 213, de 5 de septiembre de 2022.

129 BOE núm. 213, de 5 de septiembre de 2022.

130 BOE núm. 209, de 31 de agosto de 2022.

131 BOE núm. 209, de 31 de agosto de 2022.

la ejecución del Plan Estatal para el acceso a la vivienda 2022-2025[132], la Resolución de 23 de agosto de 2022, de la Dirección General de Vivienda y Suelo, por la que se publica el Convenio con la Comunidad Autónoma de Andalucía, para la ejecución del Plan Estatal para el acceso a la vivienda 2022-2025,[133] Resolución de 8 de noviembre de 2022, de la Dirección General de Vivienda y Suelo, por la que se publica el Convenio con la Comunidad de Madrid, para la ejecución del Plan Estatal para el acceso a la vivienda 2022-2025[134], y la Resolución de 24 de febrero de 2023, de la Secretaría de Estado de Derechos Sociales, por la que se publica la Adenda de modificación de anexos del Convenio con la Comunidad Autónoma de Cataluña, para la ejecución de proyectos con cargo a los fondos europeos procedentes del mecanismo para la recuperación y resiliencia.[135] Se mencionan dentro de los proyectos desarrollar nuevos modelos de acogimiento residencial (viviendas con servicios compartidos, *cohousing,...*), y el *cohousing* para personas con discapacidad intelectual.

En estas Resoluciones mencionadas anteriormente se contempla el programa de fomento de alojamientos temporales, de modelos *cohousing,* de viviendas intergeneracionales y modalidades similares. Requerirán de un Acuerdo de la Comisión de Seguimiento, y la Comunidad correspondiente se compromete a tramitar y gestionar la financiación de los programas.

La Resolución de 1 de agosto de 2022, del Instituto de Crédito Oficial, E.P.E., por la que se publica el Convenio con el Ayuntamiento de Barcelona y el Instituto Catalán de Finanzas, para la financiación de vivienda social[136]. Indica que el Real Decreto 42/2022, de 18 de enero, por el que se regula el Bono de Alquiler

---

132 BOE núm. 209, de 31 de agosto de 2022.

133 BOE núm. 249, de 17 de octubre de 2022.

134 BOE núm. 41, de 17 de febrero de 2023.

135 BOE núm. 61, de 13 de marzo de 2023.

136 BOE núm. 189, de 8 de agosto de 2022.

Joven y el Plan Estatal para el acceso a la vivienda 2022-2025, regula una línea de distintos programas para el fomento de la vivienda social y entre estos el programa de alojamientos temporales, de modelos *cohousing*, de viviendas intergeneracionales y modalidades similares (capítulo IX). Dicho programa establece una línea de ayudas de hasta 420 euros por metro cuadrado de superficie útil, no pudiendo superar esta subvención el 50 % de la inversión de la actuación, con un límite máximo de 50.000 euros por alojamiento o vivienda. De este Programa pueden ser destinatarias, entre otras, las fundaciones y cooperativas beneficiarias de los préstamos objeto de este Convenio en mérito a ser adjudicatarias de fincas procedentes del Convenio ESAL, al cual se refiere el expositivo décimo de este Convenio.

En la Ley 10/2022, de 28 de diciembre, de Presupuestos Generales de la Comunidad Autónoma de Cantabria para el año 2023[137] contempla el fomento de viviendas y alojamientos, con destino a favorecer el acceso a la vivienda a colectivos de mayores y discapacitados, así como impulsar el *cohousing*.

3.2. LA REGULACIÓN EN EL PRINCIPADO DE ASTURIAS

3.2.1. El Criterio interpretativo núm. 6/2019, de 7 de febrero de 2019

El Gobierno del Principado de Asturias a través el Criterio interpretativo núm. 6/2019, de 7 de febrero de 2019 sobre el régimen de autorización de alojamientos colaborativos para la promoción de la autonomía personal y atención a la dependencia[138] es pionera en el tratamiento del *cohousing* senior o alojamientos colaborativos. Su característica es que en el caso de que asumen estas cooperativas la autonomía y cuidado de la dependencia de-

---

[137] BOE núm. 33, de 8 de febrero de 2023.

[138] Disponible en: http://www.axuntase.es/wp-content/uploads/2021/10/Criterio_interpretativo_final_Coho48-febrero-2019.pdf (Consultado el 26 de marzo de 2023).

jan de tener la consideración de vivienda por sí y se convierten en equipamientos de servicios sociales, ya que tampoco entran dentro del concepto de residencias como tales[139].

No se contemplan dentro de las normas de servicios sociales y se incluyen en el Sistema para la Autonomía y Atención a la Dependencia (SAAD). En este Criterio se establece que se deben regular las condiciones de prestación de este servicio sociosanitario en los alojamientos, así como las condiciones materiales y de funcionamiento. Será decisión de la cooperativa el funcionamiento como equipamiento, lo que significa ayuda, domicilio, telealarma, etc., o bien como centro de atención permanente, con lo que el cohousing ya no es propiamente una vivienda en dicho régimen, sino una residencia cooperativa. Esto será en los supuestos en que una cuarta parte de los socios tengan un grado de dependencia II y III y precisen de atención permanente.

3.3. LA REGULACIÓN EN LA COMUNIDAD DE MADRID

3.3.1. La Resolución 940/2022, de 1 de marzo, de la Dirección General de Evaluación, Calidad e Innovación, por la que se establecen los criterios que han de regir el régimen de autorización de viviendas colaborativas para la promoción de la autonomía personal y la atención a la dependencia de personas mayores

La Resolución 940/2022, de 1 de marzo, de la Dirección General de Evaluación, Calidad e Innovación, por la que se establecen los criterios que han de regir el régimen de autorización de viviendas colaborativas para la promoción de la autonomía personal y la atención a la dependencia de personas mayores de la Dirección

---

139 TORTOSA CHULIÁ, Mª. A. y SUNDSTRÖM, G.: «La Economía Social y el Plan Estatal de Vivienda en apoyo de los alojamientos colaborativos para personas mayores en España», cit., pág. 9 y sigs.

General de Evaluación, Calidad e Innovación de la Consejería de familia, juventud y política social de la Comunidad de Madrid[140] estableció la posibilidad de desarrollar comunidades de cuidados compartidos con las personas de la tercera edad[141] a través de la oferta de suelo dotacional genérico o de servicios sociales, de titularidad pública, y ofreciendo garantías para su financiación. Se asemejan los apartamentos a las viviendas tuteladas o residencias de la tercera edad, pero con una autogestión por parte de los habitantes, y en un tamaño más reducido que las residencias. Es decir, complejos con un número de habitantes determinado. A través de esta Resolución 940/2022 se regularon las viviendas de tipo colaborativo, que se caracterizaban por unos elementos propios y diferentes a las residencias ya que se gestionaban de forma autónoma, democrática y participativa, además de promover la solidaridad de los habitantes y también hacia la sociedad.

Los requisitos que se contemplan para esta nueva forma de habitar hace que estos alojamientos se consideren como un nuevo tipo de centro de servicios sociales que deberá ser evaluado en cuanto a su calidad y la prestación de los servicios. Esto se aplicará en los casos en que los inquilinos del *cohousing* sean en un 25% con un grado de dependencia II y III porque tendrán que ofrecer unos cuidados comunes que deberán prestarlos profesionales que estén vinculados al propio *cohousing*, y cada socio dependiente deberá contar con un plan individualizado de atención.

Además, el *cohousing* deberá contar con un 50% de socios que tengan una edad superior a la jubilación, y el resto una

---

140 Disponible en: https://www.comunidad.madrid/sites/default/files/doc/servicios-sociales/dgeci_resolucion_autorizacion_viviendas_colaborativas.pdf (Consultado el 26 de marzo de 2023).

141 TORTOSA CHULIÁ, Mª. A. y SUNDSTRÖM, G.: «La Economía Social y el Plan Estatal de Vivienda en apoyo de los alojamientos colaborativos para personas mayores en España», cit., pág. 10 y sigs.

edad de 50 años o superior, y en el caso que hubieran menores deberán vivir con ellos. Junto a ello, los edificios que formen parte del *cohousing* deberán ser totalmente accesibles, teniendo en cuenta las dificultades de movilidad y de accesibilidad para las personas, también dispondrán de estancias comunes y ofrecer actividades para promocionar el envejecimiento activo y prevenir la dependencia.

En el caso de que los *cohousing* senior podrán pedir autorización como centro residencial, pero deberán cumplir los requisitos de los centros residenciales respecto a las condiciones de espacio, funcionamiento, ratio de personal, planes de atención personalizada para las personas con dependencia.

Estos centros *cohousing* se incluirán en el catálogo del SAAD como centros distintos de las residencias.

3.4. LA REGULACIÓN EN LA COMUNIDAD AUTÓNOMA DE GALICIA

En dicha Comunidad interesa mencionar la Ley 3/2018, de 26 de diciembre, de medidas fiscales y administrativas de la Comunidad Autónoma de Galicia[142], que modifica el Decreto 149/2013, de 5 de septiembre, por el que se define la cartera de servicios sociales para la promoción de la autonomía personal y la atención a las personas en situación de dependencia y se determina el sistema de participación de las personas usuarias en la financiación de su coste de la Comunidad Autónoma de Galicia[143], modificado por la Ley 7/2019, de 23 de diciembre, de medidas fiscales y administrativas de la Comunidad Autónoma de Galicia[144]. En la indicada cartera de servicios sociales se incorporan los servicios

---

142 BOE núm. 68, de 20 de marzo de 2019.

143 DOG núm. 182, de 24 de septiembre de 2013.

144 DOG núm. 245, de 27 de diciembre de 2019.

de supervisión y apoyos puntuales, el *cohousing* y las unidades psicogeriátricas.

3.4.1. La Orden de 10 de octubre de 2022 por la que se modifica la Orden de 18 de abril de 1996 por la que se desarrolla el Decreto 243/1995, de 28 de julio, en lo relativo a la regulación de las condiciones y requisitos específicos que deben cumplir los centros de atención a personas mayores de la Comunidad Autónoma de Galicia

La Orden de 10 de octubre de 2022[145] por la que se modifica la Orden de 18 de abril de 1996 por la que se desarrolla el Decreto 243/1995, de 28 de julio[146], en lo relativo a la regulación de las condiciones y requisitos específicos que deben cumplir los centros de atención a personas mayores de la Comunidad Autónoma de Galicia introduce un número 2 en el artículo 2, y añade un número 8 en el anexo I sobre requisitos específicos de los centros de atención a personas mayores. Se introduce la vivienda colaborativa, como centro de atención[147], y se establece su regulación por primera vez.

Se configuran como una modalidad residencial organizada en espacios de uso privativo y zonas comunitarias con la finalidad de desarrollar una convivencia entre las personas que deciden vivir juntas en un mismo lugar a los efectos de promoción de su autonomía y la atención ante situaciones de dependencia, basándose en los principios de colaboración, autogestión y ayuda mutua, y en unas condiciones de igualdad y no discriminación.

---

145 DOG núm. 201, de 21 de octubre de 2022.

146 Decreto 243/1995, de 28 de julio, por el que se regula el régimen de autorización y acreditación de centros de servicios sociales (DOG núm. 159, de 21 de agosto de 1995).

147 Junto con las residencias, hogares residenciales, viviendas comunitarias, apartamentos tutelados, centros de día y hogares y clubs.

Se fija el número máximo de personas residentes de 150.

La edad que se establece es igual o inferior a 55 años, pero también podrán ser residentes de este equipamiento las personas con una edad inferior a 55 años, siempre que convivan en la misma vivienda colaborativa con, al menos, una persona residente de edad igual o superior a los 55 años. En estos casos, el número de personas residentes con edad inferior a los 55 años no puede exceder del cincuenta por ciento del total de residentes.

Se fijan una serie de condiciones materiales y arquitectónicas de los complejos de tal forma que no pueden contar con barreras arquitectónicas, cumpliendo la normativa vigente en materia de accesibilidad y deberán ser adaptadas a personas con movilidad reducida. En todo lo que no se contemple en esta norma, deberán cumplir las viviendas colaborativas lo indicado en la normativa gallega de habitabilidad de viviendas.

Se contará con espacios privados y zonas de uso común.

Los espacios privados deberán dispone de al menos las siguientes estancias: habitación individual o doble que tenga una superficie mínima útil, sin computar el cuarto de baño, de 12 metros cuadrados; cuarto de baño, accesible o con una dimensión mínima que, en su caso, se pueda convertir en accesible, dotado como mínimo de lavabo, inodoro y ducha; trastero, dentro o fuera del apartamento; salón; cocina, que puede ser integrada.

En el caso de las zonas de uso común deberán contar como mínimo con las instalaciones siguientes: zona de recepción a la entrada; baños o aseos, como mínimo dos, equipados por lo menos con lavabo e inodoro, y uno de ellos deber ser accesible; una o más salas polivalentes para la convivencia y realización de actividades. Estas salas dispondrán, por lo menos, de una superficie mínima de dos metros cuadrados por residente, y podrán ser utilizadas como área de comedor común; una sala o espacio para la atención sociosanitaria, con toma de agua; habitaciones para la atención de personas residentes que, por su grado de dependencia o dependencia sobrevenida, requieran atención o cuidados personales, con una capacidad mínima de un 5% de las plazas, que deberán ser reservadas para el posible cuidado diurno o nocturno de las mismas. Estas habitaciones deberán de cumplir las mismas exigencias que las habitaciones de las residencias de mayores. Se podrán utilizar estas habitaciones para otras finalidades como habitaciones para invitados, si no son precisas para las personas residentes, pero no podrán ser ocupadas por nuevas personas residentes de forma permanente.

Las zonas de uso común deberán de contar con zona de descanso de profesionales, en el caso de que dispongan de los mismos; una zona ajardinada o zona exterior, excepto la existencia de espacios públicos adyacentes al centro con estas características o cuando, por su ubicación, sea imposible disponer de estas zonas; una zona para aparcamiento de vehículos, que dispondrá, por lo menos, de una plaza reservada para personas con movilidad reducida, y un espacio para almacenamiento.

Se regulan los requisitos funcionales y de personal, ya que el centro deberá contar con un plan de organización, planificación de los servicios de mantenimiento y un programa de actividades comunes que deberá contener como mínimo:

1. Un modelo de organización, limpieza y mantenimiento de los espacios de uso común;
2. Actividades que se realicen relativas a la promoción de la autonomía personal y la atención a las personas en situación de dependencia, tanto en el interior como en su relación con el entorno.
3. Un plan de atención a las personas residentes que por su situación de dependencia precisen de cuidados personales.

La atención personal se podrá realizar mediante alguno de esos sistemas: prestaciones o servicios que les correspondan a las personas dependientes de las recogidas en el sistema para la promoción de la autonomía personal y la atención a la dependencia; mediante profesionales vinculados al centro para atender a las necesidades de las personas con dependencia.

Las personas con dependencia contarán con un plan de atención individual en el que se recogerán los cuidados, las atenciones y las intensidades que se les prestan. En el caso de que el número de personas con dependencia reconocida en el grado II o III sea igual o superior al 25% del número total de residentes, la modalidad de atención será a través de profesionales vinculados al centro.

Se deberá contar con una persona responsable que deberá tener titulación universitaria y formación complementaria en dependencia, discapacidad, geriatría, gerontología, dirección de centros residenciales u otras áreas de conocimiento relacionadas con el ámbito de la atención a la dependencia. Esta persona podrá ser usuaria o bien una persona externa.

En los supuestos de que el número de personas con dependencia reconocida en grado II o III, sea igual o superior al 25 % del número total de residentes, se requiere para atender a estas personas usuarias la misma ratio de personal de atención directa que la exigida para las residencias de mayores.

3.5. LA REGULACIÓN EN LA COMUNITAT VALENCIANA

En el ámbito de la Comunitat Valenciana, se publica la Información pública de la propuesta de orden de la Vicepresidencia Segunda y Conselleria de Vivienda y Arquitectura Bioclimática por la que se aprueban las bases reguladoras de las ayudas para el fomento de alojamientos y viviendas colaborativas (modelos «cohousing») del programa 8 del Plan estatal para el acceso a la vivienda 2022-2025, y se convocan para el año 2023.[148] Tras la aprobación del Real Decreto 42/2022, en el que se incorpora el programa de fomento de alojamientos temporales, de modelos *cohousing*, de viviendas intergeneracionales y modalidades similares, para fomentar el incremento de la vivienda en alquiler asequible

---

148 DOGV núm. 9546, de 3 de marzo de 2023.

o social, tanto en un entorno urbano como rural, se impulsa la modalidad residencial con la tipología de *cohousing*, que se caracteriza por el modelo de convivencia en la que los habitantes comparten espacios comunes pero tienen viviendas independientes en las que disponen de una privacidad absoluta.

En esta orden se aprueban unas ayudas para el fomento de alojamientos y viviendas colaborativas, modelos *cohousing*, mediante el procedimiento abierto y de concurrencia competitiva y que desarrolla el programa 8 del Plan Estatal para el acceso a la Vivienda 2022-2025. En este programa se regula el fomento de las tipologías residenciales que deberán destinarse al arrendamiento, cesión de uso o similar, durante un plazo mínimo de veinte años, con renta limitada y para arrendatarios con ingresos reducidos.

En estas modalidades de vivienda o alojamiento los espacios para una interrelación social son superiores a los que son privativos, lo que fomenta esa integración y relación entre los inquilinos.

Dentro del ámbito competencial, la Generalitat convoca estas ayudas que serán complementarias a las del Plan Estatal con la finalidad de fomentar las medias para posibilitar el acceso y disfrute de la vivienda y pretendiendo contribuir a la creación de un mercado del alquiler más amplio que el actual.

Se establecen una serie de valores objetivos relativos a la necesidad de vivienda, el riesgo de despoblación, la dimensión del municipio, el porcentaje de alojamientos/viviendas accesibles, el porcentaje de viviendas de protección pública, el aumento del plazo de vinculación mínimo al régimen de alquiler o cesión de uso, las actuaciones de rehabilitación, la perspectiva de género, las propuestas innovadoras y la madurez de las propuestas.

El Decreto-ley 6/2021, de 1 de abril, del Consell, de medidas urgentes en materia económico-administrativa para la ejecución de actuaciones financiadas por instrumentos europeos para apoyar la recuperación de la crisis consecuencia de la Covid-19[149], que introduce modificaciones en la Ley 1/2015, de 6 de febrero, de Hacienda Pública, del Sector Público Instrumental y de Subvenciones de la Comunitat Valenciana[150], en el que se permite que mediante orden se aprueben las bases reguladoras de la concesión de subvenciones, que no tendrán la consideración de disposiciones de carácter general.

Se excluyen los alojamientos y viviendas turísticas o similares.

Los requisitos de las unidades residenciales para poder obtener la financiación a cargo de las ayudas serán las promociones de alojamientos y viviendas colaborativas (modelos *cohousing*), de nueva construcción o provenientes de la rehabilitación, que estén ubicadas en la Comunidad Valenciana. Se podrán solicitar las ayudas para la totalidad de los alojamientos o viviendas de una promoción o para una parte de ellas.

Los requisitos que deben cumplir estas unidades residenciales serán los siguientes:

a) Que se cedan en uso o destinar a arrendamiento durante un plazo mínimo de veinte años, que se computará desde la fecha de la conformidad final. El citado plazo, así como el resto de condiciones de la resolución de la subvención, se deberá constar en una nota marginal en el Registro de la Propiedad.

b) Las promociones de nueva construcción o procedentes de la rehabilitación de edificios que se acojan al programa tienen que ser accesibles y en condiciones de habitarse.

   Tienen que tener una calificación energética mínima A, tanto en emisiones de CO2 como en el consumo de energía primaria no renovable.

---

149 DOGV núm. 9062, de 15 de abril de 2021.

150 BOE núm. 49, de 26 de febrero de 2015.

c) Se debe suscribir el correspondiente acuerdo de la comisión bilateral entre el Ministerio de Transportes, Movilidad y Agenda Urbana, la Generalitat y el Ayuntamiento donde radique la actuación. Este acuerdo se podrá suscribir solamente por el Ministerio y la Generalitat siempre y cuando ésta asuma la responsabilidad de la conformidad del Ayuntamiento correspondiente, con la salvedad que éste último participe en la financiación de la actuación, en cuyo caso deberá suscribirlo de forma obligatoria.

d) Las obras subvencionables podrán estar iniciadas antes de la solicitud de las ayudas, siempre y cuando no estén iniciadas antes de la presentación telemática del preceptivo informe de evaluación del edificio de viviendas de la Comunitat Valenciana, ni antes de uno de enero de 2022, fecha de inicio de la vigencia del Plan Estatal de Vivienda 2022-2025.

e) Las obras financiadas tendrán que ser realizadas en el plazo máximo de 36 meses desde la fecha de la notificación de la concesión de la ayuda, que se podrá extender a 38 meses cuando se trate de promociones de más de 50 unidades residenciales. En el caso de actuaciones de rehabilitación, los plazos serán de 30 meses y 32 meses, respectivamente. En los casos de concesión de la licencia municipal, o autorización administrativa de que se trate, haya demora y no se conceda en el plazo de doce meses desde su solicitud, los plazos anteriores se podrán incrementar en el plazo de la demora, hasta doce meses como máximo. Estos plazos se podrán prorrogar en el caso de huelgas, razones climatológicas o cualquier otra causa de fuerza mayor que se acredite debidamente y también por el tiempo de retraso que sea imputable a dichas causas.

f) Se deberá justificar que existen espacios de interrelación, cuya superficie útil no deberá ser inferior al 10% de la superficie útil privativa de las unidades residenciales. Estos espacios de uso común tendrán que ser accesible y contemplarse para realizar alguna función inherente al uso residencial o a la prestación de servicios comunitarios y sociales. No se computarán los elementos comunes que estén destinados a la comunicación horizontal o vertical del edificio, los espacios destinados a instalaciones para la utilización y funcionamiento del mismo (como salas de máquinas, almacenes de residuos o aparcamientos de bicicletas), ni tampoco las zonas consideradas como espacios exteriores.

En cuanto a las personas que puedan ser beneficiarias de las ayudas, podrán serlo tanto las personas físicas mayores de edad, como las Administraciones Públicas, organismos públicos y demás entidades de derecho público y privado, así como las empresas públicas, privadas y público-privadas, y las fundaciones, las empresas de economía social y sus asociaciones, cooperativas, incluidas las de autopromoción o autoconstrucción, las organizaciones no gubernamentales y las asociaciones declaradas de utilidad pública, entidades sin ánimo de lucro y las que se refiere la disposición adicional quinta de la Ley 7/1985, aludida en un punto anterior.

La ayuda podrá consistir en una proporcional a la superficie útil, tanto privativa de las unidades residenciales como de espacios comunes y de interrelación, de hasta un máximo de 420 euros por metro cuadrado de superficie útil. Los balcones, terrazas, porches y demás elementos análogos que estén cubiertos, se computarán al 50 % de la inversión de la actuación, con un límite máximo de 50.000 euros por unidad residencial.

En el caso de que la ayuda se solicite únicamente para una parte de las unidades residenciales de una promoción, el importe máximo de 420 euros por metro cuadrado de superficie útil se aplicará a la superficie privativa de las unidades residenciales objeto de la ayuda y a la parte proporcional de la superficie útil de espacios comunes y de interrelación, que no podrán ser objeto de actividad lucrativa.

Se podrá incrementar la cuantía aportada por el Ministerio de Transportes, Movilidad y Agenda Urbana con cargo a fondos de la Generalitat Valenciana hasta agotar su disponibilidad presupuestaria, sin que ello suponga un incremento en la expectativa de ayuda unitaria de las solicitudes.

Esta subvención es compatible con otra que se conceda por otras Administraciones para el mismo objeto, salvo con las subvenciones que para otros programas existan en el Real Decreto 42/2022.

Las unidades residenciales financiadas con cargo a este programa solamente podrán ser alquiladas o cedidas en uso a personas cuyas rentas anuales, incluyendo, en su caso, las de todas las personas que constituyan la unidad de convivencia, no superen 5 veces el Indicador de Renta de Efectos Múltiples en el momento de la suscripción del contrato de arrendamiento o de cesión de que se trate. Está limitación podrá ser modificada por acuerdo que adopte el Ministerio de Transportes, Movilidad y Agenda Urbana y la Generalitat, suscrito en la comisión de seguimiento del convenio correspondiente.

Se establece una limitación del precio del alquiler o de la cesión en uso de las unidades residenciales que será proporcional a su superficie útil, incluida la parte proporcional de superficie de los espacios comunes y de interrelación. El reparto de esta parte proporcional se realizará en función de la superficie privativa de cada alojamiento o vivienda. Dicho precio no podrá ser superior al importe de 7,50 euros mensuales por metro cuadrado de superficie útil de unidades residenciales, incluida la parte proporcional de superficie de los espacios comunes y de interrelación durante el primer año de vigencia de la Orden.

Este precio umbral del precio del alquiler o de la cesión en uso habrán de figurar en la resolución de concesión de la ayuda y se actualizará de forma anual de acuerdo con el Índice de Precios de Consumo.

El umbral del precio del alquiler o de la cesión en uso será de aplicación en el momento de la suscripción del contrato de arrendamiento o de cesión correspondiente. En el contrato se concretará la actualización del precio que se acuerde.

La persona arrendadora podrá percibir, además de la renta inicial o revisada que le corresponda, el coste real de los servicios de que disfrute la arrendataria y se satisfagan por la arrendadora, así como las demás repercusiones autorizadas por la legislación aplicable. El importe adicional a percibir no podrá superar el 20% del precio máximo de alquiler, no siendo aplicable dicho límite porcentual a los suministros ordinarios de las unidades residenciales (agua, electricidad y gas).

La persona cedente podrá percibir, además del precio inicial o revisado que se acuerde, el coste real de los servicios de que disfrute la cesionaria y se satisfagan por la cedente, así como los gastos de comunidad y tributos, también satisfechos por la persona cedente, cuya repercusión sea acordada en la cesión en uso. No obstante, dicho importe adicional a percibir no podrá superar el 20% del precio máximo de la cesión en uso, no siendo aplicable dicho límite porcentual a los suministros ordinarios de las unidades residenciales como es el agua, electricidad y gas.

Respecto a la transmisión de la edificación que haya obtenido ayudas de ese programa, la misma se podrá realizar una vez que hayan finalizado las obras. Esta transmisión conllevará de forma automática para el adquirente la asunción de las obligaciones correspondientes al programa de ayuda, debiendo el título de la transmisión recoger de forma expresa la asunción por éste de las mismas. El citado título transmisorio deberá de recoger expresamente las consecuencias derivadas del incumplimiento de dichas obligaciones, incluyendo la devolución de las subvenciones recibidas por razón de la edificación, así como los intereses, recargos y multas o sanciones que procedan.

Los criterios de valoración que se establecen para la propuestas irán en orden a la puntuación obtenida. La puntuación se otorgará de acuerdo a la necesidad de vivienda, el riesgo de despoblación y dimensión del municipio, porcentaje de unidades residenciales accesibles, porcentaje de viviendas de protección pública, aumento del plazo de vinculación al régimen de alquiler o cesión de uso, actuaciones de rehabilitación, perspectiva de género y propuestas innovadoras que mejoren la calidad edificatoria del parque o la del modelo habitacional, y por ende la calidad de vida de sus futuros moradores, bajo criterios ambientales, de eficiencia energética, sostenibilidad, conciliación familiar y laboral o cualquier otro que ayude a alcanzar dichos objetivos, entre los que se encontraría la incorporación de viviendas intergeneracionales, guarderías, necesidades de la vivienda postcovid, servicios asistenciales, entre otros. También uno de los criterios será la madurez de la propuesta, en atención a su mayor viabilidad y un ajuste a los plazos de ejecución requeridos, teniendo en cuenta que se otorgará una puntuación a las que dispongan de proyecto visado, y licencia urbanística.

Todo ello en coherencia con lo indicado en el Real Decreto Legislativo 7/2015, de 30 de octubre, por el que se aprueba el texto refundido de la Ley del Suelo y Rehabilitación Urbana.[151]

Se contemplan una serie de obligaciones y responsabilidades. Los beneficiarios de las ayudan estarán obligados a facilitar cualquier documento, información o inspección que la Dirección General competente en materia de vivienda considere necesario para el control del cumplimiento de los fines previstos; someterse a cualquier actuación de control financiero que corresponda a la intervención de la Generalitat, en relación a las subvenciones y ayudas concedidas; comunicar la obtención de otras subvenciones o ayudas para la misma finalidad, procedentes de cualquier administración o entes públicos o privados, nacionales o internacionales; retirada de símbolos, salvo razones artísticas, arquitectónicas o artístico-religiosas, según lo indicado en la Ley 20/2022, de 19 de octubre, de Memoria Democrática[152], y la Ley 14/2017, de 10 de noviembre, de memoria democrática y para la convivencia de la Comunitat Valenciana[153]; inclusión de forma visible de la participación del Ministerio, Gobierno y Generalitat, en los carteles

---

151 BOE núm. 261, de 31 de octubre de 2015.

152 BOE núm. 252, de 20 de octubre de 2022.

153 BOE núm. 311, de 23 de diciembre de 2017.

descriptivos de la promoción, además del importe de la subvención aportada por el Gobierno; contemplar la participación de las Administraciones que financian la actuación en los diferentes medios de comunicación; no superar el promotor de la actuación los límites de precios del alquiler, y controlar que las personas arrendatarias cumplan los requisitos referentes a los límites de ingresos, comportando su inobservancia la devolución de la ayuda, y estas ayudas, en su caso, podrán estar sujetas a la tributación en los impuestos correspondientes.

Se controlará por parte de la Generalitat el cumplimiento de las obligaciones inherentes al otorgamiento de las ayudas. Su incumplimiento, ya sea la falta de presentación de documentación o la falsedad en los datos, dará lugar a la revocación de la subvención y a la devolución de las cuantías otorgadas, con los intereses de demora que se devenguen.

De conformidad con lo indicado en la Ley 14/2017, en su artículo 41, se perderá el derecho a la subvención y/o se procederá al reintegro, en los casos en que la subvención se destine a la realización de una actividad o al cumplimiento de una finalidad prohibida en el Título VI de la norma citada.

Se aplicará en el ámbito de control financiero, reintegro e infracciones y sanciones lo indicado en la Ley 1/2015, y en la Ley 38/2003.

3.5.1. La Ley 3/2023, de 13 de abril, de Viviendas Colaborativas de la Comunitat Valenciana

La Ley 3/2023, de 13 de abril, de Viviendas Colaborativas de la Comunitat Valenciana[154] viene a cubrir el hueco de la ausencia

[154] DOGV núm. 9578, de 19 de abril de 2023. BOE núm. 100, de 27 de abril de 2023). De interés resulta también la Resolución de 14 de julio de 2023, de la Secretaría General de Coordinación Territorial, por la que se publica el Acuerdo de 11 de julio de 2023, de la Comisión Bilate-

de normativa aplicable a esa modalidad habitacional. Esta norma, según la disposición final quinta, entró en vigor a los veinte días de su íntegra publicación en el Diari Oficial de la Generalitat Valenciana, que acaeció el 19 de abril de 2023.

Esta propuesta recoge la estela ya desarrollada por otras Comunidades Autónomas que regulan una normativa similar. El objetivo es establecer un marco legal que regule el concepto de este tipo de vivienda, así como establecer las medidas para fomentar estas viviendas y que se erijan en una alternativa válida para los colectivos que puedan optar a las mismas, siendo una opción muy interesante para solucionar los problemas de soledad, de sostenibilidad y de ayuda. También la normativa se orienta a regular las características para que se considere como vivienda colaborativa, así qué normas regularán los espacios comunes compartidos, o las ayudas para que pueda llevarse a cabo su implementación. Se contemplan también medidas de calidad y diseño de los edificios, así como medidas de fomento, avales y cesión de derechos de superficie y suelo para la implantación de este tipo de proyectos.[155]

---

ral de Cooperación Administración General del Estado-Generalitat, en relación con la Ley 3/2023, de 13 de abril, de la Generalitat, de Viviendas Colaborativas de la Comunitat Valenciana (BOE núm. 213, de 6 de septiembre de 2023), en relación a la resolución de las discrepancias manifestadas en relación con el artículo 19 de la Ley 3/2023.

Puede también consultarse el Anteproyecto de Ley de Viviendas Colaborativas de la Comunitat Valenciana. Disponible en: https://habitatge.gva.es/documents/168489658/358578946/ANTEPROYECTO+DE+LEY+VIVIENDA+COLABORATIVA+PARA+INFORMACIÓN+PÚBLICA+CAST.pdf/a6af7d4d-681e-f7ed-c8ec-517f0d1a43d5?t=1652972914369 (Consultado el 22 de marzo de 2023). Sobre ello, también: VALENCIA PLAZA: «La Generalitat Valenciana ultima un anteproyecto de ley de viviendas colaborativas», *Valencia Plaza*, 2022. Disponible en: https://valenciaplaza.com/la-generalitat-valenciana-ultima-un-anteproyecto-de-ley-de-viviendas-colaborativas (Consultado el 11 de abril de 2023).

155 SAN JOSÉ VALDÉS, D. A.: «El Consell prepara una ley para fomentar las viviendas con servicios comunes. La iniciativa pretende regular un modelo habitacional en el que los vecinos compartan espacios como lavandería, enfermería o cocina», *Levante. El Mercantil Valenciano*,

Se trata de una opción en la que se comparten espacios y servicios comunes como pueden ser la lavandería, enfermería o la cocina. Se dispone también de la privacidad de la vivienda que incluye las habitaciones, baño, salón y propia cocina.

También pretende esta propuesta realizar una modificación de la Ley 8/2004, de 20 de octubre, de la Vivienda de la Comunidad Valenciana[156], así como limitar la covivienda a la condición de prestación de servicios sociales.

Por parte de la Consellería de Vivienda y Arquitectura Bioclimática de la Comunitat Valenciana se contemplan ayudas para fomentar este tipo de alojamientos y viviendas colaboradoras, en el modelo *cohousing*, dentro del programa 8 del Plan Estatal para el acceso a la vivienda 2022-2025.

La denominada vivienda colaborativa "senior" da cumplida respuesta al acceso a la vivienda en una situación de crisis, proponiendo dicha alternativa que puede también responder a las necesidades de personas que vivan solas, principalmente las de avanzada edad, para que tengan una utilización de residencia, pero con una mayor autonomía de los inquilinos que en las residencias de la tercera edad convencionales.

Se fomenta la vivienda colaborativa en régimen de cesión de uso, de tal forma que el usuario sea copropietario del total del edificio y usuario único de su propia vivienda, además de otro modelo en el que el residente pague un alquiler.

La norma se estructura en tres títulos, el primero, título preliminar, dedicado al objeto, ámbito de aplicación, concepto de vivienda colaborativa y las viviendas colaborativas de protección pública (artículo 1 a 4), el título primero destinado a los requisitos básicos de los edificios o conjunto residenciales (artículo 5 a

---

2022. Disponible en: https://www.levante-emv.com/comunitat-valenciana/2022/03/29/consell-prepara-ley-fomentar-viviendas-64371373.html (Consultado el 11 de abril de 2023).

156 BOE núm. 281, de 22 de noviembre de 2004.

9), que regula los requisitos básicos de la edificación, las exigencias básicas de la funcionalidad, seguridad y habitabilidad, y los principios de las normas de diseño y calidad. El título segundo dedicado al régimen propiamente dicho de la vivienda colaborativa, se desglosa en el capítulo I, sobre el régimen general (artículos 10 a 15), el capítulo II, sobre régimen de los titulares de viviendas colaborativas de interés social (artículo 16 y 17), en el que se indica el concepto de viviendas colaborativas de interés social, y las normas especiales para las cooperativas titulares de viviendas colaborativas de interés social; el título tercero, que se ocupa de la acción pública respecto de las viviendas colaborativas, y se divide en el capítulo I (artículo 18), sobre derecho de tanteo y retracto a favor de las administraciones públicas; el capítulo II, sobre las medidas de fomento de las viviendas colaborativas (artículos 19 a 21), la compatibilidad de regímenes, y la colaboración de la entidad pública adscrita a la Conselleria de Vivienda y afección del pago de la renta de alquiler, y el capítulo III sobre régimen sancionador (artículo 22), en el que hace referencia a las infracciones y sanciones.

La disposición adicional primera se dedica a establecer el régimen competencial, indicando que es la Generalitat la administración que tienen la competencia para regular la vivienda de forma exclusiva, según indica el artículo 148.1.3 de la Constitución en relación con los artículos 47 y 49.1. 9ª del Estatuto de Autonomía de la Comunitat Valenciana, que establece la competencia exclusiva sobre la ordenación del territorio y el litoral, urbanismo y vivienda. Del mismo modo, es competente para regular el régimen de las cooperativas en virtud de lo indicado en el artículo 49.1. 21ª del Estatuto de Autonomía de la Comunitat Valenciana.

También tiene competencias en materia fiscal, según el artículo 157.1. a de la Constitución española, en relación con los artículos 10 y 11 de la Ley Orgánica 8/1980, de 22 de septiembre, de financiación de las Comunidades Autónomas[157], y el artículo

---

[157] BOE núm. 236, de 1 de octubre de 1980.

13.5 de la Ley 14/1996, de 30 de diciembre, de cesión de tributos del Estado a las Comunidades Autónomas y de medidas fiscales complementarias.[158]

La disposición adicional segunda se ocupa de las subvenciones, préstamos y avales que fomenten el desarrollo de viviendas colaborativas, mediante la cual el Consell incluirá en sus proyectos de ley de presupuestos dotación presupuestaria suficiente para el fomento de los proyectos de vivienda colaborativa de interés social, en forma de subvenciones, según la disponibilidad presupuestaria. También, según esta disponibilidad, aprobará un programa de concesión de préstamos y avales, con el objetivo de fomentar la vivienda colaborativa de interés social.

La Generalitat Valenciana pondrá en marcha medidas, recursos y convenios con otras entidades que permitan constituir fondos para avales o garantías para apoyar la financiación de proyectos de vivienda colaborativa en cesión de uso y facilitar la escalabilidad del modelo.

Como indica la doctrina, esa modalidad es la más habitual[159], ya que hay que tener en cuenta las necesidades del promotor, que pueden ser distintas, y se conjuga los espacios privados y la participación en los espacios comunes para facilitar la colaboración vecinal. La cooperativa en régimen de cesión de uso no es la única fórmula para lograr esta iniciativa. También está la cesión en alquiler, o promoción a través de sociedades, asociaciones y sociedades civiles. No obstante, la fórmula cooperativa es la más próxima de esta filosofía de habitar. Hay distintas reticencias, el poco conocimiento del funcionamiento, el gran arraigo por la

---

[158] BOE núm. 315, de 31 de diciembre de 1996.

[159] OCHOA-ERRARTE GOICOECHEA, R.: «La cooperativa de vivienda de cesión de uso. Reforma legislativa y políticas públicas en Euskadi», *CIRIEC-España. Revista jurídica de economía social y cooperativa*, núm. 32, 2018, págs. 20 y sigs. Disponible en: http://ciriec-revistajuridica.es/wp-content/uploads/comen32-03.pdf (Consultado el 27 de marzo de 2023).

propiedad privada, y la falta de una cultura de cooperativismo y de funcionamiento de grupo.

En la disposición adicional tercera se reconoce un límite de IPREM superior en autopromoción en vivienda colaborativa, estableciéndose un cupo o cuota máxima de unidades de convivencia que puedan sobrepasar el límite del IPREM de referencia establecido para el modelo, habiendo de mantenerse siempre el IPREM promedio de la cooperativa dentro del citado límite.

Completa la estructura cinco disposiciones finales, la primera habilita al Consell para el desarrollo reglamentario; la segunda modifica la legislación urbanística con el fin de hacer posible, de una forma sostenible, la implantación de estas actuaciones en suelo no urbanizable en zonas rurales y/o en peligro de despoblamiento; la tercera, modifica la legislación en materia fiscal, con el fin de que contemple esta modalidad de acceso al uso de la vivienda que la legislación actual no contempla y se concedan incentivos de carácter fiscal, y la cuarta, rellena una norma «en blanco», para conceptuar la función social en las cooperativas de utilidad pública, y la quinta, establece el preceptivo plazo para entrar en vigor la norma; una disposición transitoria única y derogatoria también única.

Se trata de una norma ligeramente más breve que el Anteproyecto, y con una mejora de la estructura y de la técnica legislativa para su mayor comprensión, en el que ya no se hace referencia a vivienda colaborativa en régimen común y en régimen de protección, que quedaba confusa en la redacción inicial.[160]

---

[160] Esta estructura de la Ley dista de la del Anteproyecto que se estructuraba en tres títulos, el primero dedicado a las disposiciones generales y de ámbito de aplicación a todas las viviendas colaborativas previstas en la norma (artículos 1 a 9); el segundo que regula la vivienda colaborativa en régimen común (artículos 10 a 14), y el tercero que contempla las viviendas colaborativas en régimen de protección, dividido en tres capítulos, el primero sobre el régimen jurídico (artículos 15 a 19); el segundo, a las medidas para el cumplimiento de la función social de la

En el Preámbulo se hace alusión a determinadas circunstancias que motivan la oportunidad de la norma. Entre ellas se encuentra la crisis global y financiera del siglo XXI, en el año 2008, en el que se consideró a la vivienda como un objeto al servicio de la especulación desvinculándola de su condición de derecho subjetivo, provocando unas dificultades para acceder a la misma. La gran subida de precios hacía dicho bien inmueble totalmente inaccesible para muchas de las economías. A ello se unión la falta de empleo por la crisis, la falta de inversión por no disponer de capital, el aumento de los desahucios por falta de pago, y la corrupción política que asolaba el país. Todo ello provocó un aumento desmedido de la pobreza. Se produjeron distintos movimientos en la ciudadanía que derivaron en que las casas se vaciaron de gente y la gente no disponía de casas. Situación totalmente paradójica que no ha llegado a solucionarse en la actualidad por la grave crisis económica que todavía persiste y por los altos precios para acceder a una vivienda, tanto en régimen de propiedad como de alquiler, que han motivado que se legisle para poner freno a los precios desmedidos, con la actual Ley 12/2023, de 24 de mayo, por el derecho a la vivienda.[161]

---

propiedad de la vivienda colaborativa, que afectan a los sujetos intervinientes en el régimen de covivienda (artículos 20 y 21); y el tercero, que se destina a las medidas de fomento (artículos 22 a 24).

161 BOE núm. 124, de 25 de mayo de 2023). Véase también: 121/000089 Proyecto de Ley por el derecho a la vivienda (BOCG, Congreso de los Diputados, XIV Legislatura, Serie A: Proyectos de Ley, 18 de febrero de 2022). Disponible en: https://www.congreso.es/public_oficiales/L14/CONG/BOCG/A/BOCG-14-A-89-1.PDF (Consultado el 20 de abril de 2023), y el informe de la ponencia en BOCG, Congreso de los Diputados, XIV Legislatura, Serie A: Proyectos de Ley, 23 de abril de 2023. Disponible en: https://www.congreso.es/public_oficiales/L14/CONG/BOCG/A/BOCG-14-A-89-4.PDF (Consultado el 09 de mayo de 2023). Véase también: RAMÓN FERNÁNDEZ, F.: «Ley 12/2023, de 24 de mayo, por el derecho a la vivienda y las formas de acceso a la vivienda: referencia a las viviendas colaborativas», *Revista de Derecho Urbanístico y Medio Ambiente*, núms. 365-366, 2023, págs. 219 y sigs.

Junto con dichas situaciones de crisis, también la sociedad se vio afectada por las inclemencias meteorológicas derivadas del cambio climático que estamos sufriendo, y ello provocó situaciones que derivaron en inundaciones que afectaron al sur de la Comunitat Valenciana. Por último, la pandemia por la Covid-19[162] determinó el confinamiento de los ciudadanos en sus viviendas, y se aumentó el sentimiento de aislamiento y soledad, ya que muchas personas viven solas, en viviendas que no disponen de terraza o balcón, con lo que la sensación de enclaustramiento aumentó, con los consiguientes problemas psicológicos. Las personas más vulnerables también sufrieron las consecuencias por no poderse comunicar con sus familiares, por ejemplo, las personas con edad avanzada que se encontraban en residencias se vieron abocadas a una situación de extremo aislamiento.

Precisamente la situación de aislamiento, la falta de comunicación, y la soledad es uno de los principales problemas de distintos colectivos: personas que tienen una edad avanzada, personas con enfermedades que les hacen ser dependientes, sufren de forma más evidente la falta de otra persona a su lado. A pesar de todos los avances en las comunicaciones electrónicas, éstas no pueden sustituir la presencia de un ser humano, que se hace necesario para tener una calidad de vida óptima. Además no hay que olvidar la denominada brecha digital que afecta a todas las personas mayores y que se convierte en un hándicap insalvable para utilizar los recursos digitales en la comunicación con sus familiares y amistades.

Las viviendas colaborativas se consideran como un modelo totalmente inclusivo y sostenible, para facilitar la convivencia social, facilitar la misma en un entorno adecuado, y fomentar la cooperación vecinal, y es el modelo idóneo para que las personas mayores tengan una vida digna, envejezcan de forma activa, y que

162 Véase una experiencia en: CRUCES GAITÁN, T. y GÓMEZ PÉREZ, V. J.: «Experiencia del coronavirus en un cohousing de mayores», *Iglesia viva: revista de pensamiento cristiano*, núm. 283, 2020, págs. 105 y sigs.

la soledad no les sea impuesta, sino elegida en los momentos en los que ellos prefieran. La interacción social tiene unos efectos muy positivos en la salud mental y también en la salud física de las personas, ya que el contacto con otras personas incrementa la realización de actividades, contribuyendo a tener una actividad mental que puede ser muy positiva para evitar el desarrollo de enfermedades neurodegenerativas.

Otra de las circunstancias que han dificultado el acceso a la vivienda ha sido los conflictos bélicos en Europa que han azotado diversas ciudades y que han provocado un aumento del precio de la energía, de la inflación y una subida de los préstamos hipotecarios que determinan un escenario muy incierto y tenebroso para acceder a una vivienda.

Todo este cambio de paradigma, sigue indicado el Preámbulo, requiere el fomento de actuaciones acordes con el mismo, y una de ellas es la legislación de viviendas colaborativas en régimen de cesión de uso de la Comunitat Valenciana.

Nos encontramos con una norma, primera en España, que pretende ser el inicio de un camino de reconocimiento del derecho público autonómico, que recoge la experiencia europea y también algunas iniciativas españolas.

Los objetivos sociales y constitucionales de la presente Ley son los siguientes:

- Hacer efectivo el derecho a una vivienda asequible, digna y adecuada mediante un tipo de viviendas, las colaborativas, en que el factor especulativo se destierre, al acceder a las viviendas mediante el pago de una cuota actualizada, cuyo precio cierto no está sometido a las leyes del mercado.
- Impulsar la reorientación del modelo productivo en materia residencial, mediante la rehabilitación y/o construcción de viviendas con un alto nivel de eficiencia energética, cumplimiento normalizado, asequibilidad en el acceso, descarbonización e integración de las energías renovables,

ciclo de vida y circularidad con el fin de lograr un buen nivel ambiental, de bienestar y de salud.

- Promover el hábitat colaborativo, de manera que quienes participen conjuguen el uso privado de una vivienda al mismo tiempo que comparten con otras personas unos espacios y usos comunes. La membresía de estas comunidades cohabitaría en un conjunto residencial que contaría con los necesarios servicios y suministros complementarios, la convivencia desde la cooperación, basada en un espíritu de solidaridad y tolerancia; tener cubiertas las necesidades materiales que se vayan presentando en la vida; establecer un modelo de organización democrático, horizontal, transparente y participativo con el cuidado de las personas en el centro de su actividad.

Esta Ley se dictan en virtud de la atribución del artículo 148.1.3 de la Constitución Española que atribuye la competencia exclusiva en materia de vivienda a las Comunidades Autónomas. Esta exclusividad no excluye que en el ámbito estatal se puedan ejercer sus competencias propias, y que, al hacerlo así, no influyan en algún aspecto que afecte a las viviendas.

La STC 139/2013, Sala Primera, de 8 de julio de 2013. Conflicto positivo de competencia 3194-2008. Planteado por el Consejo de Gobierno de la Comunidad de Madrid respecto del Real Decreto 14/2008, de 11 de enero, por el que se modifica el Real Decreto 801/2005, de 1 de julio, que aprueba el plan estatal 2005-2008 para favorecer el acceso de los ciudadanos a la vivienda. Competencias sobre ordenación general de la economía y vivienda: constitucionalidad de los preceptos reglamentarios estatales que establecen medidas de fomento de la vivienda (STC 152/1988):[163]

> «La STC 152/1988, FJ 4, distinguió determinados aspectos en los que cabe admitir la competencia estatal de fomento

[163] BOE núm. 183, de 1 de agosto de 2013.

en materia de vivienda: la definición de las actuaciones protegidas; la regulación esencial de las fórmulas de financiación adoptadas (créditos cualificados, subsidiación de préstamos y subvenciones); el nivel de protección; y, la aportación de recursos estatales. En consecuencia, "la regulación estatal de cada uno de estos cuatro aspectos no invade competencia autonómica alguna, pues se halla legitimada por lo dispuesto en el art. 149.1.13 CE". Sin embargo, "ello no significa que las Comunidades Autónomas con competencias en materia de vivienda hayan de quedar absolutamente desprovistas de cualquier atribución por lo que se refiere a las actuaciones protegibles en el sector. Por un lado, es evidente que, en función de aquellas competencias estatutarias, pueden definir y llevar a cabo una política de vivienda propia, complementando las actuaciones de protección y promoción previstas por el Estado, con cargo a sus propios recursos... Pero además, para la ejecución de la normativa estatal reguladora de las actuaciones protegibles que, como diremos más adelante, les corresponde, las Comunidades Autónomas deben contar con un margen de libertad de decisión que les permita aplicar las medidas estatales adaptándolas a las peculiares circunstancias de su territorio, sin perjuicio del respeto debido a los elementos indispensables que las normas estatales arbitran para alcanzar los fines de política económica general propuestos"».

Siguiendo estos criterios de la Carta Magna, se establecerán medidas de fomento para viviendas colaborativas, siempre que se cumplan determinados requisitos, con respeto a la posibilidad de que también puedan ser objeto de ayuda estatal.

Es por ello, que dado que no existe una regulación a nivel autonómico de esta forma de habitar, así como la existencia de legislación estatal de fomento de la misma a través del Plan Estatal para el acceso a la vivienda para los ejercicios 2022-2025, el Real Decreto 42/2022.

Como el objetivo principal de la norma es hacer efectivo el derecho a una vivienda asequible, digna y adecuada, mediante un modelo no especulativo, la norma indica que tal modelo solamente podrá desarrollarse mediante aquellas formas jurídicas que no tienen finalidad principal el lucro. Queda, por tanto, circunscrito a las sociedades cooperativas, y no a las sociedades de capital, cuya finalidad es la de satisfacer las necesidades de los socios, y también a las asociaciones, dado su carácter legal de entidades no lucrativas, tanto en la Ley 14/2008, de 18 de noviembre, de asociaciones de la Comunitat Valenciana[164], y la Ley Orgánica 1/2002, de 22 de marzo, reguladora del derecho de asociación[165], así como la Ley 4/2023, de 13 de abril, de la Generalitat, de Participación Ciudadana y Fomento del Asociacionismo de la Comunitat Valenciana.[166]

En este punto se puede invocar lo indicado en el artículo 47 de la Constitución Española respecto al derecho recogidos en el capítulo III del Título I, “de los principios rectores de la política social y económica”, este precepto que desarrolla el concepto de Estado Social. Dispone el citado artículo el derecho a disfrutar de una vivienda digna y adecuada, estableciendo además que los poderes públicos promoverán las condiciones necesarias y establecerán las normas pertinentes para hacerlo efectivo, así como regular el uso del suelo para impedir la especulación.

El artículo 139.1 del texto constitucional consagra los mismos derechos y obligaciones en cualquier parte del territorio estatal, como principio constitucional garante del principio de igualdad. La incorporación en el Capítulo que recoge los Derechos Fundamentales cabe mencionar el artículo 15 (derecho a la vida y a la integridad física y moral), el artículo 18 (derecho a la intimidad), y el artículo 9.2 (obligación de los poderes públicos de promover

---

164 BOE núm. 294, de 6 de diciembre de 2008.

165 BOE núm. 73, de 26 de marzo de 2002.

166 DOGV núm. 9579, de 20 de abril de 2023; BOE núm. 105, de 3 de mayo de 2023.

condiciones para que la libertad y la igualdad del individuo y de los grupos en que se integra sean reales y efectivas, y la remoción de los obstáculos que lo impiden o dificulten).

Esta norma pretende normalizar y fomentar un modo habitacional alternativo al tradicional de vivienda, con la finalidad de acercarse al objetivo que establece el texto constitucional respecto a una vivienda digna, adecuada y asequible.

Esta Ley se crea con varios objetivos de carácter jurídico, entre los que podemos mencionar, según el Preámbulo:

- Disponer de un marco en el que se definan con rango legislativo y con carácter de mínimo conceptos que se utilizan de forma usual y en algunas disposiciones normativas, con el fin de dotar de seguridad jurídica a las actuaciones que se promuevan con la finalidad habitacional conocida como *cohousing*, covivienda o vivienda colaborativa.

- Regular las condiciones mínimas en las que deben construirse los edificios y conjuntos residenciales en los que los espacios y elementos comunes y de uso compartido tienen un mayor sentido y una mayor relevancia para hacer posible la convivencia, la inclusión social desde un enfoque desinstitucionalizador, la sostenibilidad económica y ambiental, la independencia personal, el acceso a las prestaciones asistenciales domiciliarias, el disfrute del tiempo libre y la participación en la toma de decisiones.

- Fomentar el modelo de covivienda de propiedad o posesión compartida, con posesión en régimen de cesión de uso, ausencia de ánimo de lucro, no especulativa, autogestionada, de participación más democrática y que facilite la independencia personal en todos los ámbitos.

- Facilitar la vivienda colaborativa, evitando la existencia de barreras resultantes de la falta de reconocimiento del modelo, para lo cual se considera necesario establecer como requisito, por un lado, que la persona titular de la edificación, ya sea en propiedad o por cualquier otro título jurídico, deba adoptar la forma jurídica de cooperativa o asociación habida cuenta de que son los principios que inspiran su constitución y funcionamiento los que hacen posible el objetivo de la función social de esta clase de viviendas. Por otro lado, estableciendo un régimen estatutario de los titulares de las viviendas colaborativas, tanto de quien ostenta esta titularidad sobre el edificio como de las personas usuarias.[167]

El artículo 1 establece que la norma tiene por objeto la regulación de la vivienda colaborativa. Se establece su concepto legal para diferenciarla de otras modalidades, así como los requisitos y características, y también el régimen jurídico de las entidades titulares de las mismas.

Se establecen también las condiciones para que las viviendas colaborativas sean calificadas de interés social, y las medidas de fomento que les afectan.

---

167 En el texto del Anteproyecto se indicaban unos objetivos que difieren, en parte, del texto actual de la norma. Así, se indicaba que tenía como objetivo regular los edificios y conjuntos residenciales en los que los espacios y elementos comunes y de uso compartido tienen un mayor sentido y una mayor relevancia que en las edificaciones actuales, para hacer posible la convivencia, la sostenibilidad económica y ambiental, la independencia personal, el acceso a las prestaciones asistenciales domiciliarias, el disfrute del tiempo libre y la participación en la toma de decisiones; en el ejercicio de sus potestades en materia de vivienda, regular las condiciones mínimas en las que deben construirse los edificios y conjuntos residenciales donde se ubiquen las viviendas; permitir un modelo de covivienda con libertad en el régimen de propiedad y de uso, así como en el de gestión de los edificios o conjuntos residenciales, respetando en todo caso la finalidad de las coviviendas como alternativa a la vivienda tradicional; complementar la legislación en materia de propiedad horizontal, de cooperativas, asociaciones y de prestación asistenciales, respetando sus disposiciones, con el fin de que puedan ser utilizadas conjuntamente para hacer posible el desarrollo de las actuaciones privadas y públicas encaminadas a la construcción de edificios o conjuntos residenciales donde ubicar las viviendas colaborativas.

Se trata de una norma de ámbito territorial, tal y como indica el artículo 2 respecto de su ámbito de aplicación, ya que se aplicará a todo el territorio de la Comunidad Valenciana, y tanto a promociones de carácter público como privado.[168]

Esta norma se elabora en virtud de las competencias autonómicas en materia de vivienda que tiene atribuida de forma exclusiva la Generalitat Valenciana, según lo indicado en los artículos 47 y 148.1.3 de la Constitución Española, y artículo 31 del Estatuto de Autonomía de la Comunitat Valenciana. De igual modo es competente en materia de regulación del régimen de las cooperativas según lo indicado en el artículo 49.1.21ª del Estatuto de Autonomía de la Comunitat Valenciana.

Como indica la disposición transitoria única de la Ley 3/2023, las normas de habitabilidad y diseño de viviendas colaborativas de la Comunitat Valenciana deberán cumplir la normativa actualmente vigente en materia de habitabilidad y diseño de viviendas en el ámbito de la Comunitat Valenciana en la que se regularán las condiciones específicas de las viviendas colaborativas.

Esta normativa está constituida por el Decreto 151/2009, de 2 de octubre, del Consell, por el que se aprueban las exigencias básicas de diseño y calidad en edificios de vivienda y alojamiento[169], la Orden de 7 de diciembre de 2009, de la Conselleria de Medio

---

168 El Anteproyecto, por su parte, hacía mención a la regulación de los aspectos relativos a las condiciones mínimas de diseño y calidad de las coviviendas y de los edificios o conjuntos residenciales donde se ubican, así como los relativos a su conservación y mantenimiento; y por otro lado, regular el estatuto de funcionamiento de las entidades propietarias o poseedoras de los edificios o conjuntos residenciales donde se ubique las viviendas colaborativas, que regirá de manera imperativa para las actuaciones con alguna medida pública de protección, y de manera subsidiaria para las denominadas de régimen común. Como vemos, de esta redacción, es menos clara, establece una distinción entre viviendas de régimen común y las de régimen de protección, que la actual Ley 3/2023 no indica.

169 DOGV núm. 6118 de 7 de octubre de 2009.

Ambiente, Agua, Urbanismo y Vivienda, por la que se aprueban las condiciones de diseño y calidad en desarrollo del Decreto 151/2009 de 2 de octubre, del Consell[170], la Orden 19/2010, de 7 de septiembre de la Conselleria de Medio Ambiente, Agua, Urbanismo y Vivienda, de modificación de la Orden de 7 de diciembre de 2009 por la que se aprueban las condiciones de diseño y calidad en desarrollo del Decreto 151/2009 de 2 de octubre, del Consell[171], y el Texto Integrado de la Orden de 7 de diciembre de 2009 de la Conselleria de Medio Ambiente, Agua, Urbanismo y Vivienda por la que se aprueban las condiciones de diseño y calidad en desarrollo del Decreto 151/2009 de 2 de octubre, del Consell.[172]

De esta forma, se considera necesario realizar una revisión[173] de la normativa de diseño y calidad anteriormente indicada, para poderse adaptar a las necesidades actuales y hacer frente a los retos del futuro. Se enfoca hacia la rehabilitación de los centros urbanos, el abordaje de la transición verde y digital, atender las nuevas necesidades y formas de vida de las personas a lo largo de su vida, entre las que se encontraría la vivienda colaborativa, y el refuerzo de la calidad de los espacios que se habitan en defensa de la equidad habitacional.

Se elabora un decálogo orientado a revisar esta norma y que recoge los siguientes principios inspiradores que motivan la actualización de la normativa:

a) Flexibilidad;

---

170 DOGV núm. 6168, de 18 de diciembre de 2009.

171 DOGV núm. 6357, de 17 de octubre de 2010.

172 Disponible en: https://habitatge.gva.es/documents/20051105/173656817/Texto+integrado+Orden+7+de+diciembre+de+2009/d499b640-3e67-4352-ba95-f38396a87ec1 (Consultado el 23 de abril de 2023).

173 GENERALITAT VALENCIANA E INSTITUT VALENCIÀ DE L´EDIFICACIÓ: *DC-09. Revisión de la Normativa de Diseño y Calidad*, 2021. Disponible en: https://habitatge.gva.es/es/web/arquitectura/revisio-normativa-disseny-i-qualitat-2021 y https://habitatge.gva.es/documents/20051105/173306356/Presentación+Mesas+Sectoriales+CD09/c60da84a-82f0-4c98-9232-b7efac8caf4a (Consultado el 23 de abril de 2023).

b) Rehabilitación;

c) Solidaridad;

d) Comunidad;

e) Biohabitabilidad;

f) Sostenibilidad;

g) Ciudad;

h) Resiliencia;

i) Calidad;

j) Innovación.

El artículo 3 establece el concepto de vivienda colaborativa. Nos llama la atención que se elimina el concepto de *cohousing174* que sí que aparecía en el Anteproyecto.[175] El *cohousing* es, por tanto, una modalidad de vivienda colaborativa, donde existe una

---

174 Solamente se refiere a dicho concepto en el Preámbulo, pero no en el texto del articulado.

175 El Anteproyecto se ocupaba de definir, en su artículo 3, distintos conceptos como el *cohousing*, término que es un anglicismo y que se utiliza para definir un modo habitacional por parte de una comunidad intencional cuyo objetivo consiste en residir en una vivienda en régimen de uso privado, y al mismo tiempo compartiendo espacios y servicios de uso común ubicados en el mismo edificio o conjunto residencial con otras personas, con el fin de favorecer la vida en comunidad y la sostenibilidad económica, social y medioambiental.
Se consideraba en el Anteproyecto vivienda colaborativa o covivienda, toda edificación habitable, ubicada en un conjunto o edificio residencial dotado de espacios y servicios complementarios al residencial, que puedan ser proyectados, usados, disfrutados y gestionados de forma comunitaria por parte de las personas que residan en cada una de las viviendas.
También definía lo que se consideraba como conjunto residencial. Se denominaba al edificio o conjunto de edificios compuesto por una parte por viviendas de uso residencial y privativo, y también por elementos propios del residencial, de uso común y compartido por quienes sean residentes de las viviendas privativas, y cuyos espacios y servicios comunes

comunidad de personas con la intención de residencia compartiendo espacio privado y espacios comunes.

Se considera en la Ley 3/2023 como viviendas colaborativas los edificios o conjuntos residenciales cuya titularidad única pertenece a una entidad participada por sus usuarios, cuya gestión es compartida, adoptando la forma de cooperativa no lucrativa o de asociación no lucrativa.

Deben incorporar, al menos, los espacios o dependencias que señala el artículo 3 de la Ley 3/2023 y que son viviendas o depen-

---

tendrán como finalidad favorecer la vida en comunidad y la sostenibilidad económica, social y medioambiental.

El derecho de uso, según el Anteproyecto, era el derecho que tiene toda persona perteneciente al ente titular del derecho de propiedad o de posesión del conjunto residencial, en virtud del cual tiene la faculta de uso y disfrute de una vivienda en exclusividad y de unos elementos comunes de forma compartida, como poseedor de ambas, pagando por esta cesión el precio, canon, cuota u otra cantidad que se establezca por el ente propietario. Este derecho le faculta al usuario a compartirlo con aquellas personas con las que conviva.

La cesión de uso, en la redacción del Anteproyecto, era el modo de acceso a una vivienda colaborativa por quien forma parte del ente titular del derecho de propiedad o de la posesión del conjunto residencial, pudiendo ser adjudicada esta cesión por cualquier título admitido en Derecho.

También se definía la entidad propietaria, que podía ser una persona física o jurídica, o una asociación o comunidad de propietarios que ostenta la titularidad del pleno dominio o de la posesión por un periodo superior a 50 años, del conjunto residencial. Así como la persona usuaria es la persona física titular de una participación o de la copropiedad en la entidad propietaria del conjunto residencial, que tiene asignado el uso privativo y exclusivo de una vivienda compartida como poseedor de la misma y hace un uso compartido de los elementos comunes. Estos derechos de uso y disfrute podrán ser ejercidos junto al resto de personas con las que conviva.

Y el promotor o la promotora social era, en los términos del Anteproyecto, una persona física o jurídica que lleva a cabo promociones de obra nueva o de rehabilitación de viviendas que se orienten a incrementar la oferta de viviendas colaborativas en régimen de cesión de uso.

dencias susceptibles de aprovechamiento privado; los elementos comunes del edificio o conjunto residencial, de conformidad con lo indicado en el artículo 396 del Código civil referente a la comunidad de bienes:

> «Los diferentes pisos o locales de un edificio o las partes de ellos susceptibles de aprovechamiento independiente por tener salida propia a un elemento común de aquél o a la vía pública podrán ser objeto de propiedad separada, que llevará inherente un derecho de copropiedad sobre los elementos comunes del edificio, que son todos los necesarios para su adecuado uso y disfrute, tales como el suelo, vuelo, cimentaciones y cubiertas; elementos estructurales y entre ellos los pilares, vigas, forjados y muros de carga; las fachadas, con los revestimientos exteriores de terrazas, balcones y ventanas, incluyendo su imagen o configuración, los elementos de cierre que las conforman y sus revestimientos exteriores; el portal, las escaleras, porterías, corredores, pasos, muros, fosos, patios, pozos y los recintos destinados a ascensores, depósitos, contadores, telefonías o a otros servicios o instalaciones comunes, incluso aquellos que fueren de uso privativo; los ascensores y las instalaciones, conducciones y canalizaciones para el desagüe y para el suministro de agua, gas o electricidad, incluso las de aprovechamiento de energía solar; las de agua caliente sanitaria, calefacción, aire acondicionado, ventilación o evacuación de humos; las de detección y prevención de incendios; las de portero electrónico y otras de seguridad del edificio, así como las de antenas colectivas y demás instalaciones para los servicios audiovisuales o de telecomunicación, todas ellas hasta la entrada al espacio privativo; las servidumbres y cualesquiera otros elementos materiales o jurídicos que por su naturaleza o destino resulten indivisibles.
>
> Las partes en copropiedad no son en ningún caso susceptibles de división y sólo podrán ser enajenadas, gravadas o

embargadas juntamente con la parte determinada privativa de la que son anejo inseparable.

En caso de enajenación de un piso o local, los dueños de los demás, por este solo título, no tendrán derecho de tanteo ni de retracto.

Esta forma de propiedad se rige por las disposiciones legales especiales y, en lo que las mismas permitan, por la voluntad de los interesados».

Véase sobre la aplicación de este precepto: SSTS 30 de diciembre de 2015;[176]8 de noviembre de 2017[177]; 7 de junio de 2018[178]; 17 de enero de 2019[179]; 21 de enero de 2020[180]; 22 de diciembre de 2021.[181]

Se debe también incluir los espacios o dependencias destinados al uso común, que serán al menos en un 20% de la superficie total, para desarrollar alguna función inherente al uso residencial, y/o a la prestación de servicios comunitarios y sociales, con la excepción de si la cooperativa de viviendas se establece mediante la rehabilitación o adquisición de un conjunto residencial preexistente y las características de éste no permiten alcanzar este porcentaje, quedando fijado el mínimo en un 10% en estos supuestos.

Hay que tener en cuenta que los espacios comunes han de ser totalmente accesibles y disponer de medidas de evacuación suficientes, de acuerdo con la normativa vigente. Se indica en la Ley 3/2023 que la cocina se situará, de forma preferente, en la planta baja.

---

176 Roj: STS 5805/2015–ECLI:ES:TS:2015:5805.

177 Roj: STS 3924/2017–ECLI:ES:TS:2017:3924.

178 Roj: STS 2061/2018–ECLI:ES:TS:2018:2061.

179 Roj: STS 44/2019–ECLI:ES:TS:2019:44.

180 Roj: STS 114/2020–ECLI:ES:TS:2020:114.

181 Roj: STS 4878/2021–ECLI:ES:TS:2021:4878.

El artículo 4 regula las denominadas viviendas colaborativas de protección pública. Se consideran como tales aquellas que así se califiquen según lo que se indica en la legislación en materia de protección pública de vivienda.

3.5.1.1. Requisitos básicos de los edificios o conjuntos residenciales y exigencias básicas de funcionalidad, seguridad, habitabilidad y principios de las normas de diseño y calidad

Se contemplan en el artículo 5 de la Ley 3/2023 los requisitos básicos que deben disponer los edificios o conjuntos residenciales de vivienda colaborativa.

Estos deberán proyectarse, construirse, mantenerse y conservarse de tal forma que posibilite el pleno desarrollo de vida de las personas que los cohabitan[182]. Se caracterizan por disponer de tres zonas[183] que se diferenciaban en relación a su uso.

Así, una zona de viviendas o dependencias susceptibles de aprovechamiento privado que deberán contar, al menos, con espacios para dormitorio, baño y sala, que serán de uso exclusivo del núcleo de convivencia.

---

182 Esta redacción sigue lo indicado en el Anteproyecto.

183 El Anteproyecto hacía mención a dos zonas bien diferenciadas de uso: una parte privada, que estaba constituida por las unidades privativas, con al menos tres estancias, que serán dormitorio, sala y baño, y que son de uso exclusivo del núcleo de convivencia. Es decir, no son compartidas en ningún momento.
La parte comunitaria dispone de estancias donde se desarrollen las necesidades básicas de los núcleos de convivencia asociados. Como mínimo contarán con cocina, comedor, sala de reuniones y un espacio para la atención sanitaria.
Como edificios cuyo uso principal es vivienda deberán atender a las disposiciones vigentes relativas a los requisitos básicos de la edificación previstas en la legislación de ordenación de la edificación, así como las exigencias básicas correspondientes.

Las unidades privadas tendrán que disponer de salida de humo y al menos la mitad de las mismas tendrán que disponer de cocina, y se procurará que dispongan de balcón o terraza.

Otra zona son los espacios o dependencias para uso comunitario que están previstos para poder desarrollar algunas funciones inherentes al uso residencial y/o prestación de servicios comunitarios y sociales, como puede ser la cocina, el comedor, el lavadero, la sala de atención sanitaria u otros.

Y la tercera zona está constituida por los elementos comunes del edificio o conjunto residencial, de acuerdo con lo indicado en el mencionado artículo 396 del Código civil.

Como edificios cuyo uso principal es vivienda, deberán atender a las disposiciones vigentes relativos a los requisitos básicos de la edificación previstas en la normativa referente a la ordenación de la edificación. Así, por ejemplo, el Real Decreto 314/2006, de 17 de marzo, por el que se aprueba el Código Técnico de la Edificación.[184]

Se regulan unas exigencias básicas tanto de funcionalidad, como de seguridad, y de habitabilidad, en los artículos 6, 7 y 8.

Como exigencias básicas de funcionalidad (artículo 6) los edificios o edificaciones de los conjuntos residenciales destinados a vivienda colaborativa[185], incluyendo los espacios que se compartirán, deberán ser aptos y conformes al uso para el que se prevén. La disposición y dimensiones de los mismos atenderán a los usos que en los mismos se desarrollen conforme a los criterios que dispone la normativa de diseño y calidad.

En cuanto a las viviendas, los espacios tendrán una función de carácter privado, y en los espacios comunes tendrán una función común y determinada por la entidad propietaria o poseedora del

---

184 BOE núm. 74, de 28 de marzo de 2006.

185 En el Anteproyecto se hacía referencia a las coviviendas y los edificios que estén destinados a vivienda colaborativa,

edificio o conjunto residencial por acuerdo de quienes sean titulares de la misma.

Se deberá garantizar la accesibilidad en el edificio, permitiendo a todas las personas la utilización no discriminatoria, independiente y segura de sus espacios. Para ello, se proyectará y rehabilitará, en los casos en que sea necesario, siguiendo los criterios de accesibilidad universal, tal y como se indica en el Decreto 65/2019, de 29 de abril, del Consell, de regulación de la accesibilidad en la edificación y en los espacios públicos de la Generalitat Valenciana[186], y el Real Decreto 314/2006, ya mencionado anteriormente.

Los edificios y conjuntos residenciales de vivienda colaborativa deberán disponer, además de la dotación suficiente de equipamiento, elementos auxiliares e instalaciones que permitan el desarrollo de los usos y suministro necesarios, así como el acceso a los servicios de suministro energético[187], a los servicios de telecomunicación, audiovisuales y de información.

Los edificios deberán prever la existencia de espacios comunes con superficie significativa y suficiente para poder atender posibles necesidades asistenciales en cualquier momento, los cuales deberán ser suficientes para la promoción de la autonomía y emancipación personal de cualquier clase, con los estándares mínimos contemplados en el articulado.[188]

Respecto a las exigencias básicas de seguridad se contemplan en el artículo 7. Su redacción es más parca que la del Anteproyecto, ya que solamente indica que los edificios de vivienda colaborativa y complejos residenciales deberán garantizar la seguridad de las personas que sean sus usuarias[189].

---

186 DOGV núm. 8549, de 16 de mayo de 2019.

187 En el Anteproyecto estos servicios de suministro energético no se indicaban.

188 Esta última precisión no se contenía en el Anteproyecto.

189 El Anteproyecto mencionaba que el diseño se orientará a reducir a límites aceptables el riesgo de sufrir daños en el uso normal de sus espacios. Deberán también contar con unas condiciones adecuadas de solidez

Por lo que se refiere a las exigencias básicas de habitabilidad, el artículo 8 dispone que con la finalidad de garantizar el bienestar de las personas usuarias de vivienda colaborativa, el ambiente interior de los edificios contará con las condiciones de salubridad, iluminación, confort térmico y acústico adecuados según establece el Real Decreto 314/2006.

Cumplirán, también, con las prescripciones de ahorro energético y de protección del medio ambiente. En este sentido, se indica de forma expresa en el artículo 8 que estarán en concordancia con los principios rectores de la Ley 7/2021, de 20 de mayo, de cambio climático y transición energética[190].

Consideramos que también hay que atender a lo indicado en la Ley 6/2022, de 5 de diciembre, del cambio climático y la transición ecológica de la Comunitat Valenciana.[191]

Por lo que se refiere a las dimensiones mínimas que deben tener los espacios comunes destinados a uso comunitario,[192] como mínimo, cada uno de los espacios de uso común tendrá una superficie de 25 metros cuadrados[193] y podrá inscribirse un cuadrado de 3,50 metros de lado. La sala que se destine a las reuniones podrá compartimentarse en la medida en que las personas moradoras acuerden en función del uso específico al que se destinen.

Este requisito no se exigirá a determinadas estancias como las lavanderías y los baños comunitarios.

---

estructural y de comportamiento frente a incendios, de conformidad con el Real Decreto 314/2006, ya que se refería al Código Técnico de la Edificación y demás normativa aplicable.

190 BOE núm. 121, de 21 de mayo de 2021. En el Anteproyecto no se mencionaba dicha norma.

191 BOE núm. 43, de 20 de febrero de 2023.

192 En el Anteproyecto se indicaba que dependería del número total de personas que se estimara que podían ocupar las unidades privadas para establecer las dimensiones mínimas.

193 En el Anteproyecto se indicaba 24 metros cuadrados.

Se debe procurar la polivalencia y la posibilidad de reorganización de los espacios comunitarios.

Las unidades de carácter privativo serán de uso exclusivo de los miembros del núcleo de convivencia. Dispondrán de un sistema de cierre que garantice el uso exclusivo y la privacidad.

Contarán, por lo menos con una sala de usos múltiples (comedor, salón, estudio), dormitorio y baño, y deberán cumplir, mínimamente, con los requisitos previstos en la legislación vigente para garantizar el acceso a una vivienda digna en el marco del modelo de vivienda colaborativa, con adaptación al número de personas que conformen la unidad familiar y en base a criterios de accesibilidad universal[194], que se refieren a el diseño para todas las personas, sin o con discapacidad, ya sea física, visual, auditiva, intelectual, mental o múltiple, con la finalidad de la inclusión de las mismas, la mejora de su calidad de vida, independencia y el goce efectivo de sus derechos.

Hay que tener en cuenta lo indicado en la Orden TMA/851/2021, de 23 de julio, por la que se desarrolla el documento técnico de condiciones básicas de accesibilidad y no discriminación para el acceso y la utilización de los espacios públicos urbanizados[195], así como el Real Decreto Legislativo 1/2013, de

---

194 El Anteproyecto precisaba de forma más clara las características de estos espacios privativos. Así, indicaba que contarán con una sala, que podrá destinarse a distintos usos, dormitorio y baño, y tendrá una superficie total útil interior mínima de 22 metros cuadrados. La sala podrá ser usada como zona de estar, comedor, o cocina, siendo libre su compartimentación.
El espacio destinado al baño estará dotado de lavabo, inodoro y ducha, y deberá tener mínimo 2,50 metros cuadrados de superficie. Se accederá a la unidad por la sala que deberá contar, al menos, con 9 metros cuadrados de superficie, y se podrá inscribir un cuadrado de 2,50 metros de lado.
El dormitorio deberá contar con una superficie mínima de 7,50 metros cuadrados y se inscribirá un cuadrado de 2,50 metros de lado.

195 BOE núm. 187, de 6 de agosto de 2021.

29 de noviembre, por el que se aprueba el Texto Refundido de la Ley General de derechos de las personas con discapacidad y de su inclusión social[196], y la Ley 6/2022, de 31 de marzo, de modificación del Texto Refundido de la Ley General de derechos de las personas con discapacidad y de su inclusión social, aprobado por el Real Decreto Legislativo 1/2013, de 29 de noviembre, para establecer y regular la accesibilidad cognitiva y sus condiciones de exigencia y aplicación[197], así como también el Real Decreto Legislativo 7/2015, y la Ley 8/2013, de 26 de junio, de Rehabilitación, Regeneración y Renovación Urbanas.[198]

También se atenderá a lo indicado en el Código Técnico de la Edificación.

El artículo 9 regula los principios de las normas de diseño y calidad que deben respetar los edificios de covivienda. Estos principios se fundamentan en los siguientes:

a) El principio de función social de la vivienda[199] en relación con la adecuación a las actividades de cuidado que se desarrollan en ella, en razón a su tamaño y accesibilidad para las características de la persona, familia o unidad de convivencia a la que se destine.

b) El principio de flexibilidad para adecuarse a las distintas funciones y a las necesidades cambiantes de residencia de las personas que utilizan la vivienda.

c) El principio de biohabitabilidad en relación con la iluminación, ventilación y confort térmico.

d) El principio de rehabilitación con la finalidad de fomentar la recuperación y conservación del parque edificado residen-

---

196 BOE núm. 289, de 3 de diciembre de 2013.

197 BOE núm. 78, de 1 de abril de 2022.

198 BOE núm. 153, de 27 de junio de 2013.

199 Véase: RAMÓN FERNÁNDEZ, F.: «La función social de la vivienda y la protección de los consumidores», *Revista Aranzadi de Derecho Patrimonial*, núm. 44, 2017, págs. 103 y sigs.

cial, así como la conversión de edificios de otros usos, para dar una respuesta sostenible a la necesidad habitacional.

e) El principio de sostenibilidad medioambiental para la eficiencia energética, reducción de emisiones, economía circular y minoración en la generación de residuos, teniendo en cuenta el ciclo completo de vida útil de la vivienda.

f) El principio de comunidad en relación a la incorporación de espacios necesarios para el apoyo al funcionamiento de la comunidad de personas usuarias, con la finalidad de facilitar el encuentro y la reunión.

g) El principio de resiliencia referente a la capacidad para dar respuesta a las situaciones de emergencia.

h) El principio de calidad con la finalidad de garantizar su adecuado uso y mantenimiento y la durabilidad de la edificación.

i) El principio de innovación con el objetivo de incorporar los avances científico-tecnológicos y la implantación de la digitalización.

j) El principio de relación con el entorno, en cuanto al vínculo de los edificios residenciales con la ciudad y de las viviendas con el ambiente exterior.

k) Accesibilidad universidad y diseño para todas las personas.[200]

La actual Ley 3/2023 no recoge algunas de las modificaciones legislativas que sí se contemplaban en el Anteproyecto[201].

---

200 No se recogía este principio en el Anteproyecto.

201 El Anteproyecto, en su disposición adicional segunda, introducía distintos cambios legislativos que luego no han sido incorporados en la Ley 3/2023, o bien alguno de ellos lo han sido con algunos cambios, ya sea en el texto completo, o en los porcentajes en el caso de los incentivos fiscales. Así, introducía un artículo 91 bis en el Decreto Legislativo 2/2015, de 15 de mayo, del Consell, por el que aprueba el texto refundido de la Ley de Coo-

peratívas de la Comunitat Valenciana (DOCV núm. 7529, de 20 de mayo de 2015), modificado por Decreto ley 4/2023. La redacción del precepto, centrado en las cooperativas de viviendas colaborativas en régimen de cesión de uso, dispondría lo siguiente:
«1. Las cooperativas de viviendas colaborativas en régimen de cesión de uso tienen por objeto facilitar alojamiento y servicios complementarios al habitacional, a personas socias, para sí y para las personas que con ellas convivan.
2. A todos los efectos, se entenderá que en el suministro de bienes y servicios de la cooperativa a las personas socias no hay transmisiones patrimoniales, sino que son los mismos socios y socias quienes, como consumidores directos, los han adquirido conjuntamente con terceras personas. La cooperativa será considerada a efectos legales como consumidora directa.
3. Asimismo, podrá constituir actividad cooperativizada en esta clase de cooperativas la reparación o rehabilitación de viviendas, de los edificios destinados a vivienda, o de los locales, elementos o servicios accesorios o complementarios de las viviendas o edificaciones destinadas a vivienda, así como procurar todo tipo de mejoras o nuevas instalaciones o servicios, comunes o no, en dichos elementos. Las cooperativas de viviendas podrán adquirir, parcelar y urbanizar terrenos y, en general, desarrollar cuantas actividades y trabajos sean necesarios para el cumplimiento de su objeto social.
También podrán ser promotores sociales de actuaciones que tengan por objeto la construcción y gestión de edificios o conjuntos residenciales destinados a viviendas colaborativas en régimen de cesión de uso.
4. Podrán ser socios y socias de las cooperativas de viviendas las personas físicas que pretendan alojamiento o locales para sí y las personas que con ellas convivan.
También podrán ser personas socias los entes públicos y las entidades sin ánimo de lucro que precisen alojamiento para aquellas personas que, dependientes de ellas, tengan que residir, por razón de su trabajo o función, en el entorno de una promoción cooperativa o que precisen locales para desarrollar sus actividades.
5. Las personas socias de esta clase de cooperativas tienen derecho a que les ceda el uso de una vivienda colaborativa y al uso y disfrute de los elementos y espacios comunes, satisfaciendo el precio, canon y costes que establezcan los Estatutos Sociales.
6. En caso de baja del socio o socia, la cooperativa podrá retener el importe total que deba reembolsarse a la persona socia saliente, hasta que sea sustituida en sus derechos y obligaciones por otro socio o socia. En los

estatutos sociales deberá fijarse el plazo máximo de duración del derecho de retención.
7. La persona socia no podrá transmitir este derecho si hay personas socias expectantes, excepto a estas últimas y respetando el orden de antigüedad en el ingreso, salvo que la transmisión se efectúe a favor de ascendiente, descendiente, cónyuge o persona con la que conviva. Comunicada la decisión de transmisión a una persona tercera, y durante un periodo de un mes, la cooperativa tendrá un derecho de tanteo por el mismo precio solicitado. Entre tanto no se produzca la efectiva transmisión, la persona socia mantendrá vigentes sus derechos y obligaciones.
8. Las cooperativas que desarrollen más de una fase o promoción deberán constituir en su seno una sección para cada una de ellas, bastando a dichos efectos que los estatutos sociales incorporen una regulación genérica de las secciones.
9. Los Estatutos Sociales deberán prever y mantener, de forma imperativa y durante todo el periodo en que sean beneficiarias de medidas de fomento, la obligación de constituir un Fondo de Reserva Obligatorio de carácter irrepartible para poder cubrir impagos de cuotas o cánones que se establezcan para satisfacer al menos tres cuotas del préstamo personal o el hipotecario que se pueda constituir sobre el inmueble o sobre el derecho de superficie, y que se formalice para satisfacer el coste de construcción del edificio o conjunto residencial. Asimismo, los Estatutos Sociales deberá prever que dicho Fondo pueda ser pignorado a favor de la entidad bancaria como forma de garantizar el citado préstamo.
Asimismo se creará un Fondo social de ayuda mutua, en la cuantía que se determine en los Estatutos Sociales, para cubrir los posibles impagos de cuotas o cánones en los que pudiera incurrir alguna persona socia, el cual será destinado a satisfacer el destino que tenía la cuota impagada.
10. Los Estatutos Sociales deberán prever y mantener la posibilidad de admitir socios temporales que puedan usar y disfrutar, en régimen de cesión de uso, las viviendas colaborativas que quedaren vacantes cuando se produzca la baja de una persona socia y hasta tanto cause alta una nueva persona socia.
11. A los efectos de lo previsto en la legislación especial sobre cooperativas en orden a la declaración de cooperativa de utilidad pública, se considera función social la promoción, construcción y gestión de viviendas colaborativas en régimen de cesión de uso sin ánimo de lucro. En todo caso, la cooperativa deberá ostentar la titularidad, en propiedad o como poseedora, del edificio o conjunto residencial donde se

ubiquen viviendas colaborativas que serán disfrutadas en régimen de cesión de uso por las personas socias de dicha sociedad.
12. El número mínimo de personas socias deberá ser de cinco.
13. Las aportaciones a capital social de estas cooperativas no estarán remuneradas, sin perjuicio de su actualización de valor al índice de precios al consumo. La pérdida de la condición de persona socia implicará su derecho al reembolso de las cuotas abonadas en concepto de aportación a capital social destinado a la construcción del edificio o conjunto residencial donde se ubiquen las viviendas colaborativas. En ningún caso tendrán derecho a la devolución de las cantidades abonadas en concepto de canon por la cesión de uso, aun cuando su importe se destinará por la cooperativa al pago de las cuotas del préstamo destinado a la construcción del edificio o conjunto residencial.
14. Además de las aportaciones al capital social, las personas socias deberán aportar cuotas periódicas no retornables en concepto de cesión de uso, sin perjuicio de las cuotas en concepto de servicios y contribución a gastos comunes.
15. Los edificios o conjunto residenciales no se constituirán bajo el régimen de propiedad horizontal sino al de cesión de uso.
16. Los Estatutos Sociales deberán admitir la posibilidad de que la Generalitat Valenciana pueda ser socia de la cooperativa, con el fin de poder destinar las viviendas a personas con riesgo habitacional, pudiéndose regular la relación mediante Convenio, y así deberá constar en los Estatutos Sociales.
17. Las cooperativas colaborativas en régimen de cesión de uso serán declaradas de utilidad pública y calificadas como prestadoras de servicios de interés económico general si cumplen, además de los anteriormente citados, los siguientes requisitos:
a) Carezcan de ánimo lucrativo.
b) Cedan el uso de las viviendas a sus personas socias y a las personas con las que convivan.
c) Destinen el 30% de las viviendas colaborativas a personas vulnerables, entendiendo por tales a las mayores de 65 años, a las personas con discapacidad que requieran de apoyo para el ejercicio de su capacidad física y a mujeres víctimas de violencia de género.
d) Admitan el uso de una parte de los elementos comunes a la prestación asistencial, tanto en favor de las personas socias y las que convivan con ellas, como en favor de personas no socias».

3.5.1.2. Régimen de la vivienda colaborativa

Dedica el Título II la Ley 3/2023 al régimen de la vivienda colaborativa. Se estructura en distintos Capítulos. El primero comprende los artículos 11 a 15 de la Ley 3/2023.

3.5.1.2.1. Régimen general

El régimen de entidad titular de viviendas colaborativas[202] se regula en el artículo 10 indicando que las cooperativas y las asociaciones titulares de viviendas colaborativas deberán ajustarse

---

202 El Anteproyecto, en su artículo 9, establecía una clasificación de las viviendas colaborativas en función de su régimen jurídico y protección. Así, las viviendas colaborativas de régimen común eran aquellas que se promuevan en un edificio o conjunto residencial con el fin de destinarlas al modo habitacional conceptuado como *cohousing*. Estarán sometidas a lo indicado en el Título I y II, pero no se les aplicará las medidas de fomento del Título III.
Las viviendas colaborativas sometidas a algún régimen de protección serán aquellas viviendas colaborativas en régimen de cesión de uso que se promuevan en un edificio o conjunto residencial y que cumplan lo indicado en los títulos I y III, y podrán acceder a las medidas de fomento reguladas.
Las viviendas colaborativas de interés social eran aquellas que, por cumplir los requisitos de la norma, pueden acceder a especiales medidas de fomento que se contemplan en la norma y en otras que así lo prevean.
La vivienda colaborativa de régimen común se regulaba en el Título II, en los artículos 10 a 14.
Las viviendas colaborativas y los edificios o conjuntos residenciales donde se construyan se someterán a la legislación general en materia de vivienda y al régimen especial de viviendas y edificios o conjuntos que establezca la presente norma (artículo 10).
El acceso a las medidas de fomento que contempla la norma, la entidad propietaria y las personas usuarias de las viviendas colaborativas en régimen común deberán ajustarse a los requisitos y condiciones que se establezcan por la Generalitat a través de las bases y convocatorias al efecto. Podrán acceder a otras medidas de fomento que se establezcan por otras Administraciones distintas a la Autonómica valenciana, y especialmente

a unas normas que son las siguientes, que reproducimos de forma literal.

No podrán tener ánimo de lucro;

Deben tener por objeto social facilitar alojamiento, espacios comunitarios y, en su caso, servicios complementarios a las personas socias, para sí y para las personas que con ellas convivan, sin perjuicio de que puedan prestarse también dichos servicios y la cesión de los espacios comunitarios a terceros.

La cooperativa no puede adjudicar privativamente a las personas socias la propiedad ni ningún derecho real limitado sobre las viviendas o las dependencias susceptibles de uso privado, como tampoco un derecho de superficie sobre estas. Las personas socias y quienes convivan disfrutan del uso regulado por esta Ley.

La entidad titular del edificio ostentará el pleno dominio o todos los derechos posesorios sobre el mismo adjudicando, mediante el correspondiente derecho de cesión de uso, el derecho de uso privativo de cada vivienda y el comunitario de los elementos comunes, necesariamente y por tiempo indefinido, en las condiciones desarrolladas en sus estatutos o normas internas, a cada una de las personas que formen parte de la membresía de dicha entidad. El derecho de uso derivado de esta cesión es un derecho

---

las que establezcan los Planes de Vivienda Estatales y en los distintos programas de ámbito europeo (artículo 10).

La promoción, construcción, cesión y gestión de las viviendas colaborativas de régimen común podrán realizarse por persona física o jurídica. Con la finalidad de poder cumplir las finalidades sociales propias del modo habitacional definido como *cohousing*, se regula un régimen subsidiario para el supuesto de que los Estatutos o Normas de Régimen Interior del edificio o conjunto residencial no establezcan otra cosa.

Las viviendas colaborativas de régimen común se podrán usar y disfrutar en cualquier forma admitida en Derecho. En el caso de régimen de cesión de uso, se les aplicará lo indicado en el artículo 3, apartados d) y e) de la presente norma. Asimismo, la persona propietaria de la vivienda podrá ser también copropietaria del edificio o conjunto residencial donde se ubique (artículo 10).

de naturaleza societaria, de carácter personalísimo, y en ningún caso se podrá configurar como un derecho real.

Del mismo modo, se adjudicará el uso por tiempo limitado cuando la entidad propietaria tenga adjudicado el dominio o la posesión por un periodo de duración determinado y temporal.

Podrá llevar a cabo las siguientes actividades:

a) La construcción, reparación o rehabilitación de viviendas, de los edificios destinados a vivienda o de los locales, elementos o servicios accesorios o complementarios de las viviendas o edificaciones destinadas a vivienda, así como procurar todo tipo de mejoras o nuevas instalaciones o servicios, comunes o no, en dichos elementos.

b) La adquisición, parcelación y urbanización de terrenos, la conservación, mantenimiento y administración de las viviendas y demás edificaciones, instalaciones o servicios y, en general, el desarrollo de cuantas actividades y trabajos sean necesarios para el cumplimiento de su objeto social.

c) La prestación de todo tipo de servicios y el suministro de bienes relacionados con la vivienda y con la mejora de las condiciones de vida de las personas socias y asociadas, así como de las personas que con ellas convivan, tales como el mantenimiento de los servicios comunes, suministro de energía incluyendo la generación de calefacción, comunicaciones, evacuación de residuos, limpieza, atención domiciliaria, comedor, ocio, cultura, deporte, servicios asistenciales, médicos, suministro de bienes de consumo y, en general, el suministro de los demás bienes o servicios relacionados directa o indirectamente con las actividades anteriores, así como la promoción y fomento de las viviendas colaborativas y la mejora del entorno.

A todos los efectos, se entenderá que en el suministro de bienes y servicios a todas las personas socias no hay transmisiones patrimoniales, sino que son los mismos socios y socias quienes, como consumidores directos, los han adquirido conjuntamente de terceras personas.

Podrán ser personas socias o asociadas las personas físicas que pretendan alojamiento para sí y las personas que con ellas convivan, así como los entes públicos y las entidades sin ánimo de lucro que precisen alojamiento para aquellas personas que, dependientes de ellas, tengan que residir, por razón de su trabajo o función, en el entorno de una promoción cooperativa o que precisen locales para desarrollar sus actividades. Podrán ser personas socias las personas físicas o jurídicas que precisen locales para el desarrollo de su actividad profesional, empresarial y artística.

También podrán ser socios o socias consumidores de la cooperativa las personas físicas y jurídicas que tengan el carácter exclusivo de consumidores de bienes y servicios energéticos vinculados con las energías renovables y la eficiencia energética en el marco de una comunidad de energía renovable o comunidad energética, para su uso y consumo y de las personas que con ellas convivan.

Se establece como número mínimo de personas socias o asociadas el de cinco personas, y se fomentará la diversidad, pluralidad y diferentes situaciones y condiciones socioeconómicas.

Para adquirir la condición de persona socia de la entidad, la persona que esté interesada habrá de realizar, al capital social o fondo social equivalente, una aportación obligatoria que no podrá ser superior al 30% del coste de adquisición, arrendamiento o promoción del conjunto residencial de viviendas colaborativas. Asimismo, la persona socia deberá abonar las cuotas periódicas no retornables que fijen, en concepto de cesión de uso, los órganos de la cooperativa o asociación, con el objeto de atender los gastos derivados de la financiación, amortización, mantenimiento y mejora de las viviendas y demás instalaciones de la cooperativa o asociación, así como las cuotas no retornables que se fijaran para dotar otros fondos y cubrir los demás servicios que pudiera prestar la cooperativa o asociación a sus socios.

Respecto a la cesión del uso privativo de una de las viviendas colaborativas o dependencias de uso privado, así como el derecho al uso y disfrute de los elementos y espacios comunes y comunitarios, y a servirse de los servicios que preste la entidad titular, satisfaciendo el precio, canon y costes que establezcan los estatutos sociales tendrán derecho las personas socias o asociadas.

Cuando se produzca una baja de la persona socia o asociada, las viviendas siempre quedarán a disposición de la cooperativa o asociación con el fin de ponerlas a disposición de otras personas.

Los estatutos sociales de la entidad titular podrán prever que, en caso de baja de las personas socias o asociadas como tales, el reembolso de las cantidades aportadas para sufragar el coste de la vivienda, sin tomar en consideración las cantidades entregadas en concepto de cuota o canon de uso, y, en su caso, las aportaciones al capital social de la cooperativa o de la asociación, puedan aplazarse hasta que la socia o asociada que cause baja sea sustituida en sus derechos y obligaciones por otra socia o asociada.

No se permite que la persona titular del derecho de uso y disfrute de una vivienda colaborativa pueda transmitir su derecho.

En caso de que el socio cause baja, la cooperativa o asociación recuperará el uso de la vivienda desocupada y cederá su uso a otro aspirante a socio. En caso de que haya varias personas aspirantes a ser socias, se respetará el orden de antigüedad en que hubieran solicitado su ingreso, teniendo preferencia los allegados del socio que hubiera causado baja, en concreto, el ascendiente, descendiente, cónyuge o persona que haya convivido con el socio durante al menos tres años, siempre que cumplan las condiciones para ser persona socia. Asimismo, también los ascendientes o descendientes que estén en lista de espera al menos cinco años y siempre que cumplan las condiciones para ser persona socia. Igualmente, prevalecerá la resolución judicial que se pronuncie sobre el uso de la vivienda por uno de los cónyuges. Entre tanto no se produzca la efectiva transmisión, la persona socia mantendrá vigentes sus derechos y obligaciones. En caso de que la baja de la persona socia se produjera por su fallecimiento, tendrán preferencia en la adquisición de la condición de socio y, por tanto, el derecho de uso sobre la vivienda, sus herederos y herederas, siempre que hayan convivido durante al menos tres años en la vivienda o unidad de convivencia. Además, será necesario que los herederos interesados cumplan con las condiciones para ser persona socia y ante concurrencia de herederos interesados haya disponibilidad de viviendas. En todo caso, el plazo máximo fijado por los estatutos sociales no podrá exceder de cinco años.

La adquisición de la condición de socio o asociado de la entidad titular de la propiedad o posesión del edificio o conjunto residencial destinado a viviendas colaborativas será considerada para la persona socia o asociada como adquisición de la vivienda habitual, en el caso de que se destina la vivienda en cesión de uso a dicha finalidad.

La cooperativa o asociación titulares de viviendas colaborativas solamente podrán arrendar a terceros no socios los locales comerciales y las instalaciones y edificaciones complementarias disponibles. Respecto a los locales comerciales, los estatutos deberán prever la reserva de un porcentaje de estos para comercios o actividades de ámbito social; en el caso de que no se presentara ninguna oferta, esa reserva quedará abierta a otros comercios u actividades. En todo caso, la asamblea general acordará el destino del importe obtenido por su enajenación o arrendamiento, que en ningún caso será el reparto entre los socios. También podrá haber personas socias de duración determinada. La duración de esta condición de socio no podrá ser superior a cinco años y el número total de viviendas ocupadas por estos socios que tienen una duración determinada no podrá suponer más del 20% del conjunto de viviendas cedidas a personas socias de cada promoción o fase.

Los estatutos sociales recogerán las menciones contenidas en los apartados anteriores a este artículo 10 de la Ley 3/2023.

El artículo 11 regula los derechos de las personas usuarias. Las personas usuarias, además de aquellos que, respectivamente les reconoce la legislación referente a cooperativas o asociaciones y de los derechos indicados y reconocidos en el artículo 10 de la Ley 3/2023, tendrán los siguientes derechos[203]:

a) Ser cotitular de la entidad propietaria o poseedora del conjunto residencial.

b) Disfrutar de una vivienda digna, adecuada y asequible, diseñada y construida para ser usada por todas las personas y libre de inmisiones contaminantes bajo estándares de accesibilidad universal, de forma indefinida o temporal por el tiempo que dure el derecho de posesión en favor de la entidad.

c) Acceder al uso y disfrute de elementos comunes y comunitarios del conjunto residencial, en la forma, modo y proporción que se establezcan en los estatutos o normas internas, de forma indefinida o temporal por el tiempo que dure el derecho de posesión a favor de la entidad.

d) Ser informado del estado de situación física y jurídica de la vivienda y del resto del conjunto residencial, por parte de quien ostente las facultades de gestión y representación de la propietaria.

e) Participar, en la forma en que se determine por sus estatutos y siguiendo los principios democráticos, desde el momento de proyectarse la actuación, en la planificación, diseño, mantenimiento y gestión de la comunidad que ostente la propiedad del edificio o conjunto residencial.

---

203 En el Anteproyecto se mencionaban el ejercicio de los derechos como usuaria o como persona miembro de la entidad propietaria o poseedora del edificio o del conjunto residencial, así como a exigir el respeto a su condición jurídica. Se deberían respetar sus derechos de carácter dominical y/o posesorio, y de participación democrática en la adopción de los acuerdos cuando así lo determine su condición.

f) Ceder, de forma temporal y justificada, su derecho de uso en la forma y con los requisitos previstos en los estatutos sociales y en los reglamentos de régimen interior[204].

Los deberes de las personas usuarias se regulan en el artículo 12. Además de los deberes que les imponga la legislación sobre cooperativas o asociaciones y los derivados de la Ley 3/2023, las personas usuarias tendrán los siguientes deberes:

a) Cuidado de la vivienda asignada y sus instalaciones, los elementos comunes y todos los bienes que hagan posible la convivencia compartida, como poseedora de las mismas.

b) Respeto y cumplimiento de las normas aprobadas por la entidad propietaria del conjunto residencial, así como respetar y cumplir los acuerdos aprobados por los órganos sociales de la entidad titular.[205]

c) Respetar y hacer un uso racional y adecuado, acorde en todo caso con sus características, función y capacidad de servicio, de los bienes de uso común.[206]

d) Hacer las aportaciones que la entidad titular apruebe para adquirir terrenos, costes de urbanización en suelo urbano y urbanizable, construcción o rehabilitación del edificio o conjunto residencial o cualesquiera otros gastos de los iniciales soportados por la entidad. Además de las aportaciones anteriormente mencionadas, las personas socias o asociadas deberán efectuar el pago de las cuotas o cánones periódicos no retornables en concepto de cesión de uso, sin perjuicio del pago de los servicios y suministros que efectivamente contraten con la cooperativa o la asociación, así como la cuota correspondiente en concepto de contri-

---

204 Esta indicación no se contenía en el Anteproyecto.

205 Esta última precisión no se indicaba en el Anteproyecto.

206 Este deber no se mencionaba en el Anteproyecto.

bución a los gastos comunes de sostenimiento del edificio o conjunto residencial.[207]

e) Residir de forma habitual en la vivienda, constituir la vivienda habitual o tener su domicilio por sí mismas o junto a las personas que convivan con la persona usuaria.[208]

Los derechos de la entidad[209] titular de las viviendas colaborativas se indican en el artículo 13.[210] Tendrán los derechos que vamos a indicar a continuación además de los que les reconoce la legislación sobre cooperativas o sobre asociaciones y los reconocidos en el artículo 10 de la Ley 3/2023:

Ser respetada en su derecho de propiedad o posesorio en su caso, del conjunto residencial en su totalidad, sin perjuicio de la cesión del derecho de uso a favor de las personas que formen parte de la entidad.

A aprobar sus propios estatutos o normas internas de funcionamiento y organización, de forma democrática.

A adoptar los acuerdos que afecten al régimen de propiedad y posesión del conjunto, así como al régimen de funcionamiento y organización social, pudiendo exigir su cumplimiento.

A obtener las ayudas que la Administración Pública establezca, si cumple con los requisitos que en cada caso se establezcan. Estas ayudas serán para el apoyo a la promoción y construcción de

---

207 El Anteproyecto hacía referencia a este deber de la siguiente forma: Aportar las cantidades económicas que la entidad aprueba, así como contribuir a sufragar los gastos necesarios para el mantenimiento, conservación y mejora del conjunto residencial

208 El Anteproyecto incluía el deber de cuidar de la vivienda adjudicada, manteniéndola en el mismo ser y estado en que la reciba y a su cargo.

209 El Anteproyecto indicaba entidad propietaria o poseedora.

210 Mencionaba el Anteproyecto que tendría los derechos que mencionaba salvo que los Estatutos sociales o Normas de Régimen Interior establecieran otra cosa, al igual que también lo indicaba respecto de los derechos y deberes de las personas usuarias.

los edificios, como también las que se prevén para proporcionar asistencia a colectivos en situación de riesgo habitacional o que precisen acceder a prestaciones asistenciales en el mismo edificio donde se ubique la vivienda colaborativa donde resida la persona usuaria que así lo necesite.

Podrá acoger sus promociones de obra a los beneficios que la legislación de viviendas de protección oficial establece, con sujeción a su normativa específica, o bien en régimen de precio libre y/o, en general, acogidas a cualquier otro sistema de financiación pública[211].

Exigir el pago, en su caso, de las cantidades necesarias para sufragar los costes del suelo, la urbanización en suelo urbano y urbanizable, la construcción o rehabilitación del edificio, el pago de las cuotas o cánones periódicos no retornables en concepto de cesión de uso, el pago de los servicios y suministros que efectivamente contraten con la cooperativa o la asociación, así como la cuota correspondiente en concepto de contribución a los gastos comunes de sostenimiento del edificio o conjunto residencial.[212].

Expulsar a la persona usuaria que incumpla la obligación de pago del capital destinado al coste de construcción del conjunto residencial, así como las demás aportaciones económicas descritas en el artículo 12.4, debiendo fijar en los estatutos sociales el número máximo de cuotas impagadas que permitirán a la entidad poder ejercer esta facultad, que resultará obligatoria si se pone en peligro la viabilidad económica del proyecto.[213]

En cuanto a los deberes de la entidad propietaria del conjunto residencial se contienen en el artículo 14[214], además de los que le

---

211 No se mencionaba en el Anteproyecto.

212 En el Anteproyecto se indicaba que tenía derecho a exigir el pago del canon o cuota social, procurando desglosar en el recibo los distintos conceptos que se incluyan en las cantidades que se devenguen.

213 No se recogía este derecho en el Anteproyecto.

214 Se establecen en la Ley 3/2023 unos deberes muchos más amplios que los recogidos en el Anteproyecto que se limitaba a mencionar el deber

imponga la legislación sobre cooperativas o sobre asociaciones y los derivados de la Ley 3/2023. Estos son los siguientes:

Procurar a las personas socias o asociadas viviendas y locales, edificaciones e instalaciones complementarias, así como el suministro, en su caso, acordados por su membresía, sin ánimo de lucro, de bienes y servicios de manutención, sanitarios, culturales, de formación, educativos y de recreo que les permitan mantener una adecuada calidad de vida y de desarrollo personal a través, entre otros, del fomento de la solidaridad personal y mutua ayuda. De igual forma, deberán mejorar, conservar y administrar dichos inmuebles y los elementos comunes, crear y prestar los servicios correspondientes, así como la rehabilitación de viviendas locales y otras edificaciones e instalaciones destinadas a ellos.

Cuando sea necesario, adquirir, parcelar y urbanizar terrenos y, en general, desarrollar cuantas actividades y trabajos sean necesarios para el cumplimiento de su objeto social.

Promover un uso social de los elementos y espacios comunes y comunitarios, evitando su cesión en alquiler a terceros y con destino a proporcionar servicios a los usuarios y las usuarias.

Crear y autogestionar los servicios de asistencia y prestaciones sociales precisos y acordados para atender las necesidades de los socios y las socias en su caso.

Incluir, en sus estatutos o normas internas, la existencia de los derechos de tanteo y retracto previstos en la Ley 3/2023 en favor

---

de cumplir con lo que se dispone en la legislación común en materia de vivienda y en la presente norma, así como en lo dispuesto en la regulación de la forma jurídica en que se constituya, y de respetar los derechos de las personas usuarias o cesionarias de las viviendas colaborativas y de los espacios comunes, con la finalidad de hacer posible la finalidad prevista en esta modalidad residencial y las prestaciones asistenciales que necesiten las personas usuarias.

de la Generalitat y de aquellos Ayuntamientos adheridos al convenio de tanteo y retracto con la Generalitat.

Notificar a la Conselleria competente en materia de vivienda, en los supuestos de convivienda de protección pública, la existencia de cualquier traba o ejecución que pudiera suponer la pérdida del título de propiedad del edificio residencial, a los efectos de que dicha administración pueda ejercer los derechos de tanteo y retracto, o adoptar algún tipo de medida de fomento que impida la pérdida de los derechos posesorios de los adjudicatarios del derecho de cesión de uso.

Establecer un modelo transparente de acceso a la titularidad de la propiedad de la entidad y a la condición de miembro de la entidad, impulsando criterios inclusivos y de diversidad.

Dar preferencia a las personas con una discapacidad igual o superior al 33% en el acceso a la condición de persona socia o en el caso de las personas socias expectantes, al acceso a la vivienda, en un porcentaje del 10% de las viviendas disponibles. Este porcentaje solo operará para aquellas actuaciones en las que el número de viviendas sea superior a diez.

Inclusión de medidas de gestión medioambiental del edificio.

Cumplir con los demás deberes y obligaciones que le imponga la legislación aplicable.

El artículo 15 establece las normas especiales aplicables a todas las cooperativas titulares de viviendas colaborativas.

Indica que en el caso de que la titularidad única de la edificación o conjunto residencial en la que se encuentran las viviendas colaborativas en régimen de propiedad o por cualquier otro título corresponda a una cooperativa, ésta podrá configurarse como cooperativa de viviendas, como cooperativa polivalente de vivienda y de consumo o como cooperativa de consumo.

Las normas especiales que deberán contener los estatutos de la cooperativa serán estas:

a) Regulación del régimen de ingreso y de baja de las personas socias, y también el régimen de transmisiones de sus aportaciones al capital social.

Se podrá condicionar la transmisión de las aportaciones al capital social, y con ellas la transmisión de la condición de persona socia, a las personas que con ella convivan, con la antigüedad que se establezca de forma estatutaria.

En el caso de la transmisión mortis causa, los herederos que no cumplan los requisitos que se indican en los estatutos para substituir al causante en su condición de persona socia, tendrán derecho al reembolso de las aportaciones al capital social, según indica la Ley 3/2023, y se aplicará de forma supletoria lo indicado en la legislación de cooperativas.

La transmisión de las aportaciones al capital social y, con ellas, de la condición de persona socia, llevará implícita la transmisión del derecho de uso que se establece en la Ley 3/2023.

Se podrá prever que, en el caso de que el derecho de uso de la vivienda colaborativa corresponda a más de una persona socia, entre ellas designen una sola persona para que asista a las asambleas generales con derecho de voz y de voto. En estos supuestos, los estatutos sociales deberán atribuir un solo derecho de voto a cada vivienda o dependencia susceptible de uso privativo.

Se podrá regular la figura del socio temporal para establecer vínculos sociales de duración determinada, siempre que el conjunto de las personas socias no supere la quinta parte del total de las personas socias con carácter indefinido, ni de los votos de estas en la asamblea general.

Podrán ser socias de estas cooperativas las administraciones públicas que tengan competencia en materia de vivienda.

Será requisito indispensable que en los estatutos sociales conste que se trata de una cooperativa no lucrativa a los efectos del artículo 114 del Decreto 2/2015, que regula las cooperativas no lucrativas.[215]

---

[215] Dispone el precepto que:
«1. La Generalitat, a través del Registro de Cooperativas de la Comunitat Valenciana, calificará como entidades de carácter no lucrativo a las cooperativas que por su objeto, actividad y criterios económicos de funcionamiento, acrediten su función social. Se entenderá que acreditan esta función social las cooperativas cuyo objeto consista en la mejora de la calidad y condiciones de vida de la persona, considerada de forma individual o colectiva.
2. En todo caso, se considerarán cooperativas no lucrativas las que se dediquen principalmente a la prestación o gestión de servicios sociales, educativos, culturales, artísticos, deportivos o de tiempo libre u otros de interés colectivo o de titularidad pública, a la integración laboral de las personas que sufran cualquier clase de exclusión social, o a otras actividades que tengan por finalidad conseguir la superación de situaciones de marginación social de cualquier índole.
3. Para que una cooperativa sea calificada como no lucrativa deberá hacer constar expresamente en sus estatutos:
a) La ausencia de ánimo de lucro y la dedicación a una actividad de interés social.
b) Que los eventuales resultados positivos que se obtengan no serán repartibles entre las personas socias, sino que se dedicarán a la consolidación y mejora de la función social de la cooperativa.
c) Las aportaciones voluntarias de los socios y socias al capital social no podrán devengar interés alguno, sin perjuicio de su actualización en los términos establecidos en esta ley para las aportaciones obligatorias.
d) Las personas socias y los trabajadores y trabajadoras de la cooperativa no podrán percibir, en concepto de retornos o de salarios, más de un ciento setenta y cinco por cien de los salarios medios del sector.
4. La transgresión de las determinaciones estatutarias establecidas en el punto anterior, conllevará la pérdida de la calificación como cooperativa no lucrativa.
5. Las cooperativas que cumplan lo dispuesto en este artículo serán consideradas por las administraciones públicas de la Comunitat Valenciana como entidades sin ánimo de lucro a todos los efectos.
6. La solicitud para el reconocimiento administrativo de su condición de cooperativa no lucrativa deberá ser resuelta en el plazo de tres meses contados desde la fecha de su presentación. Transcurrido dicho plazo sin haberse notificado la resolución administrativa se entenderá estima-

Las aportaciones a capital en ningún caso serán remuneradas, sin perjuicio de su actualización de valor al índice de precios al consumo.

La reserva obligatoria constituida de conformidad con la legislación cooperativa se podrá destinar a garantizar la devolución de los préstamos en que haya incurrido la cooperativa para la construcción o rehabilitación del edificio en el que se encuentren instaladas las viviendas colaborativas, mediante cualquier figura jurídica.

Entre los fines a los que se puede destinar el Fondo de Formación y Promoción se encontrarán, además de los que se regulan en la legislación cooperativa, las actividades culturales, sociales, lúdicas, asistenciales, sanitarias, deportivas y otras análogas en beneficio de las personas usuarias del edificio, así como del entorno, y a la difusión y fomento de las viviendas colaborativas.

3.5.1.2.2. Régimen de los titulares de viviendas colaborativas de interés social

El concepto de viviendas colaborativas de interés social nos lo proporciona el artículo 16 de la Ley 3/2023. Se considerarán como tales las viviendas colaborativas que, además de los requisitos que exigen los anteriores preceptos, reúnan una serie de características como son:

a) Mantener el conjunto edificado bajo una titularidad única de la cooperativa o asociación a perpetuidad, sin poder

---

da la solicitud. No obstante, cuando la solicitud se formule al propio tiempo que la de la inscripción de la modificación estatutaria, cuando esta sea necesaria para cumplir los requisitos para su calificación como no lucrativa, el cómputo del plazo de resolución se contará desde el día en que se inscriba la modificación estatutaria.
El reconocimiento administrativo de la calificación como no lucrativa se hará constar, mediante nota marginal, en la correspondiente hoja registral abierta a la cooperativa».

realizar la división horizontal del edificio. Sin embargo, se permite que se asignen cuotas de participación para las viviendas o dependencias susceptibles de uso privativo a los exclusivos efectos de determinar la participación de cada una de ellas en el conjunto de los gastos comunes de la edificación o con la finalidad de individualizar la responsabilidad frente a terceros en caso de que las personas socias o asociadas actúen como avalistas o garantes de los préstamos al promotor que haya solicitado la titular del edificio o conjunto residencial.

En caso de transmisión del edificio o del conjunto residencial o parte del mismo, se deberá realizar a otras entidades de similares características o a la Generalitat Valenciana. Asimismo, en caso de disolución de la entidad, se deberá destinar el edificio, conjunto residencial o patrimonio remanente a una entidad no lucrativa de fines análogos o a la Generalitat Valenciana.

b) Al menos, el 15% de las viviendas colaborativas debe destinarse a un colectivo necesitado de vivienda asequible. Se consideran como tales los mayores de 60 años, las personas que tengan una discapacidad superior al 33%, las mujeres víctimas de violencia de género, jóvenes y personas extuteladas menores de 35 años y viviendas tuteladas, entre otros.

c) Deberán regular, en los estatutos sociales, la obligación de aprobar un plan de actividades comunes que incluya la de una asistencia común a las necesidades del grupo vulnerable, en su caso.

A los efectos de lo que dispone el artículo 107.2 del Tratado de funcionamiento de la Unión Europea[216], se considerará que la vi-

[216] DOUE C 83/47, de 30 de marzo de 2010. Este precepto dispone que serán compatibles con el mercado interior las ayudas de carácter social concedidas a los consumidores individuales, siempre que se otorguen sin discriminaciones basadas en el origen de los productos; y las ayudas

vienda colaborativa de interés social es vivienda social y, por tanto, prestadora de servicios de interés económico general.

Se regulan unas normas especiales para las cooperativas titulares de viviendas colaborativas de interés social en el artículo 17 de la Ley 3/2023.

Las cooperativas titulares de viviendas colaborativas consideradas de interés social deberán cumplir con los requisitos siguientes:

a) La cooperativa se debe de constituir como entidad de carácter no lucrativo al amparo del artículo 114 del Decreto legislativo 2/2015, y cumplir los requisitos previstos en dicha norma, y específicamente deberá hacer constar expresamente en sus estatutos lo previsto en dicha norma.

b) La cooperativa no podrá adjudicar privativamente a las personas socias la propiedad ni ningún derecho real limitado sobre las viviendas o dependencias susceptibles de uso privado, así como tampoco un derecho de superficie sobre ellas. La personas sociales y quienes con ellas convivan disfrutarán del derecho de uso que regula la Ley 3/2023.

c) Los estatutos sociales deberán recoger de forma expresa las prohibiciones que se contienen en el artículo 17.1 de la Ley 3/2023 referentes a la prohibición a las personas socias de transmitir el derecho de uso de manera autónoma y desvinculado de la condición de persona socia, sin perjuicio de lo previsto en el apartado siguiente de dicho artículo y a efectuar la división horizontal del edificio.

d) Deberán prever en sus estatutos sociales, la obligación de constituir un fondo de reserva de carácter irrepartible para poder cubrir impagos de cuotas o cánones que se establezcan para satisfacer al menos tres cuotas del préstamo personal o el hipotecario que se pueda constituir sobre el inmueble

---

destinadas a reparar los perjuicios causados por desastres naturales o por otros acontecimientos de carácter excepcional.

o sobre el derecho de superficie y que se formalice para satisfacer el coste de construcción del edificio o conjunto residencial.

Este fondo podrá ser sustituido pro su fondo de reserva obligatorio.

Asimismo, los estatutos sociales deberán prever que dicho fondo pueda ser pignorado a favor de la entidad bancaria como forma de garantizar el citado préstamo.

e) Los estatutos sociales deberán regular un fondo social de ayuda mutua, que se dotarán en función de los resultados anuales, en la cuantía que se determine en los estatutos sociales, con el fin de cubrir los posibles impagos de cuotas o cánones en los que pudiera incurrir alguna persona socia, el cual será destinado a satisfacer el destino que tenía la cuota impagada.

f) Las aportaciones a capital social obligatorio no estarán remuneradas, sin perjuicio de su actualización, de acuerdo con la legislación cooperativa. El mismo criterio se aplicará en caso de reembolso de las aportaciones iniciales para la adquisición del derecho a la titularidad del conjunto residencial.

g) Los estatutos sociales deberán admitir la posibilidad de que la Generalitat Valenciana pueda ser socia de la cooperativa o asociada de la asociación, con el fin de poder destinar las viviendas a personas con riesgo habitacional. Asimismo, podrá preverse que se destinen algunas viviendas a la Generalitat con el mismo fin, mediante convenio con la misma.

h) En ningún caso se prohibirá la tenencia de animales de compañía. Nótese que la norma hace referencia a animal de compañía y no a animal doméstico. Habrá que tener en cuenta lo indicado en la Ley 17/2021, de 15 de diciembre, de modificación del Código Civil, la Ley Hipotecaria y la Ley de Enjuiciamiento Civil, sobre el régimen jurídico de los animales[217], como seres dotados de sensibilidad, y respecto a la consideración de lo que se entiende como animal de compañía, la Ley 7/2023, de 28 de marzo, de protección de los derechos y el bienestar de los animales[218], en su artículo 3, señala que el animal de compañía es un animal doméstico o silvestre en cautividad, mantenido por el ser humano, principalmente en el hogar, siempre que se pueda tener en buenas condiciones de bienestar que respeten sus necesidades etológicas, pueda adaptarse a la cautividad y que su tenencia no tenga como destino su consumo o el aprovechamiento de sus producciones o cualquier uso industrial o cualquier otro fin comercial o lucrativo y que, en el caso de los animales silvestres su especie esté incluida en el listado positivo de animales de compañía. En todo caso perros, gatos y hurones, independientemente del fin al que se destinen o del lugar en el que habiten o del que procedan, serán considerados animales de compañía. Los animales de producción sólo se considerarán animales de compañía en el supuesto de que, perdiendo su fin productivo, el propietario decidiera inscribirlo como animal de compañía en el Registro de Animales de Compañía.

El animal doméstico es todo animal que está incluido en la definición del artículo 3 de la Ley 8/2023, de 24 de abril, de sanidad animal. Se incluyen en esta definición los animales de compañía pertenecientes a especies que críe y posea tradicional y habitualmente el hombre, con el fin de vivir en domesticidad en el hogar, así como los de acompañamiento, conducción y ayuda de personas ciegas o con deficiencia visual grave o severa.

Estos requisitos deberán mantenerse durante todo el tiempo en que la cooperativa sea beneficiaria de las medias de fomento contempladas en la Ley 3/2023.

---

217 BOE núm. 300, de 16 de diciembre de 2021.

218 BOE núm. 75, de 29 de marzo de 2023.

3.5.1.3. Acción pública respecto de las viviendas colaborativas. Derecho de tanteo y retracto, medidas de fomento y régimen sancionador

Se contempla en el Título III, regulando el Capítulo I, el derecho de tanteo y retracto a favor de las administraciones públicas que se recoge en el artículo 18 de la Ley 3/2023. Se concede este derecho cuando, como consecuencia de un procedimiento de ejecución patrimonial o realización patrimonial extrajudicial, la entidad titular del edificio o conjunto residencial de viviendas colaborativas pueda perder su condición de titular del mismo y, con ello, la posesión de las viviendas. Se aplicará en este caso las normas autonómicas y estatales sobre derecho de tanteo y retracto. Merece destacar el Decreto-ley 6/2020, de 5 de junio, para la ampliación de vivienda pública en la Comunitat Valenciana mediante los derechos de tanteo y retracto[219] y la STC 8/2023, Pleno, de 22 de febrero de 2023. Recurso de inconstitucionalidad 4291-2020. Interpuesto por más de cincuenta senadores del Grupo Parlamentario Popular en el Senado en relación con el Decreto-ley del Consell 6/2020, de 5 de junio, para la ampliación de vivienda pública en la Comunitat Valenciana mediante los derechos de tanteo y retracto. Límites materiales de los decretos leyes autonómicos: constitucionalidad de los preceptos legales que regulan la adquisición preferente de vivienda. Votos particulares.[220] En esta sentencia se decidió desestimar el recurso de inconstitucionalidad interpuesto.[221]

Las medidas de fomento de las viviendas colaborativas se regulan en el Capítulo II, dedicando el artículo 19 a su regulación.

---

219 BOE núm. 218, de 13 de agosto de 2020.

220 BOE núm. 77, de 31 de marzo de 2023.

221 A la sentencia se formuló voto particular por parte de la magistrada doña Concepción Espejel Jorquera y voto concurrente formulado por la magistrada doña Laura Díez Bueso.

Se establece la competencia de la Generalitat y las entidades locales para establecer medidas dirigidas a hacer efecto el derecho del texto constitucional a una vivienda digna y adecuada, además de asequible, mediante políticas de promoción y gestión de la vivienda colaborativa por sí mismas o a través de entidades sin ánimo de lucro.

Estas medidas se podrán referir a la promoción, el acceso y rehabilitación de viviendas, facilitando la financiación adecuada y procurando la prestación de garantías que fueran necesarias.

Se podrán establecer bonificaciones tributarias por parte de la Generalitat y las entidades locales siempre dentro del ámbito de sus competencias.

Se habilitará por parte de la Generalitat Valenciana un servicio de asesoramiento a la ciudadanía sobre viviendas colaborativas.

A los efectos de las bonificaciones potestativas establecidas en la ley reguladora de las haciendas locales, sobre el impuesto de bienes inmuebles e impuesto de construcciones, instalaciones y obras, las viviendas colaborativas a las que se refiere la Ley 3/2023 se declaran de especial interés o utilidad pública.

Será compatible la obtención de la cesión de suelo público con la concesión directa de ayudas a los usuarios y entidades que cumplan con los requisitos de las bases.

En el caso de que las administraciones públicas de la Comunitat Valenciana pongan a disposición a través de concurso público solares y/o derechos de superficie, siempre y cuando estas no tengan otras necesidades de ámbito social, entre los criterios de valoración en los pliegos administrativos se incluirá a las entidades que cumplan con los requisitos previstos en la Ley 3/2023, siempre que se comprometan a destinarlos a la promoción, construcción y gestión de viviendas colaborativas en régimen de cesión de uso. Exclusivamente, en el caso de los titulares de edificios o conjuntos residenciales de viviendas colaborativas de interés social, dichas cesiones podrán ser por precio inferior al de mercado, siempre y cuando se comprometan a construir viviendas colaborativas de interés social.

Podrán cederse de forma directa a las entidades a las que se refiere la Ley 3/2023 los derechos de superficie que formen parte de bienes del patrimonio público de suelo, de conformidad con lo indicado en el artículo 105.4.d del Decreto legislativo 1/2021, para construir viviendas colaborativas en régimen de cesión de uso.

Exclusivamente en el caso de los titulares de edificios o conjuntos residenciales de viviendas colaborativas de interés social, dichas cesiones podrán ser por precio inferior al de mercado.

Las cooperativas de viviendas colaborativas en régimen de cesión de uso de interés social, al amparo de los dispuesto en el artículo 9.4 b y 9.5 f del Real decreto legislativo 7/2015, podrán ser beneficiarias directas de las medidas de fomento que se establezcan por los poderes públicos, así como perceptoras y gestoras de las ayudas otorgadas a las personas usuarias.

A los supuestos previstos en los apartados 4, 5, 6 y 7 del artículo 19 de la Ley 3/2023, de acuerdo con el artículo 105.5 del Decreto legislativo 1/2021, podrán no serles de aplicación los límites temporales que para la cesión y explotación de los bienes integrantes del patrimonio de la Generalitat establece la normativa sectorial autonómica.

En aquellas subvenciones en materia de promoción pública de viviendas destinadas a Ayuntamientos, se establecerá un criterio de puntuación para las entidades locales que tengan bonificaciones tributarias y/o acciones para el fomento de las viviendas colaborativas.

El artículo 20 de la Ley 3/2023 establece la compatibilidad de regímenes. Las viviendas colaborativas en régimen de cesión de uso podrán acogerse a cualquier régimen de protección pública, siempre que cumplan los requisitos previstos en la normativa reguladora. Estas ayudas serán compatibles con las establecidas en la Ley 3/2023 o las que se dicten en desarrollo de la misma.

La colaboración de la entidad pública adscrita a la Conselleria de Vivienda y afección del pago de la renta de alquiler se regula en el artículo 21 de la Ley 3/2023. La Entidad Valenciana de Vivienda y Suelo de la Generalitat, o entidad pública que la sustituya, podrá afectar el pago del alquiler de la vivienda cuya posesión cedan, los usuarios y las usuarias, mediante título jurídico suficiente, al pago de las cuotas de la vivienda colaborativa que habiten. Dicha vivienda pasará a ser gestionada por la entidad pública y a tener por ello la condición, mientras dure el contrato de cesión, de parte del parque público de vivienda de la Generalitat, y será destinada a alquiler social en la forma establecida reglamentariamente.

Cuando se finalice el contrato de alquiler, será devuelva a su cedente en las mismas condiciones de uso en que le fuera entregada, sin perjuicio del menoscabo derivado del transcurso del tiempo.

Las cantidades que reciba el usuario de una vivienda en régimen de cesión de uso por la cesión a la Entidad Valenciana de Vivienda y Suelo de la vivienda que constituía su residencia habitual hasta ese momento, no serán consideradas como renta a los efectos de no superar los máximos legales establecidos para obtener los beneficios del régimen de protección pública.

El Capítulo III se ocupa del régimen sancionador aplicable. Se indica en el artículo 22 que en el caso de incumplimiento de las obligaciones relativas al uso de la función social de la vivienda, así como cualquier otro previsto en el ámbito de la legislación sobre vivienda de la Comunitat Valenciana, será el indicado en la Ley 2/2017, de 3 de febrero, por la función social de la vivienda de la Comunitat Valenciana[222] y en la Ley 8/2004, y demás legislación autonómica que sea aplicable.

---

[222] BOE núm. 56, de 7 de marzo de 2017.

3.5.1.4. Implantación de viviendas colaborativas en suelo no urbanizable en zonas rurales y/o en peligro de despoblamiento

La disposición final segunda de la Ley 3/2023 se refiere a la implantación de viviendas colaborativas en suelo no urbanizable en zonas rurales y/o en peligro de despoblamiento.

Precisamente sobre la despoblación hay que tener en cuenta la Ley 5/2023, de 13 de abril, de la Generalitat, integral de medidas contra el despoblamiento y por la equidad territorial en la Comunitat Valenciana[223] que menciona las viviendas colaborativas en distintos preceptos. Así, en el artículo 19 relativo al acceso a los servicios sociales públicos establece que se garantizará la atención y cuidado de las personas mayores que viven en los municipios en riesgo de despoblamiento, para atender a sus necesidades básicas y ofrecerles el apoyo necesario para promover su autonomía personal, siendo una de las actuaciones contempladas la de activar otros tipos de residencia o convivencia en el ámbito rural para las personas mayores que tengan dificultades para permanecer en su domicilio o carezcan del mismo o también en el caso de que éste no reúna las condiciones básicas de habitabilidad o accesibilidad, como son las viviendas tuteladas o colaborativas, las pequeñas unidades de convivencia, o las familias acogedoras o alojamiento alternativo.

Como medidas para las personas mayores, el artículo 22 establece que en colaboración con el departamento competente en vivienda, se fomentarán nuevos modelos de vivienda, como es la vivienda colaborativa, orientados a permitir que las personas mayores puedan disponer de una vivienda en condiciones de comodidad y acceso a servicios, para propiciar el envejecimiento activo, la convivencia intergeneracional y el acceso a la vivienda asequible y con servicios de interés comunitario.

---

[223] DOGV núm. 9580, de 21 de abril de 2023; BOE núm. 105, de 3 de mayo de 2023.

El artículo 25 que contempla el acceso a la vivienda indica que se propondrán líneas de ayudas a la adaptación de las viviendas para personas con necesidades específicas en cuanto a movilidad, accesibilidad y confort, así como para el fomento de nuevos modelos de vivienda, como la vivienda colaborativa, orientados a permitir que estas personas con necesidades específicas puedan disponer de una vivienda con condiciones de comodidad y acceso a servicios, para propiciar el acceso a la vivienda asequible y con servicios de interés comunitario.

Se añade un nuevo apartado g, al párrafo 1 del artículo 211 del Decreto Legislativo 1/2021[224], respecto de la ordenación de usos y aprovechamientos en el suelo no urbanizable. De tal forma que la zonificación del suelo no urbanizable podrá prever, en función de sus características y con carácter excepcional, edificios o conjuntos residenciales existentes que puedan destinarse a viviendas colaborativas en cesión de uso, siempre que vayan estrechamente

---

224 En el Anteproyecto se incluían distintas disposiciones que modifican varios textos legislativos. Así, La disposición adicional tercera referente a la implantación de viviendas colaborativas en suelo rural añadía un apartado g) al párrafo 1 del artículo 211 del Decreto Legislativo 1/2021, de 18 de junio, del Consell, de aprobación del texto refundido de la Ley de ordenación del Territorio, urbanismo y paisaje de la Comunitat Valenciana: «g) Edificios o conjuntos residenciales destinados a viviendas colaborativas para personas mayores de 65 años».
Se modificaba también el párrafo 1 del artículo 215 del Decreto Legislativo 1/2021 que dispondrá de la siguiente redacción:
«Los actos de uso y aprovechamiento en suelo no urbanizable previstos en el artículo 211.1, párrafos a, b, c y g de este texto refundido, serán autorizables por el ayuntamiento mediante el otorgamiento de las correspondientes licencias municipales, sin previa declaración de interés comunitario. En estos casos, además de los informes o las autorizaciones legalmente exigibles, deberán emitirse informes por las consellerias competentes por razón de la materia, debiendo incorporarse en las licencias correspondientes las condiciones incluidas en ellos. La solicitud de dichos informes o autorizaciones se efectuará previa comprobación por el ayuntamiento de la compatibilidad urbanística de la actuación solicitada».

vinculadas a la activación o mantenimiento de la producción agrícola u otras actividades propias o tradicionales del medio rural y que se lleven a cabo exclusivamente con la rehabilitación de edificaciones tradicionales existentes.

También se modifica el párrafo 1 del artículo 216 del citado Decreto legislativo 1/2021, referente a las actividades que requieren declaración de interés comunitario. De esta forma, la Generalitat intervendrá en la autorización de usos y aprovechamientos en suelo no urbanizable, dentro de los límites y en las condiciones establecidas en el texto refundido, por medio de una declaración de interés comunitario con carácter previo a la licencia municipal, en los supuestos previstos en el artículo 211.1, párrafos d, e, f y g de este texto refundido. Así mismo, es exigible obtener declaración de interés comunitario para la implantación de estas actividades en edificaciones existentes, así como para la modificación de las ya otorgadas.

3.5.1.5. Tratamiento fiscal

Se recogen en la disposición final tercera de la Ley 3/2023[225], mediante la cual se añade un apartado en el artículo 14 bis de la Ley 13/1997, de 23 de diciembre, de la Generalitat, por la cual se regula el tramo autonómico del impuesto sobre la renta de las personas físicas y restantes tributos cedidos.[226]

---

[225] En el Anteproyecto se contenía estas modificaciones con alguna variante en relación con lo que se indica en la Ley 3/2023.
También se modificaba la primera frase el artículo 4. Uno, n) de la citada Ley 13/1997, que llevará la siguiente redacción:
«n) Por arrendamiento o pago por la cesión en uso de la vivienda habitual, sobre las cantidades satisfechas en el periodo impositivo».

[226] BOE núm. 83, de 7 de abril de 1998.

El apartado séptimo[227] que se introduce establece una bonificación del 99% del impuesto sobre transmisiones patrimoniales y actos jurídicos documentados, sobre los siguientes hechos imponibles:

a) La adquisición, construcción, adecuación o rehabilitación del suelo, edificio o instalaciones que constituyan una vivienda colaborativa de interés social. b) La declaración de obra nueva del edificio o el conjunto residencial de viviendas colaborativas de interés social.

c) Los préstamos con garantía hipotecaria destinados a la financiación de la adquisición o construcción o rehabilitación del edificio por vivienda colaborativa de interés social.

d) Los arrendamientos exentos del impuesto sobre el valor añadido derivados de la cesión de uso a los socios de viviendas colaborativas de interés social.[228]

Se modifica también la primera frase y el apartado 2º del artículo 4. Uno. n de la Ley 13/1997, y se exime del cómputo de tenencia de la vivienda que se haya cedido a la Entidad Valenciana de Vivienda y Suelo, respecto a las deducciones autonómicas, Por arrendamiento o pago por la cesión en uso de la vivienda habitual, sobre las cantidades satisfechas en el periodo impositivo, siempre

---

227 Corrección de errores de la Ley 3/2023, de 2 de mayo, de viviendas colaborativas de la Comunitat Valenciana (DOGV núm. 9594, de 12 de mayo de 2023).

228 En el Anteproyecto se incluía respecto a los incentivos fiscales un apartado al artículo 14 bis de la Ley 13/1997, de 23 de diciembre, de la Generalitat Valenciana, por la que se regula el tramo autonómico del Impuesto sobre la Renta de las Personas Físicas y restantes tributos cedidos de la Comunidad Valenciana
«Quinto:- Se establece una bonificación del 75% de la cuota en la modalidad de Actos Jurídicos Documentados a las escrituras públicas de declaración de obra nueva de edificios o conjuntos residenciales destinados a viviendas colaborativas en régimen de cesión de uso».

que figure de manera separada en el recibo que se le emita por la entidad titular la parte que se corresponda con este concepto

El apartado 2 del artículo 4 con la nueva redacción establece que, Que, durante al menos la mitad del periodo impositivo, ni el contribuyente ni ninguno de los miembros de su unidad familiar sean titulares, de manera individual o conjuntamente, de la totalidad del pleno dominio o de un derecho real de uso o disfrute constituido sobre otra vivienda distante a menos de cincuenta kilómetros de la vivienda arrendada, salvo que exista una resolución administrativa o judicial que les impida su uso como residencia. No se computará como otra vivienda la que su titular ceda a la Entidad Valenciana de Vivienda y Suelo para la cesión en alquiler social cuando la persona cedente sea mayor de 65

años y pase a ser usuaria de una vivienda colaborativa, de interés social, en régimen de cesión de uso.

3.5.1.6. Concepto de función social en la declaración de cooperativas de utilidad pública

Las cooperativas de utilidad pública, de conformidad con lo indicado en el Decreto Legislativo 2/2015, modificado por Decreto-Ley 4/2023, se consideran como tales las que han sido, según el artículo 115 declaradas de utilidad pública. Se reconocen como entidades de dicho carácter las cooperativas que contribuyan a la promoción del interés de la Comunitat Valenciana mediante el desarrollo de sus funciones.

Estas cooperativas que hayan obtenido la declaración de utilidad pública tendrán los derechos que les reconoce el citado artículo 115 del Decreto Legislativo 2/2015, y que son los siguientes:

a) Utilizar la mención de «declarada de utilidad pública» en los documentos después del nombre de la entidad.

b) Ser oídas, a través de las federaciones o confederaciones, en la elaboración de disposiciones generales relacionadas directamente con las materias de su actividad y en la elaboración de programas de transcendencia para las mismas.

c) Beneficiarse de las exenciones, bonificaciones, subvenciones y demás beneficios de carácter económico, fiscal y administrativo que pueda establecer la Generalitat Valenciana, sin perjuicio de las que también les pueda corresponder que otorguen otras Administraciones públicas.

Para el reconocimiento de su utilidad pública, la cooperativa deberá haberse constituido y estar inscrita en el Registro de Cooperativas, en funcionamiento y dando cumplimiento efectivo a sus fines estatutarios de forma ininterrumpida durante al menos los dos años inmediatamente anteriores a la fecha de la solicitud. Junto a ello, deberá carecer de ánimo de lucro, según establece el artículo 114 del Decreto Legislativo 2/2015 respecto de las cooperativas no lucrativas, y que hemos mencionado anteriormente.

La disposición final cuarta de la Ley 3/2023 establece respecto al concepto de función social en la declaración de cooperativas de utilidad pública, que se considerará como función social la promoción, construcción, rehabilitación de edificios y conjuntos residenciales para su adaptación a vivienda colaborativa y gestión de viviendas colaborativas en régimen de cesión de uso sin ánimo de lucro. En todo caso, la cooperativa deberá ostentar la titularidad, bien en propiedad o bien como poseedora, del edificio o conjunto residencial donde se ubiquen viviendas colaborativas que serán disfrutadas en régimen de cesión de uso por las personas socias de dicha sociedad.

3.5.2. El Decreto 68/2023, de 12 de mayo, del Consell, por el que se aprueba el Reglamento de vivienda de protección pública y régimen jurídico de patrimonio público de vivienda y suelo de la Generalitat. Su aplicación a la vivienda colaborativa

El Decreto 68/2023, de 12 de mayo, del Consell, por el que se aprueba el Reglamento de vivienda de protección pública y régimen jurídico de patrimonio público de vivienda y suelo de la Generalitat[229], en su artículo 2, relativo a las definiciones y características de las viviendas de protección pública. En el caso de la vivienda colaborativa, la superficie útil máxima de la vivienda de protección pública será de 90 metros cuadrados, incluyendo en este caso la participación correspondiente a la superficie útil de los espacios compartidos en el edificio complementarios a los espacios privativos. Además, se podrá incorporar en su caso, una superficie útil máxima adicional de 10 metros cuadrados por vivienda o vivienda colaborativa para el local de uso colectivo, 8 metros cuadrados para trasteros anejos, y otros 25 metros cuadrados destinados a una plaza de garaje o a los anejos destinados a almacenamiento de útiles necesarios para el desarrollo de actividades productivas en el medio rural.

De forma excepcional la superficie útil máxima de la vivienda podrá ser de 120 metros cuadrados útiles, cuando se pueda justificar que la mayor superficie responde a la necesidad de cumplir los 10 metros cuadrados por persona dentro de la misma unidad de convivencia.

Se indica que en el caso de las viviendas colaborativas se regirán por lo indicado en el la Ley 3/2023.

El artículo 6 del Decreto 68/2023 se destina a establecer el ámbito de la protección. Esta protección se extenderá a otros elementos que no sean propiamente la vivienda, pero que pertenezcan al mismo edificio, como los garajes, anejos, trasteros y locales. En los edificios o conjuntos residenciales de viviendas colaborativas o coviviendas la protección alcanzará a los espacios de uso y disfrute compartidos.

En el caso de los edificios o conjuntos residenciales de vivienda colaborativa o covivienda en régimen de cesión de uso no será necesaria la constitución del régimen de propiedad horizontal.

---

229 DOGV núm. 9596, de 16 de mayo de 2023.

Las limitaciones a la facultad de disponer derivadas del régimen de protección se indican en el artículo 9 del Decreto 69/2023. Las viviendas de protección pública están sometidas al precio máximo de venta, renta o cesión de uso y superficie útil máxima que fije la Generalitat. Esta vivienda debe ser destinada a domicilio habitual y permanente de la persona propietaria o inquilina. En el caso de ser receptora de ayudas públicas, durante el plazo y condiciones que establezca la regulación de la ayuda, no podrá ser objeto la vivienda de cesión inter vivos, por ningún título.

Estas limitaciones constarán en la escritura de compraventa, adjudicación o declaración de obra nueva en el supuesto de promoción en alquiler, y en la escritura de formalización del préstamo hipotecario, a los efectos de su inscripción en el Registro de la Propiedad, donde se especificará expresamente la prohibición de disponer por medio de nota marginal.

En el caso de tratarse de viviendas ubicadas en edificios o conjuntos residenciales de viviendas colaborativas el régimen de transmisión se sujetará a la Ley 3/2023.

El artículo 10 del Decreto 68/2023 contempla la entrega y ocupación y el destino. Indica que no perderá el carácter de residencia habitual y permanente por el hecho de que la persona titular o usuaria, su cónyuge, y las y los parientes de uno u otro hasta el tercer grado, que con cualquiera de ellos conviva, ejerza en la vivienda o en sus dependencias una profesión o pequeña industria doméstica, aunque sea objeto de tributación, siempre que en el ejercicio de dicha actividad se cumpla con normativa aplicable, y además, se cumpla con lo que indican los Estatutos de la Comunidad de propietarios y propietarias y con la autorización o consentimiento expreso de la persona propietaria arrendadora en el supuesto de que la vivienda esté arrendada, o con lo establecido en los contratos de cesión de uso y los estatutos de la cooperativa o asociación propietaria de las viviendas colaborativas de protección pública, según corresponda.

El artículo 14 del Decreto 68/2023 referente al procedimiento de visado de contratos establece que los contratos de transmisión inter vivos del derecho de propiedad o del derecho de uso de las viviendas colaborativas, tanto en primera como en segunda o sucesivas transmisiones, o que constituya o transmita cualquier otro derecho real sobre las viviendas, a excepción del derecho de hipoteca, se presentarán en los servicios territoriales competentes en materia de vivienda en el plazo de seis meses a partir de su otorgamiento.

La reserva de viviendas de promoción privada de protección pública por parte de la Generalitat para su adquisición se contempla en el artículo 31 del Decreto 68/2023. Con la finalidad de dar cumplimiento a las necesidades de carácter social, la Generalitat ostentará el derecho a pronunciarse sobre la reserva para la adquisición de un porcentaje o la totalidad de viviendas de las promociones privadas de protección pública que vayan a someterse a régimen de venta, quedando excluidas las que se promuevan en régimen de utilización propia o autopromoción, así como aquellas viviendas colaborativas que se promuevan por cooperativas.

La concesión de la calificación provisional se regula en el artículo 32 del Decreto 68/2023. La resolución de concesión de calificación provisional contendrá, como mínimo, los siguientes datos:

a) El régimen legal de viviendas de protección pública de nueva construcción y la signatura del expediente, modalidad de promoción, identificación del promotor o la promotora y emplazamiento de las viviendas.

b) Régimen de uso.

c) Plazo de ejecución de las obras.

d) Número de viviendas, superficies útiles por cada tipo y precios máximos aplicables.

e) Número y superficie de locales comerciales objeto de protección.

f) Garajes vinculados o no vinculados a las viviendas, y precios máximos.

g) Trasteros, vinculados o no a las viviendas, y precios máximos.

h) Anejos vinculados a las viviendas y precios máximos.

i) Condiciones que pueden establecer los Programas de Vivienda de Protección Pública.

j) Tipo de promoción, en el caso de promociones especiales, conforme a este Reglamento.

k) Los datos registrales del solar, o del derecho que faculte para construir, especificando lo necesario para la indubitada identificación (Registro de la Propiedad -Sección, Tomo, Libro, Folio, Número de finca, Número de inscripción-, referencia catastral del mismo y denominación, en su caso).

l) Reserva urbanística del suelo en su caso.

m) Referencia al periodo de protección permanente de las viviendas..

n) Mediante diligencia se consignarán, en su caso, las especificaciones determinadas en este Reglamento.

o) Número y superficie de los locales de uso común en viviendas colaborativas.

El artículo 37 del Decreto 68/2023 respecto a la concesión de la calificación definitiva establece que el Servicio Territorial competente en materia de vivienda, una vez subsanadas las deficiencias y completada correctamente la documentación, y teniendo en cuenta los informes citados, procederá a expedir la cédula de calificación definitiva, que será notificada a todas las personas interesadas, incluidas las adquirentes o cesionarias, en modelo normalizado que contendrá los siguientes datos:

a) El régimen legal de viviendas de protección pública de nueva construcción y la signatura del expediente, modalidad de promoción, identificación del promotor o promotora, y del constructor o constructora y emplazamiento de las viviendas.

b) Régimen de uso.

c) Referencia expresa al periodo de duración permanente del régimen de protección.

d) Número de viviendas, superficies útiles por cada tipo y precios máximos aplicables.

e) Número y superficie de locales comerciales objeto de protección.

f) Garajes vinculados o no vinculados a las viviendas, y precios máximos.

g) Trasteros, vinculados o no a las viviendas, y precios máximos.

h) Condiciones que pueden establecer los Programas de Vivienda de Protección Pública.

i) Tipo de promoción, en el supuesto de promociones especiales conforme a este Reglamento.

j) Los datos registrales del edificio en construcción, especificando lo necesario para su indubitada identificación (Registro de la Propiedad -Sección, Tomo, Libro, Folio, Número de finca, Número de inscripción-, referencia catastral de la parcela y denominación, en su caso).

k) Reserva urbanística del suelo en su caso.

l) En los supuestos de edificios o conjuntos residenciales de coviviendas o viviendas colaborativas, el número y superficie de espacios y elementos de uso y disfrute común.

m) Mediante diligencias se consignarán, en su caso, las especificaciones determinadas en este Reglamento.

El artículo 44 del Decreto 68/2023 contempla las cooperativas de viviendas y comunidades de propietarios y propietarias.

Las promociones de viviendas de protección pública efectuadas por cooperativas de viviendas, incluidas las cooperativas de vivienda colaborativas en régimen de cesión de uso, y por comunidades de propietarios y propietarias habrán de tener en cuenta los requisitos establecidos por el Real Decreto 2028/1995, de 22 de diciembre, por el que se establece las condiciones de acceso a la financiación cualificada estatal de viviendas de protección oficial promovidas por cooperativas de viviendas y comunidades de propietarios al amparo de los planes estatales de vivienda[230], así como lo indicado en la Ley 3/2023, o normativas que las sustituyan.

Las cooperativas de viviendas habrán de observar su legislación específica estatal y autonómica. Las cooperativas operadas mediante gestoras se asimilarán, a los efectos de la tramitación del expediente de promoción de viviendas de protección pública, a las sociedades mercantiles, en todo lo previsto en el Real Decreto 2028/1995.

Para las cooperativas no operadas por gestoras, se tendrán en cuenta lo indicado en el Real Decreto 2028/1995. No obstante, se admitirán las siguientes especialidades:

1. La solicitud de calificación provisional irá acompañada de la relación identificativa de las personas interesadas y, en su caso, de las personas que integran la comunidad de propietarios y propietarias o socios y socias, o, al menos, del 80 por 100 de los mismos, con indicación de sus circunstancias personales y su Número de Identificación Fiscal, debiendo cumplir todas ellas los requisitos para poder inscribirse en el Registro de demanda.
2. Estos tipos de promociones no quedan exentos de las reservas de viviendas adaptadas para personas con discapacidad.
3. Para solicitar la calificación provisional será requisito imprescindible acreditar la titularidad del suelo por parte de la cooperativa, además de los generales exigidos por este Reglamento.

---

230 BOE núm. 14, de 16 de enero de 1996.

4. La calificación provisional, una vez otorgada, determinará el régimen de uso propio para las viviendas a su amparo.

3.5.3. El Decreto 80/2023, de 26 de mayo, del Consell, por el que se aprueban las normas de diseño y calidad en edificios de vivienda

El Decreto 80/2023, de 26 de mayo, del Consell, por el que se aprueban las normas de diseño y calidad en edificios de vivienda[231] complementa la normativa anterior referente a la regulación de la vivienda colaborativa, ya que menciona aspectos aplicables a la misma. De hecho, el propio Preámbulo del Decreto 80/2023 menciona que asume el mismo como principios inspiradores los regulados en el artículo 9 de la Ley 3/2023 y que se han indicado en un punto anterior del presente estudio.

También hace referencia al principio de necesidad para la armonización estatal y autonómico, y al principio de eficacia, entre cuyos objetivos se encuentra el fomento de la rehabilitación del parque edificado residencial, con la revisión de los criterios de las intervenciones en edificios existentes y previsión de las exigencias básicas que satisfagan los requisitos de edificación para el uso residencial vivienda con arreglo a unas condiciones de diseño y calidad que aseguren el cumplimiento de las mismas. Del mismo modo, este Decreto 80/2023 da respuesta a las nuevas necesidades y formas de vida de las personas, con la regulación de la vivienda colaborativa y la posibilidad de adoptar soluciones alternativas y edificios experimentales, entre otros.

Según el artículo 2 del Decreto 80/2023, el ámbito de aplicación se extiende a los edificios de vivienda colaborativa regulados en la Ley 3/2023, en estos se aplicará lo que se regula en el mismo para vivienda, con las particularidades que se recogen para este tipo residencial en los artículos 9, 12, 45 y 60.

---

[231] DOGV núm. 9609, de 2 de junio de 2023.

El artículo 9 regula los espacios básicos de la vivienda, que se consideran como tales los que contienen los usos que indica el artículo 8 (relación y ocio; ingestión de alimentos; preparación de alimentos; limpieza de las cosas; descanso; higiene personal; formación y trabajo; relación con el exterior). Según su compartimentación, se podrán comprender con recintos o zonas de la vivienda.

En los planos de los proyectos de edificación de nueva construcción o de intervenciones en edificios existentes se tendrá que hacer constar, para cada vivienda o vivienda colaborativa, la superficie útil, uso y número de todos los espacios básicos que contiene. En edificios de vivienda colaborativa, además, se tendrá que hacer constar esta misma información para los espacios básicos para el uso común que complementen a las unidades privativas.

Toda vivienda deberá disponer, como mínimo, de los siguientes espacios básicos: estar, comedor, cocina, lavadero, tendedero, dormitorio, baño y, en su caso, aseo. En los casos en que nos encontramos ante una vivienda colaborativa, el Decreto 80/2023 se remite a lo indicado en la Ley 3/2023.

En el artículo 12 referente a los espacios básicos del edificio se refiere a los espacios para el uso común en edificios de vivienda colaborativa, y que de conformidad con lo indicado en el la Ley 3/2023, estos espacios desarrollarán los usos básicos correspondientes.

El artículo 45 del Decreto 80/2023 se centra en los espacios para el uso común en edificios de vivienda colaborativa. En este caso, parte de los usos básicos de las viviendas se podrán desarrollar en espacios para el uso común del edificio, de forma complementaria a la parte privativa. El tipo de espacios para el uso común que deben disponerse están en función de aquellas que se incluyan en las viviendas colaborativas según lo indicado en el artículo 60. Estos espacios cumplirán con las condiciones que establece la Ley 3/2023 , y además cumplirán las siguientes:

a) Tendrán acceso desde las zonas comunes de circulación del edificio.

b) La altura libre mínima será de 2,50 metros, admitiéndose descuelgues de altura libre mínima 2,20 metros debido a elementos estructurales, paso de instalaciones o similares, con ocupación en planta de cada recinto de hasta el 10% de su superficie útil.

c) Cumplirán las condiciones establecidas en el Código Técnico de la Edificación para recintos habitables y las de iluminación y ventilación natural que dispone esta norma para estos espacios básicos en la vivienda.

d) Se fomentará la comunicación visual de estos espacios con las zonas comunes del edificio mediante participaciones transparentes.

e) Dispondrán de las instalaciones que resulten de aplicación según la reglamentación sectorial vigente en función del uso al que se destine.

f) Los espacios para el uso común de estar, comedor y trabajo contarán con al menos un aseo situado en la misma planta, pudiendo servir a diferentes espacios compartidos.

g) Los edificios que cuenten con espacios para el uso común de estar, comedor o trabajo se podrán eximir, en su caso, de disponer de local de uso colectivo, siempre que la superficie útil resultante sea al menos la exigida por aplicación del artículo 41.1.

h) La superficie mínima de cada espacio se calculará en función del número de ocupantes del conjunto de las viviendas colaborativas para las que se destinan (N), conforme se establece en la columna correspondiente de la Tabla 3 del Decreto 80/2023. La superficie resultante se podrá disponer en un único recinto, o bien en la suma de varios recintos con superficie mayor o igual a la determinada para N ≤ 10 en la tabla, con la dotación de equipamiento correspondiente.

En el caso de las cocinas compartidas tendrán la superficie mínima establecida en la Tabla 3 del Decreto 80/2023 y, al menos, el espacio para alojar el siguiente equipamiento para un máximo de 10 ocupantes. Esta dotación se incrementará en 1 unidad de cada uno de los aparatos previstos y 3,00 metros de bancada por cada 15 ocupantes adicionales o fracción.

a) Un fregadero con suministro de agua fría y caliente, y evacuación con cierre hidráulico.

b) Un lavavajillas con toma de agua fría y caliente, desagüe y conexión eléctrica.

c) Una placa de cocina con sistema de extracción de humos, horno y un frigorífico, todos ellos con conexión eléctrica.

d) Bancada, incluido el fregadero y la placa de cocina, de desarrollo mínimo igual a 3,00 metros, medida en el borde que limita con la zona de uso.

Los lavaderos comunitarios tendrán la superficie mínima que establece la Tabla 3 del Decreto 80/2023 y, al menos, el espacio para alojar el siguiente equipamiento: dos lavadoras, una secadora y una pila de lavar.

En el caso de que el uso del lavadero esté previsto para más de 10 ocupantes, se incrementará el equipamiento en la siguiente proporción:

1º. Lavadoras: en 1 unidad por cada 10 ocupantes adicionales o fracción.

2º. Secadoras y pilas de lavar: en 1 unidad por cada 20 ocupantes adicionales o fracción. Podrá reducirse el número de secadoras a la mitad si al menos el 50% del área destinada a tendedero está protegida de la lluvia.

Además, el lavadero se distribuirá de acuerdo con los aparatos que contenga considerando el área adscrita a cada aparato, así como la zona de uso de este, según lo indicado en la Tabla 4 del Decreto 80/2023. Las zonas de uso podrán superponerse.

El artículo 60 establece respecto a la vivienda colaborativa que estará compuesta, como mínimo, de los espacios que indica la Ley 3/2023.

Estos espacios cumplirán las condiciones que se establecen para la vivienda de nueva construcción con las particularidades que se indican a continuación:

a) Se permite la vivienda colaborativa destinada a una persona, cuyo espacio para descanso cumplirá al menos las condiciones de dormitorio sencillo.

b) Las superficies mínimas de los espacios de estar y comedor se podrán acoger a lo indicado en la Tabla 12 del Decreto 80/2023 cuando los usos de relación y ocio e ingestión de alimentos se desarrollen complementariamente en espacios para el uso común ubicados en zonas comunes del edificio. En este sentido, también se podrán reducir las dimensiones de sus figuras para mobiliario establecidas en la Tabla 8 del Decreto 80/2023 en un 20%, con la condición de que el lado menor del correspondiente recinto tenga una dimensión mínima de 2,50 metros.

c) La superficie mínima de la cocina en la vivienda colaborativa podrá reducirse de conformidad con lo indicado en la Tabla 12 del Decreto 80/2023 si se dispone de una cocina comunitaria. En este caso, contará con el siguiente equipamiento mínimo:

1º. Espacio para fregadero con suministro de agua fría y caliente, y evacuación con cierre hidráulico.

2º. Espacio para placa de cocina con conducto para extracción de humos, horno y frigorífico, todos ellos con conexión eléctrica.

d) El lavado y secado de ropa se podrá desarrollar en la vivienda o en espacios para el uso común, según lo indicado en el artículo 45 del Decreto 80/2023.

En el caso de recintos cuya combinación de espacios no esté incluida en la Tabla 12 del Decreto 80/2023, la superficie mínima se corresponderá con la suma de las superficies mínimas establecidas para dichos espacios.

La superficie útil interior mínima de las viviendas colaborativas será de 23 metros cuadrados.

Conclusiones

La vivienda colaborativa tiene que evitar convertirse en un gueto y tiene que ser integrada en la sociedad para cumplir una función de acceso a la vivienda.

La idea de envejecimiento activo y sostenibilidad se predica de las iniciativas legislativas para dar cuerpo normativo a esta modalidad habitacional.

El *cohousing senior* se ha visto como una alternativa para un envejecimiento activo en un entorno amable, similar a la vivienda habitual, y muy diferente en concepto con las residencias de la tercera edad. Sin embargo, hay que tener en cuenta que hay en esta consideración un error de concepto. El *cohousing* es mucho más que una nueva forma de habitar, es un modo de vida en sintonía con un estilo de vida de cooperación y respeto medio ambiental, no es una alternativa a la residencia, ya que muchas personas no se van a poder acoplar a la forma de vida que predica el *cohousing*.

Los incentivos y ayudas públicas para poder implementar el *cohousing* lo van a hacer más accesible a las personas con menos recursos, y así pueda acceder a esta forma de alojamiento. Pero también hay que tener en cuenta el espíritu del *cohousing* por lo que va dirigido específicamente a un perfil concreto de personas, con un nivel medio que puedan adaptarse a convivir de esa forma.

El riesgo del *cohousing* entendido como un sucedáneo de las residencias es muy alto, ya que incurre en alejarse del propio concepto de *cohousing*. Si bien es cierto que en el *cohousing* dispondrá de una diversificación de los servicios de atención y cuidado que puede ser ejercido por los propios habitantes; también puede derivarse en un espacio con recursos sanitarios similares a las residencias de mayores, y ello desvirtualizará el propio concepto. No hay que olvidar que esta forma de habitar se creó para compartir un espacio en los que los habitantes dispusieran de un espacio privativo y espacios comunes para compartir mediante la adopción de forma cooperativa. No para ser considerados espacios medicalizados y de atención permanente, a semejanza de un hospital o residencia de ancianos.

Desde luego estamos ante un cambio de paradigma para el cuidado de las personas cuyas alternativas es el cuidador en casa o la residencia, con el impacto emocional que conlleva para las personas que pierden su espacios habitual, y que en el caso del cuidador particular también se produce un aislamiento de la persona de avanzada edad. El *cohousing* puede concebirse como una alternativa, pero siempre que se participe de sus propios principios, que es la ayuda colaborativa y el respeto al medio natural.

Uno de los principales problemas a los que se enfrenta el *cohousing senior* es la situación de dependencia de las personas que habiten en el espacio, ya que necesitarán, cada vez más, una atención y tendrán dificultades para prestar esa colaboración en las actividades comunes y realizar actividades junto con las demás personas. Es por ello, que si las personas inicialmente no tienen esa situación de dependencia y luego sí que necesitan esa atención, se introducen los servicios asistenciales y médicos, acercándose a los complejos residenciales con servicios asistenciales. Esta situación se podría contemplar al inicio de la constitución de la cooperativa por parte de los socios y bien sufragarse a nivel privado o bien a través de la propia comunidad.

Esta situación es la que intenta poder solucionar la legislación que ha regulado la vivienda colaborativa, además genera la existencia de distintos tipos de *cohousing senior* y no solamente un único tipo. La desvirtuación del concepto de *cohousing* en pro de una residencia cooperativa, disponiendo de una regulación específica y diferente a las de las residencias puede ocasionar problemas de aplicación, además de crear conflictos en relación a las ayudas públicas a obtener. Es preciso delimitar de forma muy clara el tipo de habitar que se quiere implementar, con los requisitos específicos y con la finalidad al que sea destinado.

La compatibilidad de vivienda con servicios sociales es un cambio importante en el modelo *cohousing senior* ya que en una primera etapa funcionará como vivienda para compartir espacios y propiciar el envejecimiento activo, y luego ser una vivienda siguiendo el modelo cooperativo para disponer de servicios de asistencia a personas con dependencia. Se convierte en realidad en todo un reto y un desafío en el que se tiene que tener en cuenta a todos los perfiles de población, y lograr una armonización de los servicios para evitar situaciones de discriminación, como sería personas que solamente pudieran acceder a las residencias de la tercera edad y personas que pudieran acceder de las viviendas en el modelo *cohousing senior.*

Parece orientarse el modelo en el futuro con distintas versiones de una misma forma de habitar, pero en realidad alterándose el concepto inicial. El *cohousing senior* inicial en el que las personas sigan el modelo en su origen de compartir espacios comunes y disfrutar de espacios privativos, y los modelos orientados a introducir servicios de atención, similares a las residencias de personas de la tercera edad en sistema de cooperativas en el que se incluirán servicios de los sistemas SAAD, y se orientarán a la atención personalizada de la persona de edad avanzada, con dependencia.

La reciente regulación de la vivienda colaborativa en la Comunitat Valenciana por la Ley 3/2023, de 13 de abril, de la Generalitat, se erige en una norma pionera para dar cabida a esta forma de habitar. Las razones de elaboración de la norma ponen el énfasis en las distintas situaciones que se van venido sufriendo a partir de la crisis económica del año 2008, después la pandemia por la COVID-19, en la que se vivió de forma acuciante la soledad de muchas personas, y la falta de ayuda para poder sobrevivir, junto con la situación actual de guerra europea, además del aislamiento social, la brecha digital de las personas mayores. Es por ello que el modelo de vivienda colaborativa puede subsanar muchos de estos problemas de nuestro siglo actual. Se basa en un modelo más inclusivo y sostenible, facilitando la convivencia y la ayuda mutua entre las personas, y es una solución para el envejecimiento activo y para que las personas mayores tengan una opción de acompañamiento y un entorno adecuado.

Otros aspectos que también se señalan como detonantes para la elección de la vivienda colaborativa son la subida de los préstamos hipotecarios, y la situación de casas sin gente y gente sin casa que muestran un panorama de difícil acceso a la vivienda. La necesidad de resurgir de la ayuda del ser humano como bastión y necesidad para una mejora de la calidad de vida es el fundamento mismo de esta modalidad de habitar.

Esta ley autonómica tiene unos objetivos sociales y constitucionales en sintonía con el derecho a una vivienda asequible, digna y adecuada, eliminando la especulación, aspecto que se logra con la vivienda colaborativa, mediante el acceso a la misma mediante el pago de una cuota, priorizar una vivienda sostenible en el que prime el ahorro energético y las energías renovables, y la utilización de espacios privados y comunes como modo de vida basada en la solidaridad y tolerancia.

El objetivo de esta norma que abre paso a la regulación de la vivienda colaborativa es hacer efectivo el derecho a una vivienda asequible, digna y adecuada, y que se podrá desarrollar mediante formas jurídicas que no tienen finalidad especulativa, siendo una de ellas las sociedades cooperativas que tienen como fin la satisfacción de las necesidades de los sujetos, así como las asociaciones, dado que son entidades no lucrativas según su propia regulación.

La regulación autonómica valenciana distingue entre el régimen de las viviendas colaborativas y el régimen de las denominadas de interés social.

Se normaliza y fomenta este modo habitacional alternativo a la vivienda tradicional y se acerca al objetivo constitucional, por lo que esta norma autonómica define con carácter de mínimos los conceptos y dota de seguridad jurídica a las actuaciones que promuevan la finalidad habitacional que se conoce como vivienda colaborativa, *cohousing* o convivienda.

Se regulan las condiciones mínimas para la construcción de los edificios y conjuntos residenciales, delimitando los espacios privados y los de uso compartido, para lograr la inclusión, la sostenibilidad, la interdependencia personal, el acceso a prestaciones asistenciales, el disfrute del ocio y la toma de decisiones. Se fomenta este modelo de covivienda de propiedad o posesión compartida, con posesión en régimen de cesión de uso, evitando la especulación. Se establece como requisito que la persona titular de la edificación, ya sea en régimen de propiedad o por cualquier otro título jurídica, deba adoptar la forma jurídica de cooperativa o asociación, para lograr la función social de este tipo de viviendas. Se establece un régimen estatutario de los titulares de viviendas colaborativas, tanto de quien tiene la titularidad del edificio, como de las personas que tienen el uso.

Bibliografía

AA.VV.: *Soluciones habitacionales para el envejecimiento activo: viviendas colaborativas o cohousing: respondiendo a los cambios demográficos desde la innovación social,* ALARCÓN, D., LÓPEZ DE LA CRUZ, L. y SÁNCHEZ MEDINA, J. A. (coord.), Tirant lo Blanch, Valencia, 2017.

ABELLO ALDANA, V. y KUEHLER, M.: «Los inquilinatos en Bogotá: desde la problemática socioespacial hasta una propuesta arquitectónica», *Dearq,* núm. 31, 2021, págs. 60-73. Disponible en: https://revistas.uniandes.edu.co/index.php/dearq/article/view/3427/2424 (Consultado el 28 de marzo de 2023).

AIZPURÚA MARTÍN, E.: «Estudio piloto sobre las viviendas colaborativas o "cohousing", una posible alternativa de futuro en el ámbito de la gerontología», *Investigaciones en gerontología social,* BARRERA ALGARÍN, E. y SARASOLA, J. L. (coord.), Dykinson, Madrid, 2022, págs. 279-288.

ALBORCH DE LA FUENTE, J. A.: «Cohousing», *Boletín. Servicio de Estudios Registrales de Catalunya,* núm. 217, 2022, págs. 251-262.

ALBORS SOROLLA, M. A.: *Estudio del modelo Andel de cooperativas de viviendas en cesión de uso y su posibilidad de introducción en España,* Universitat Politècnica de València, Valencia, 2011. Disponible en: https://riunet.upv.es/bitstream/handle/10251/15154/Tesis%20Master_%20Albors%20Sorolla%2c%20M.A._2011.pdf?sequence=1&isAllowed=y (Consultado el 24 de marzo de 2023).

ALGUACIL MARÍ, Mª. P.: «Cuestiones tributarias del Cohousing a través de cooperativas residenciales», *Aspectos financieros y tributarios del patrimonio inmobiliario,* PATÓN GARCÍA, G. (coord.), Wolters Kluwer, Madrid, 2018, págs. 723-748.

ALGUACIL MARÍ, Mª. P., SAJARDO MORENO, A., ALEGRE NUENO, M., GRAU LÓPEZ, C. R. y MERINO GARRIDO, F.: *Viviendas colaborativas: estado actual en la Comunidad Valenciana,* Generalitat Valenciana, Valencia, 2021. Disponible en: https://fecovi.es/documentacion/publicaciones/9-Libro-Viviendas-Colaborativas-estado-actual-CV.pdf (Consultado el 25 de marzo de 2023).

ALGUACIL MARÍ, Mª. P., BONET SÁNCHEZ, Mª. P. y GRAU LÓPEZ, C. R.: *Guía jurídica y fiscal del cohousing cooperativo en la Comunidad Valenciana,* Generalitat Valenciana, Valencia, 2021. Disponible en: https://www.

uv.es/aulaempresoc/publicaciones/2020-guia-juridica-cohousing.pdf (Consultado el 25 de marzo de 2023).

ALONSO, I.: «El cohousing y la cultura regenerativa "triple balance"», *Eco-habitar: bioconstrucción, consumo ético, permacultura y vida sostenible,* núm. 69, 2021, págs. 33-36.

ALLEGUE REQUEIJO, B.: *Las cooperativas de viviendas: adaptación de su objeto social hacia las nuevas necesidades del siglo XXI,* Centro Internacional de Investigación e Información sobre la Economía Pública, Social y Cooperativa, CIRIEC-España, Madrid, 2011.

ARGELICH COMELLES, C.: «Gobernanza de las plataformas en línea ante la DSA y las Propuestas de Reglamento de Mercados Digitales e Inteligencia Artificial (DMA y AIA)», *Anuario de Derecho civil,* vol. 75, núm. 2, 2022, pág. 501-530. Disponible en: https://revistas.mjusticia.gob.es/index.php/ADC/article/view/9588/9150 (Consultado el 25 de marzo de 2023).

AYLLÓN GARCÍA, J. D.: «Familias múltiples, cohousing y su régimen jurídico», *Congreso Internacional de Derecho Civil Octavo Centenario de la Universidad de Salamanca: libro de ponencias. Salamanca, 24, 25 y 26 de octubre de 2018,* LLAMAS POMBO, E. (coord.), Tirant lo Blanch, Valencia, 2018, págs. 863-867.

AYUSO RUIZ-TOLEDO, M.: «El urbanismo después de la pandemia del COVID-19», *Revista de Derecho Urbanístico y Medio Ambiente,* núm. 337-338, 2020, págs. 23-39.

BANDINI, G.: «"Make love, not war". Communitarian life experiences as laboratories of peace education in Italy», *Aula: Revista de Pedagogía de la Universidad de Salamanca,* núm. 22, 2016, págs. 175-188. Disponible en: https://revistas.usal.es/tres/index.php/0214-3402/article/view/aula201622175188/17876 (Consultado el 30 de marzo de 2023).

BASTANTE SICILIA, A.: *Del envejecimiento activo a la dependencia: factores que pudieran influir en la actitud de las personas para afrontar su propio envejecimiento,* Universidad Autónoma de Madrid, Madrid, 2018. Disponible en: https://repositorio.uam.es/handle/10486/685402 (Consultado el 29 de marzo de 2023).

BIANCHI, F.: «Verso un nuevo spazio abitativo? Un´indagine sulle rappresentazioni social del cohousing», *Studi di sociología,* núm. 3, 2015, págs. 237-254.

BIDAURRAZAGA VAN DIERDONCK, A.: «Cohousing: elkarbizitzarako veste eredu bat», *Aldiri: arkitektura eta abar,* núm. 19, 2014, págs. 5-7.

BLANCO GONZÁLEZ, A.: «Cohousing y Coliving. Nuevos modelos residenciales en el avance de la modificación de las normas urbanísticas del Plan General de Ordenación de Madrid», *Anuario Jurídico Secciones del ICAM 2022*, RIBÓN SEISDEDOS, E. y ALONSO HERRANZ, Y. (coord.), Sepín, Madrid, 2022, págs. 377-390.

BERROCAL LANZAROT, A. I.: «La atribución del uso de la vivienda perteneciente a un tercero: precario o comodato», *Revista Crítica de Derecho Inmobiliario*, núm. 790, 2022, págs. 1082-1153.

BODOQUE PUERTA, Y. y OFFENHENDEN, M.: «¿Hacia modelos de cuidado más justos?: Un análisis de las narrativas entorno al derecho a la autogestión de la vejez en viviendas colaborativas», *Éticas y Políticas de las Antropologías. Resúmenes y ponencias XV Congreso Antropología ASAEE: 1, 2 y 3 de febrero de 2021*, PAZOS, A. (coord.), Última Línea, Málaga, 2021, pág. 321. Disponible en: https://asaee-antropologia.org/wp-content/uploads/2021/07/Actas-Congreso-Antropologia-ASAEE-2021.pdf (Consultado el 24 de abril de 2023).

BONET SÁNCHEZ, Mª. P.: «Senior Cohousing: Tratamiento del IVA», *Mayores y vivienda. Innovaciones sociales desde el Derecho financiero y tributario: Proyecto I+D+i DER2014-54714-R "Nuevos retos de lo gerontoinmigración: Innovación social en perspectiva jurídica"*, SOTO MOYA, Mª. del M. (coord.), y GARCÍA CALVENTE, Y. (dir.), Tirant lo Blanch, Valencia, 2019, págs. 257-282.

BREA GONZÁLEZ, U.: «Cohousing: Bizikidetzari esanahi vetea eman nahi dion etxebizitza-eredua», *Administrazioa euskaraz*, núm. 109, 2020, págs. 20-24. Disponible en: https://dialnet.unirioja.es/servlet/articulo?codigo=7523226 (Consultado el 28 de marzo de 2023).

BUENO MALUENDA, C.: «Repensar la política fiscal sobre la rehabilitación de viviendas: propuesta de régimen fiscal para iniciativas "cohousing"», *CIRIEC-España. Revista jurídica de economía social y cooperativa*, núm. 31, 2017, págs. 197-226. Disponible en: http://ciriec-revistajuridica.es/wp-content/uploads/comen31-06.pdf (Consultado el 30 de marzo de 2023).

BURÓN CUADRADO, J. y GONZÁLEZ DE MOLINA, E.: «Colaboración público-comunitaria: una nueva solución para generar más vivienda asequible», *Documentación social*, núm. 7, 2021, págs. 1-10. Disponible en: https://documentacionsocial.es/7/a-fondo/colaboracion-publico-comunitaria-nueva-solucion-generar-vivienda-asequible/?print=pdf (Consultado el 27 de marzo de 2023).

CABALLÉ FABRA, G., GARCÍA TERUEL, R. Mª., LAMBEA LLOP, N., NASARRE AZNAR, S. y SIMÓN ROMERO, H.: *L'Habitatge compartit a Barcelona i la seva adequació als estàndars internacionals*, Ajuntament de Barcelona, 2020. Disponible en: https://www.sindicaturabarcelona.cat/wp-content/uploads/2021/11/Informe_OK_web.pdf (Consultado el 26 de marzo de 2023).

CABALLERO, A.: «Vivienda colaborativa: el nuevo modelo de "vida en comunidad" que quiere fomentar el Gobierno», *RTVE*, 2022. Disponible en: https://www.rtve.es/noticias/20220119/vivienda-colaborativa-vida-comunidad-gobierno/2259260.shtml (Consultado el 11 de abril de 2023).

CABREJAS GUIJARRO, Mª. del M.: «Uso de vivienda: cesión gratuita a hijo y cónyuge», *CEFLegal: Revista práctica de derecho. Comentarios y casos prácticos*, núm. 48, 2005.

CABRERA, M.: «Cooperativas de vivienda: experiencia en Uruguay», *Revista vasca de economía social*, núm. 15, 2018, págs. 259-271. Disponible en: https://ojs.ehu.eus/index.php/gezki/article/view/20524/18495 (Consultado el 27 de marzo de 2023).

CALVO VÉRGEZ, J.: «La obligación de información específica en el ámbito tributario para las llamadas "plataformas colaborativas" que intermedien en la cesión del uso de viviendas con fines turísticos», *Estudios financieros. Revista de contabilidad y tributación: Comentarios, casos prácticos*, núm. 434, 2019, págs. 5-40.

CAMPAÑA BARQUERO, E.: «El papel de las cooperativas de vivienda sin fines de lucro en el desarrollo urbano: El caso de kalkbreite», *Proyecto, Progreso, Arquitectura*, núm. 16, 2017, págs. 62-73. Disponible en: https://revistascientificas.us.es/index.php/ppa/article/view/2979/3011 (Consultado el 27 de marzo de 2023).

CARMONA GONZÁLEZ, N.: «La economía colaborativa a vista de pájaro: panorama socioeconómico del fenómeno colaborativo», *Conflictos y retos jurídicos del alojamiento colaborativo: (a través de plataformas electrónicas)*, GOÑI RODRÍGUEZ DE ALMEIA, M. (dir.), Thomson Reuters Aranzadi, Cizur Menor, 2019, págs. 23-52.

CARRERAS ROIG, L.: «Las cooperativas de viviendas en cesión de uso en España», *La Ordenación tributaria de la vivienda: España, Italia y América Latina*, URQUIZU CAVALLÉ, A. (dir.), Universitat Rovira i Virgili, Thomson Reuters-Civitas, Cizur Menor, 2016, págs. 217-226.

Carta Mundial de Derecho a la Ciudad, de 2004. Disponible en: https://www.right2city.org/wp-content/uploads/2019/09/A1.1_Carta-Mundial-de-Derecho-a-la-Ciudad.pdf (Consultado el 14 de mayo de 2023).

COLÓN MORALES, R.: «La ruta autodestructiva del cooperativismo de vivienda puertorriqueño: el problema de la pérdida de la identidad cooperativa mediante la transformación de valores de uso en valores de cambio», *Boletín de la Asociación Internacional de Derecho Cooperativo*, núm. 52, 2018, págs. 19-46. Disponible en: https://baidc.revistas.deusto.es/article/view/1413/1739 (Consultado el 27 de marzo de 2023).

CRESPO, A.: «Análisis de la nueva declaración informativa sobre la cesión de uso de las viviendas con fines turísticos y sus implicaciones fiscales para los anfitriones», *Inmueble: Revista del sector inmobiliario*, núm. 182, 2018, págs. 5-9.

CRUCES GAITÁN, T. y GÓMEZ PÉREZ, V. J.: «Experiencia del coronavirus en un cohousing de mayores», *Iglesia viva: revista de pensamiento cristiano*, núm. 283, 2020, págs. 105-108.

CUESTA LERÍN, C.: «Beneficios del cohousing», *Escritura pública*, núm. 122, 2020, pág. 51. Disponible en: https://www.notariado.org/portal/documents/176535/0/Consumo+Cohousing+para+mayores1.pdf/1e60bc0c-0d90-dfbb-f7c4-15675cc73bd6?version=1.0&t=1587115349660 (Consultado el 28 de marzo de 2023).

CHATTERTON, P.: «Towards an Agenda for Post-carbon Cities: Lessons from Lilac, the UK´s First Ecological, Affordable Cohousing Community», *International journal of urban and regional research*, vol. 37, núm. 5, 2013, págs. 1654-1674.

DE JORGE HUERTAS, V.: *Esferas, umbrales e infraestructuras*, Universidad de Alcalá, Alcalá de Henares, 2019.

DE JORGE HUERTAS, V.: «Collaborative designing of communities: Helsinke and Zurich Pioneers», *ACE: architecture, city and environment*, núm. 43, 2020, págs. 1-22. Disponible en: https://upcommons.upc.edu/bitstream/handle/2117/192029/9012-9629-1-PB.pdf?sequence=1&isAllowed=y (Consultado el 29 de marzo de 2023).

DE MOLINA BENAVIDES, L. y VALERO RAMOS, E.: «Habitar en la era digital: modelos colaborativos y su respuesta en tiempos de crisis», *Rita: Revista Indexada de Textos Académicos*, núm. 14, 2020, págs. 94-101. Disponible en: http://ojs.redfundamentos.com/index.php/rita/article/view/523/456 (Consultado el 28 de marzo de 2023).

DE MOLINA BENAVIDES, L. y VALERO RAMOS, E.: «La vivienda colaborativa en la era digital como proceso sostenible», *Dearq*, núm. 31, 2021, págs. 21-31. Disponible en: https://revistas.uniandes.edu.co/index.php/dearq/article/view/3424/2415 (Consultado el 28 de marzo de 2023).

DEL VALLE BAUDINO, P.: «El rol de las plataformas digitales intermediarias en la cesión de viviendas para uso turístico en la lucha contra el fraude fiscal», *Fiscalidad del cohousing*, DEL VALLE BAUDINO, P., RIVAS NIE-

TO, E. y VILLCA POZO, M. (coord.), URQUIZO CAVALLÉ, A. (dir.), Aranzadi, Cizur Menor, 2021, págs. 65-88.

DERIU, F. y BUCCO, G.: «Il social "cohousing": una risposta innovativa alle incertezze presenti e future dei giovani in Italia», *Sociologia urbana e rurale*, núm. 100, 2013, págs. 74-91.

DÍAZ-FONCEA, M., MARCUELLO SERVÓS, C. y MONREAL GARRIDO, M.: «Economía social y economía colaborativa: Encaje y potencialidades», *Economía industrial*, núm. 402, 2016, págs. 27-35. Disponible en: https://www.mincotur.gob.es/Publicaciones/Publicacionesperiodicas/EconomiaIndustrial/RevistaEconomiaIndustrial/402/DÍAZ%20FONCEA,%20MARCUELLO%20Y%20MONREAL.pdf (Consultado el 31 de marzo de 2023).

DÍAZ RUBIO, P.: «La cesión de uso de viviendas con fines turísticos: algunos aspectos fiscales», *Journal of Tourism Analysis. Revista de Análisis Turístico*, vol. 27, núm. 2, 2020, págs. 221-235. Disponible en: https://analisis-turistico.aecit.org/index.php/AECIT/article/view/362/239 (Consultado el 24 de marzo de 2023).

DOS SANTOS PIMENTA GARCÍA LOPES, Mª. de F.: «Sociedade civil, cohousing e Serviço social», *Intervenção social*, núm. 55-56, 2020, págs. 151-166. Disponible en: http://revistas.lis.ulusiada.pt/index.php/is/article/view/3051 (Consultado el 29 de marzo de 2023).

DUELO, M.: «Actualización normativa del arrendamiento de vivienda en España: desde la LAU hasta la Ley estatal de Vivienda», *Inmueble: Revista del sector inmobiliario*, núm. 210, 2021, págs. 11-14.

DURRETT, C.: *El manual del senior cohousing: autonomía personal a través de la comunidad*, Dykinson, Madrid, 2015.

ESTEVE I SALA, P.: «La Cesión de Uso: una nueva vía de acceso a la vivienda», *Noticias de la economía pública social y cooperativa*, núm. 53, 2009, págs. 57-58.

ETXEZARRETA ETXARRI, A., CANO FUENTES, G. y MERINO, S.: «Las cooperativas de viviendas de cesión de uso: experiencias emergentes en España», *CIRIEC-España. Revista de economía pública, social y cooperativa*, núm. 92, 2018, págs. 61-86. Disponible en: https://ojs.uv.es/index.php/ciriecespana/article/view/9266/11695 (Consultado el 26 de marzo de 2023).

FERNÁNDEZ LORENZO, P.: *La casa abierta: hacia una vivienda variable y sostenible concebida como si el habitante importara*, Universidad Politécnica de Madrid, Madrid, 2013. Disponible en: https://oa.upm.es/21971/1/PABLO_FERNANDEZ_LORENZO.pdf (Consultado el 31 de marzo de 2023).

FONT GORGORIÓ, P.: «Vivienda colaborativa y tributación indirecta: análisis de los arrendamientos de viviendas de uso turístico», *Fiscalidad del cohousing*, DEL VALLE BAUDINO, P., RIVAS NIETO, E. y VILLCA POZO, M. (coord.), URQUIZO CAVALLÉ, A. (dir.), Aranzadi, Cizur Menor, 2021, págs. 89-102.

GALDINI, R.: «Esperienze di cohousing a Berlino: verso una nuova idea di comunità», *Sociologia urbana e rurale*, núm. 108, 2015, págs. 101-116.

GARCÍA PARRA, A.: «Vivienda colectiva. Retos reales de vivienda en comunidad», *eDap: documentos de arquitectura y patrimonio*, núm. 10, 2017, págs. 30-37. Disponible en: http://arquitecturaypatrimonio.com/edap10_articulos/4_ViviendaColectiva.pdf (Consultado el 27 de marzo de 2023).

GARCÍA PÉREZ, A. y MOYA GONZÁLEZ, L.: «El cohousing como una alternativa a las nuevas dinámicas de habitar en la ciudad de Madrid», *Ciudad y territorio: Estudios territoriales*, núm. 195, 2018, págs. 71-84. Disponible en: https://recyt.fecyt.es/index.php/CyTET/article/view/76610/46961 (Consultado el 30 de marzo de 2023).

GENERALITAT VALENCIANA E INSTITUT VALENCIÀ DE L´EDIFICACIÓ: *DC-09. Revisión de la Normativa de Diseño y Calidad*, 2021. Disponible en: https://habitatge.gva.es/es/web/arquitectura/revisio-normativa-disseny-i-qualitat-2021 y https://habitatge.gva.es/documents/20051105/173306356/Presentación+Mesas+Sectoriales+CD09/c60da84a-82f0-4c98-9232-b7efac8caf4a (Consultado el 23 de abril de 2023).

GÓMEZ PERALS, M.: «Algunas herramientas del Derecho Civil en favor de la vivienda», *Anales de la Facultad de Derecho*, núm. 28, 2011, págs. 25-42. Disponible en: https://riull.ull.es/xmlui/bitstream/handle/915/2378/AFD_28_%282011%29_02.pdf?sequence=5&isAllowed=y (Consultado el 27 de marzo de 2023).

GÓMEZ PERALS, M.: «Cohousing en el ámbito de los ODS y del derecho europeo», *La Unión Europea ante los objetivos de desarrollo sostenible de la Agenda 2030*, CALZADILLA MEDINA, Mª. A. y MARTINÓN QUINTERO, R. (dir.), Dykinson, Madrid, 2022, págs. 57-59.

GUMMÀ SERRA, E. y CASTILLA MORA, R.: «Cohousing de personas mayores. Un recurso residencial emergente», *Documentos de trabajo social: Revista de trabajo y acción social*, núm. 59, 2017, págs. 51-84. Disponible en: https://diaconiamadrid.org/wp-content/uploads/Cohousing-Personas-Mayores.pdf (Consultado el 30 de marzo de 2023).

HERNÁNDEZ CÁCERES, D.: «El desarrollo del "Cohousing" en España», *Turismo, vivienda y economía colaborativa*, MUNAR BERNAT, P. A., MAR-

TOS CALABRÚS, Mª. A., LÓPEZ SAN LUIS, R. y BASTANTE GRANELL, V. (dir.), Thomson Reuters Aranzadi, Cizur Menor, 2020, págs. 335-356.

HURTADO GARCÍA, I. y LÓPEZ MARTÍNEZ, G.: «Las fisuras del estado del bienestar español: el cohousing como estrategia comunitaria», *La sonrisa de Europa: el estado de bienestar en el proceso de integración europea,* CAYUELA SÁNCHEZ, S. y RUIZ, P. A. (ed.), Marcial Pons, Universidad de Murcia, Centro de Estudios Europeos (CEEUM), Madrid, 2023, págs. 169-195.

JOANPERE FORASTER, M. y MORLÀ FOLCH, T.: «Liderazgo creador de nuevas realidades. Respuestas cooperativas a los desafíos de la vivienda», *RIO: Revista Internacional de Organizaciones,* núm. 21, 2018, págs. 127-147. Disponible en: https://www.revista-rio.org/index.php/revista_rio/article/view/290/236 (Consultado el 27 de marzo de 2023).

KELLER GARGANTÉ, C. y EZQUERRA, S.: «Viviendas colaborativas de personas mayores: democratizar el cuidado en la vejez», *REVESCO: revista de estudios cooperativos,* núm. 137, 2021, págs. 1-22. Disponible en: https://revistas.ucm.es/index.php/REVE/article/view/71867/4564456555634 (Consultado el 28 de marzo de 2023).

LABELLA IGLESIAS, A., TORRES ULLÉS, I. e IZQUIERDO GRAU, G.: «Cohousing: convivir con ocho dimensiones (8D)», *Inmueble: Revista del sector inmobiliario,* núm. 176, 2017, págs. 44-47.

LAMBEA RUEDA, A.: «Adjudicación y cesión de uso en las Cooperativas de Viviendas: usufructo, uso y habitación y arrendamiento», *CIRIEC-España. Revista jurídica de economía social y cooperativa,* núm. 23, 2012, págs. 139-178. Disponible en: http://ciriec-revistajuridica.es/wp-content/uploads/023-006.pdf (Consultado el 26 de marzo de 2023).

LEAL MALDONADO, J.: «Una fórmula ideal, pero compleja», *Alternativas económicas,* núm. 94, 2021, págs. 46-47.

LEBLAY, M.: «La néo-autochtonie comme resort de l´activisme anticipateur: observation de trois lieux d´habitat rural, coopératif et écologique», *Pôle Sud,* núm. 52, 2020, págs. 95-112.

LÓPEZ DE LA CRUZ, L. y VÁZQUEZ PASTOR JIMÉNEZ, L.: «Nuevos modelos de hábitat compartido: el proyecto cohousing. Del derecho de propiedad al derecho de uso», *Revista Aranzadi de derecho patrimonial,* núm. 38, 2015, págs. 253-284.

LOUREDO CASADO, S.: «El "senior cohousing" en España a través del recurso a las cooperativas de viviendas», *Economía colaborativa y derecho: aspectos civiles, mercantiles y laborales,* CARRIL VÁZQUEZ, X. M., GARCÍA PÉREZ, R. y LÓPEZ-SUÁREZ, M. A. (coord.), *Economía colaborativa y derecho: aspectos civiles, mercantiles y laborales,* Thomson Reuters Aranzadi, Cizur Menor, 2019, págs. 219-237.

LOUREDO CASADO, S.: «Las cooperativas de viviendas en régimen de cesión de uso como cauce jurídico para los nuevos modelos habitacionales», *CIRIEC-España. Revista jurídica de economía social y cooperativa,* núm. 37, 2020, págs. 167-206. Disponible en: https://ojs.uv.es/index.php/juridicaciriec/article/view/17396/18023 (Consultado el 26 de marzo de 2023).

LUCAS DURÁN, M.: «Aspectos tributarios del "cohousing" o covivienda», *CIRIEC-España. Revista jurídica de economía social y cooperativa,* núm. 31, 2017, págs. 137-169. Disponible en: http://ciriec-revistajuridica.es/wp-content/uploads/comen31-04.pdf (Consultado el 20 de marzo de 2023).

LUCAS DURÁN, M.: «Incentivos fiscales territoriales para la promoción del cohousing o covivienda», *Mayores y vivienda. Innovaciones sociales desde el Derecho financiero y tributario: Proyecto I+D+i DER2014-54714-R "Nuevos retos de lo gerontoinmigración: Innovación social en perspectiva jurídica"*, SOTO MOYA, Mª. del M. (coord.), y GARCÍA CALVENTE, Y. (dir.), Tirant lo Blanch, Valencia, 2019, págs. 343-372.

LUCERGA REVUELTA, R. Mª.: «"Cohousing", ¿un nuevo modelo de convivencia?: Filosofía de un estilo», *Sesenta y más,* núm. 338, 2018, págs. 12-17.

MALVASI, M.: «Soppravvivere in tempo di crisi. Il cohousing», *Geografía social: permanencias, cambios y escenarios futuros,* TRILLO SANTAMARÍA, J. M., LÓPEZ, L. y LOIS GONZÁLEZ, R. C. (ed.), Universidade de Santiago de Compostela, Santiago de Compostela, 2022, págs. 77-95. Disponible en: https://www.age-geografia.es/site/publicaciones/pg/2022/4.pdf (Consultado el 27 de marzo de 2023).

MANTOVANI, F.: «Cohousing e coworking: nuove modalità di condivisione degli spazi dell´abitare e dell´operare insieme», *Sociologia urbana e rurale,* núm. 108, 2015, págs. 136-147.

MARTENS JIMÉNEZ, I.: «Las cooperativas de vivienda en régimen de cesión de uso: Una vía desaprovechada para facilitar el acceso a la vivienda», *Vivienda y colectivos vulnerables,* NIETO, A. y LÓPEZ SUÁREZ, C. (coord.), CERVILLA GARZÓN, Mª. D. y ZURITA MARTÍN, I. (dir.), Thomson Reuters Aranzadi, Cizur Menor, 2022, págs. 445-462.

MARTÍ COMAS, P.: «Cambio en el modelo residencial actual: el cuidado y la diversidad funcional en la covivienda», *Ecohabitar: bioconstrucción, consumo ético, permacultura y vida sostenible,* núm. 69, 2021, págs. 43-45.

MARTÍ COSTA, M. y FERRERI, M.: «Una política de vivienda municipal innovadora: el programa de apoyo a las cooperativas de cesión de uso en Barcelona», *Nuevos retos para las políticas urbanas: innovación, gobernanza, servicios municipales y políticas sectoriales,* NAVARRO, C. J. (coord.), Tirant lo Blanch, Valencia, 2021, págs. 87-102.

MARTÍNEZ CAÑELLAS, A.: «La cesión del uso de la vivienda a no residentes: contrato de alojamiento (de estancias turísticas) en viviendas y el contrato de arrendamiento de temporada, conforme a la Ley del Turismo de las Islas Baleares tras la reforma de la Ley de Arrendamientos Urbanos», *Boletín de la Real Academia de la Jurisprudencia y Legislación de las Illes Balears*, núm. 15, 2014, págs. 151-176. Disponible en: http://ibdigital.uib.es/greenstone/collect/boletinJurisprudencia/index/assoc/Bajlib_2/014_t015/_151.dir/Bajlib_2014_t015_151.pdf (Consultado el 27 de marzo de 2023).

MARTÍNEZ CASSINELLO, R.: «El impacto de la migración europea de retiro sobre los servicios sociales. El uso diferencial de los recursos asistenciales», *Actas del VIII Congreso de la Red Española de Política Social (REPS): Cuidar la vida, garantizar la inclusión, convivir en diversidad: consensos y retos*, IZAOLA ARGÜESO, A. (coord.), Universidad del País Vasco, Bilbao, 2022, págs. 1273-1284

MARTÍNEZ MARTÍNEZ, N.: «La respuesta de la economía colaborativa a la necesidad de vivienda de nuestros mayores: El resurgir del senior *cohousing* a raíz de la crisis del Covid-19 y sus implicaciones jurídico-civiles», *El alojamiento colaborativo: problemática jurídica actual de las viviendas de uso turístico*, LÓPEZ SÁNCHEZ, C. (coord.), Dykinson, Madrid, 2021, págs. 321-346.

MEDINA ORÉ, S.: «El modelo cooperativo y la co-vivienda, ¿una solución al problema de vivienda, de convivencia y de desarrollo local en el Perú?», *Apuntes de Ciencia & Sociedad*, vol. 8, núm. 1, 2018, págs. 141-145. Disponible en: http://journals.continental.edu.pe/index.php/apuntes/article/view/565/546 (Consultado el 24 de marzo de 2023).

MEDRANO ARANGUREN, A.: «Desahucio por precario y comodato por cesión de uso», *CEFLegal: Revista práctica de derecho. Comentarios y casos prácticos*, núm. 173, 2015, págs. 147-159.

MERINO HERNÁNDEZ, S.: «La cooperativa de viviendas como administradora de bienes comunes», *Revista vasca de economía social*, núm. 9, 2013, págs. 101-110. Disponible en: https://ojs.ehu.eus/index.php/Gezki/article/view/12737/11537 (Consultado el 27 de marzo de 2023).

MERINO HERNÁNDEZ, S.: «Realidad de las cooperativas de viviendas en la Comunidad Autónoma del País Vasco», *Revista vasca de economía social*, núm. 15, 2018, págs. 273-300. Disponible en: https://ojs.ehu.eus/index.php/gezki/article/view/20525/18496 (Consultado el 27 de marzo de 2023).

MICHELINI, J. J., RELLI UGARTAMENDÍA, M. y VÉRTIZ, F.: «Pensar y producir otra ciudad: panorámica actual de las cooperativas de vivienda en cesión de uso en el Estado español», *Quid 16: Revista del Área de Estudios Urbanos,* núm. Extra 0, 2021, págs. 100-123. Disponible en: https://publicaciones.sociales.uba.ar/index.php/quid16/article/view/6395/pdf (Consultado el 24 de marzo de 2023).

MONTANER MARTORELL, J. Mª.: «Tradiciones en las políticas de vivienda pública», *La casa: Espacios domésticos, modos de habitar,* CALATRAVA ESCOBAR, J. A. (coord.), Abada Editores, Madrid, 2019. Disponible en: https://digibug.ugr.es/bitstream/handle/10481/65458/2_174.pdf?sequence=1&isAllowed=y (Consultado el 24 de marzo de 2023).

MORENO MOZO, F.: «La vivienda compartida. El cohousing», *La protección del consumidor en la vivienda colaborativa,* MUÑIZ ESPADA, E. (coord.), La Ley, Madrid, 2019, págs. 457-514.

NASARRE AZNAR, S.: *Los años de la crisis de la vivienda: de las hipotecas "suprime" a la vivienda colaborativa,* Tirant lo Blanch, Valencia, 2020.

NAVARRO GARCÍA, A.: *Políticas fiscales para fomentar el acceso a una vivienda,* Aranzadi, Cizur Menor, 2019.

NAVARRO GARCÍA, A.: «Políticas fiscales dirigidas a garantizar el derecho de acceso a la vivienda: Especial referencia al cohousing senior desde la perspectiva comparada», *Mayores y vivienda. Innovaciones sociales desde el Derecho financiero y tributario: Proyecto I+D+i DER2014-54714-R "Nuevos retos de lo gerontoinmigración: Innovación social en perspectiva jurídica",* SOTO MOYA, Mª. del M. (coord.), y GARCÍA CALVENTE, Y. (dir.), Tirant lo Blanch, Valencia, 2019, págs. 183-210.

OCHOA-ERRARTE GOICOECHEA, R.: «La cooperativa de vivienda de cesión de uso. Reforma legislativa y políticas públicas en Euskadi», *CIRIEC-España. Revista jurídica de economía social y cooperativa,* núm. 32, 2018, págs. 1-43. Disponible en: http://ciriec-revistajuridica.es/wp-content/uploads/comen32-03.pdf (Consultado el 27 de marzo de 2023).

ORGANIZACIÓN MUNDIAL DE LA SALUD: *Década de Envejecimiento Saludable 2020-2030,* 2020. Disponible en: https://cdn.who.int/media/docs/default-source/decade-of-healthy-ageing/decade-proposal-final-apr2020rev-es.pdf?sfvrsn=b4b75ebc_28&download=true (Consultado el 17 de mayo de 2023).

OSPINA SIERRA, Mª. A. y HERNÁNDEZ ECHEVERRY, E.: «Arquitectura como generadora de comunidades: covivienda, una necesidad emergente», *Dearq,* núm. 19, 2016, págs. 158-161. Disponible en: https://issuu.com/dearq/docs/dearq19-1/160 (Consultado el 20 de marzo de 2023).

PAGÈS I GALTÉS, J.: «Estudios fiscalidad local del cohousing o vivienda colaborativa», *Tributos locales,* núm. 151, 2021, págs. 29-79.

PAGÈS I GALTÉS, J.: «Cohousing: tributos locales y medidas de fomento», *Fiscalidad del cohousing*, DEL VALLE BAUDINO, P., RIVAS NIETO, E. y VILLCA POZO, M. (coord.), URQUIZO CAVALLÉ, A. (dir.), Aranzadi, Cizur Menor, 2021, págs. 153-224.

PASCUAL GONZÁLEZ, M. M.: «Donde se analizan dos problemas que podrá generar el deber de declaración al que quedan sometidas las plataformas colaborativas que intermedien en el arrendamiento o cesión de uso de viviendas con fines turísticos», *Fiscalidad de la colaboración social*, PEDREIRA MENÉNDEZ, J. (dir.), Thomson Reuters Aranzadi, Cizur Menor, 2018, págs. 307-331.

PEDRÓS, B.: «Impulsan un complejo pionero para mayores basado en el "couhousing". Un grupo de mayores construirá un residencial en Alfara de la Baronía para envejecer activamente y de manera sostenible, huyendo de los asilos», *El periódico de aquí*, 2023. Disponible en: https://valencia.elperiodicodeaqui.com/epda-noticias/impulsan-un-complejo-pionero-para-mayores-basado-en-el-cohousing/307398 (Consultado el 11 de abril de 2023).

PEÑÍN LLOBELL, A.: «Estructuras del habitar: Colectividad y resiliencia como estrategias de proyecto», *Proyecto, Progreso, Arquitectura*, núm. 16, 2017, págs. 88-101. Disponible en: https://revistascientificas.us.es/index.php/ppa/article/view/2992/3013 (Consultado el 30 de marzo de 2023).

PONCE CAMARENA, P.: «El papel del educador social en los "Senior Cohousing"», *Como el aire. Intervención socioeducativa en centros de internamiento*, CEJUDO CORTES, C. Mª. A. y CORCHUELO FERNÁNDEZ, C. (coord.), Universitas, Madrid, 2019, págs. 153-188.

QUIN, T. y COLERIDGE, T.: «Moisture In Prefabricated Straw Bale Panels: A Post- Construction Case Study Of Dwellings At LILAC Cohousing», *Planning Post Carbon Cities: 35th PLEA Conference on Passive and Low Energy Architecture, A Coruña, 1st-3rd September 2020: Proceedings*, RODRÍGUEZ-ÁLVAREZ, J. y SOARES GONÇALVES, J. C. (ed.), vol. 2, Universidade da Coruña, A Coruña, 2020, págs. 1112-1117. Disponible en: https://ruc.udc.es/dspace/handle/2183/26695 (Consultado el 29 de marzo de 2023).

RAMÓN FERNÁNDEZ, F.: «La función social de la vivienda y la protección de los consumidores», *Revista Aranzadi de Derecho Patrimonial*, núm. 44, 2017, págs. 103-127.

RAMÓN FERNÁNDEZ, F.: *Vivienda inteligente: domótica, inteligencia artificial y regulación legal*, Tirant lo Blanch, Valencia, 2022.

RAMÓN FERNÁNDEZ, F.: *Medidas en el ámbito jurídico para el acceso a la vivienda de las personas en situación de vulnerabilidad social y económica*, Tirant lo Blanch, Valencia, 2023.

RAMÓN FERNÁNDEZ, F.: «Inteligencia artificial y transparencia en relación con la regulación de los servicios y mercados digitales», *Equidad y transparencia en la contratación de servicios*, Dykinson, Madrid, 2023, págs. 147-169.

RAMÓN FERNÁNDEZ, F.: «Ley 12/2023, de 24 de mayo, por el derecho a la vivienda y las formas de acceso a la vivienda: referencia a las viviendas colaborativas», *Revista de Derecho Urbanístico y Medio Ambiente*, núms. 365-366, 2023, págs. 219-268.

RAMÍREZ, O.: «Cohousing, una alternativa per viure la vellesa fora de les residències», *Tag: Revista institucional del Col legi d´Aparelladors, Arquitectes Tècnics i Enginyers d´Edificació de Tarragona*, núm. 84, 2019, págs. 27-30.

RAUWS, W.: «Civic initiatives in urban development: self-governance versus self-organisation in planning practice», *The Town Planning Review*, vol. 87, núm. 3, 2016, págs. 339-361.

REAL, A.: «¿Qué es el "cohousing"? El modelo de vivienda colaborativa por el que apuesta el Gobierno. El nuevo Plan Estatal de Vivienda del Gobierno 2022-2025 ofrece ayudas al alquiler para nuevas modalidades de viviendas, como el *cohousing*, una modalidad de vivienda colaborativa», *Newtral*, 2022. Disponible en: https://www.newtral.es/cohousing-que-es-vivienda-colaborativa/20220123/ (Consultado el 11 de abril de 2023).

RIVERA RODRÍGUEZ, C. A. y LABRADOR MACHÍN, O.: «Bases teóricas y metodológicas de la cooperación y el cooperativismo», *Cooperativismo y Desarrollo: COODES*, vol. 1, núm. 2, 2013, págs. 191-208. Disponible en: https://coodes.upr.edu.cu/index.php/coodes/article/view/50/169 (Consultado el 28 de abril de 2023).

ROCA GALLERY. SHARING KNOWLEDGE ON ARCHITECTURE AND DESIGN: *Los beneficios de la vivienda colaborativa recopilados en un documental*, 2021. Disponible en: http://www.rocagallery.com/es/los-beneficios-de-la-vivienda-colaborativa-recopilados-en-un-documental (Consultado el 10 de abril de 2023).

RODRÍGUEZ ALONSO, N. y COMAS D´ARGEMIR, D.: «The social construction of community-based care at La Muralleta, a self-managed cooperative for the elderly», *Quaderns-e*, vol. 22, núm. 2, 2017, págs. 183-198.

RODRÍGUEZ LIÉVANO, Mª. P.: «El cohousing como modelo habitacional colaborativo y su diferenciación respecto a la propiedad horizontal», *Housing: Revista de la Cátedra de Vivienda de la Universidad Rovira i Virgili*, núm. 11, 2019, págs. 27-32. Disponible en: https://housing.urv.cat/wp-content/uploads/2019/07/HousingCHURV11.pdf (Consultado el 29 de marzo de 2023).

ROSA JIMÉNEZ, C. J.: «Envejecer en comunidad. Un enfoque arquitectónico de la covivienda para personas mayores», *Mayores y vivienda. Innovaciones sociales desde el Derecho financiero y tributario*, SOTO MOYA, Mª. del M. (coord.) y GARCÍA CALVENTE, Y. (dir.), Tirant lo Blanch, Valencia, 2019, págs. 41-61.

ROSA JIMÉNEZ, C. J., MÁRQUEZ BALLESTEROS, Mª. J. y NAVAS CARRILLO, D.: «Hacia un nuevo modelo de gestión y autofinanciación de la regeneración de barriadas obsoletas», *Ciudades: Revista del Instituto Universitario de Urbanística de la Universidad de Valladolid*, núm. 20, 2017, págs. 45-70. Disponible en: https://revistas.uva.es/index.php/ciudades/article/view/775/752 (Consultado el 30 de marzo de 2023).

RIEIRO DÍAZ, R.: «Cosmonautas del futuro. Experiencias de transvivienda para tiempos de posbienestar», *Boletín Académico: Revista de investigación y arquitectura contemporánea*, núm. 8, 2018, págs. 79-102. Disponible en: https://revistas.udc.es/index.php/BAC/article/view/bac.2018.8.0.3124/g3124_pdf_en_es (Consultado el 24 de marzo de 2023).

RIVAS NIETO, E.: «La tributación de las cooperativas de vivienda», *Fiscalidad del* cohousing, DEL VALLE BAUDINO, P., RIVAS NIETO, E., VILLCA POZO, M. (coord.), URQUIZU CAVALLÉ (dir.), Aranzadi, Cizur Menor, 2021, págs. 105-122.

RODRÍGUEZ LIÉVANO, Mª. P. y GALIANA SAURA, A.: «El "Cohousing" como modelo de vivienda colaborativa: riesgos derivados de la determinación de los espacios y usos, y el carácter dogmático del propósito», *Turismo, vivienda y economía colaborativa*, MUNAR BERNAT, P. A., MARTOS CALABRÚS, Mª. A., LÓPEZ SAN LUIS, R. y BASTANTE GRANELL, V. (dir.), Thomson Reuters Aranzadi, Cizur Menor, 2020, págs. 357-368.

ROMERO HERRERO, F.: «Entrepatios: vivienda con valores», *Planur-e: territorio, urbanismo, paisaje, sostenibilidad y diseño urbano*, núm. 13, 2019.

RUANO, M.: *Eocurbanism: Sustainable Human Settlements: 60 case studies*, Editorial Gustavo Gili, S.L., Barcelona, 2000.

RUIU, Mª. L.: «Il cohousing e la sottile línea tra spazio pubblico e spazio privato: the community project», *Sociologia urbana e rurale*, núm. 100, 2013, págs. 105-118.

SÁENZ DE JUBERA HIGUERO, B.: «Vivienda colaborativa: algunas notas sobre la situación jurídica en España y Portugal», *Revista Electrónica de Direito. RED*, vol. 16, núm. 2, 2018, págs. 157-186. Disponible en: https://

cij.up.pt//client/files/0000000001/8_595.pdf (Consultado el 29 de marzo de 2023).

SALASSA BOIX, R. R.: «Beneficios fiscales y energías renovables en la provincia de Córdoba: una oportunidad para la vivienda colaborativa ecológica», *Fiscalidad del cohousing*, DEL VALLE BAUDINO, P., RIVAS NIETO, E. y VILLCA POZO, M. (coord.), URQUIZO CAVALLÉ, A. (dir.), Aranzadi, Cizur Menor, 2021, págs. 123-152.

SALVADOR RUIZ, Mª. R.: «Nuevos conceptos de vida en personas mayores», *Educación, salud y psicología: logros y retos de futuro*, PADILLA GÓNGORA, D., AGUILAR PARRA, J. M. y LÓPEZ LIRIA, R. (coord.), Universidad de Almería, Almería, 2018, pág. 34. Disponible en: https://lectura.unebook.es/viewer/9788417261139/34 (Consultado el 30 de marzo de 2023).

SÁENZ DE JUBERA HIGUERO, B.: «Propiedad y vivienda en el marco de la economía colaborativa: alojamientos turísticos y "cohousing"», *Congreso Internacional de Derecho Civil Octavo Centenario de la Universidad de Salamanca: libro de ponencias. Salamanca, 24, 25 y 26 de octubre de 2018*, LLAMAS POMBO, E. (coord.), Tirant lo Blanch, Valencia, 2018, págs. 1459-1474.

SAJARDO MORENO, A.: «Vivienda colaborativa y Economía Social: análisis del modelo senior e intergeneracional», *Revista del Ministerio de Trabajo y Economía Social*, núm. 153, 2022, págs. 153-178.

SÁNCHEZ HUETE, M. A.: «Las nuevas obligaciones informativas en la cesión de uso de viviendas con fines turísticos», *Fiscalidad de la colaboración social*, PEDREIRA MENÉNDEZ, J. (dir.), Thomson Reuters Aranzadi, Cizur Menor, 2018, págs. 365-390.

SÁNCHEZ HUETE, M. A.: «¿Existe un deber tributario a obtener datos ajenos? La información en la cesión de uso de viviendas con fines turísticos», *Quincena fiscal*, núm. 14, 2018.

SAN JOSÉ VALDÉS, D. A.: «El Consell prepara una ley para fomentar las viviendas con servicios comunes. La iniciativa pretende regular un modelo habitacional en el que los vecinos compartan espacios como lavandería, enfermería o cocina», *Levante. El Mercantil Valenciano*, 2022. Disponible en: https://www.levante-emv.com/comunitat-valenciana/2022/03/29/consell-prepara-ley-fomentar-viviendas-64371373.html (Consultado el 11 de abril de 2023).

SANZ MARTOS, S.: «Conocimiento colaborativo y nueva ruralidad», *Anuario ThinkEPI*, vol. 16, 2022, págs. 1-3. Disponible en: https://thinkepi.profesionaldelainformacion.com/index.php/ThinkEPI/article/view/91560/66319 (Consultado el 27 de marzo de 2023).

SCHELLER, D. y THÖRN, H.: «Governing "Sustainable Urban Development" Through Self-Build Groups and Co-Housing: The Cases of Hamburg and Gothenburg», *International journal of urban and regional research*, vol. 42, núm. 5, 2018, págs. 914-933.

SCHETSCHE, C., JAUME, L. C., GAGO GALVANO, L. G. y ELGIER, A. M.: «Living in Cohousing Communities: Psychological Effects and Coping Strategies in Times of COVID-19», *Interpersona: An International Journal on Personal Relationships*, vol. 14, núm. 2, 2020, págs. 169-182. Disponible en: https://interpersona.psychopen.eu/index.php/interpersona/article/view/4257/4257.pdf (Consultado el 29 de marzo de 2023).

SIMÓN MORENO, H.: «Las cooperativas de viviendas en régimen de cesión de uso: ¿una alternativa a la vivienda en propiedad y en alquiler en España?», *REVESCO: revista de estudios cooperativos*, núm. 134, 2020, págs. 1-17. Disponible en: https://revistas.ucm.es/index.php/REVE/article/view/69165/4564456553406 (Consultado el 26 de marzo de 2023).

SOLANAS, T.: «Cohousing, coviviendas colaborativas ¿una moda?», *Ecohabitar: bioconstrucción, consumo ético, permacultura y vida sostenible*, núm. 69, 2021, págs. 40-42.

SOSA RAMÍREZ, R., LÓPEZ MENESES, E. y SARASOLA, J. L.: «Recursos digitales sobre el modelo educo-comunitario del cohousing», *Enseñar y aprender en ámbitos formativos*, ABAD SEGURA, E., LUQUE DE LA ROSA, A., HERVÁS GÓMEZ, C. y CARMONA SERRANO, N. (coord.), Dykinson, Madrid, 2022, págs. 79-100.

SOSA RAMÍREZ, R., LÓPEZ MENESES, E. y VÁZQUEZ CANO, E.: «Nuevas formas de habitar: Cohousing un modelo educo-comunitario», *Educación y sociedad: Pensamiento e innovación para la transformación social*, MOLINA GARCÍA, L., COBOS SÁNCHIZ, D., LÓPEZ MENESES, E., JAÉN MARTÍNEZ, A. y MARTÍN PADILLA, A. H. (Coord.), Dykinson, Madrid, 2023, págs. 2845-2854. Disponible en: https://dialnet.unirioja.es/servlet/articulo?codigo=8881802 (Consultado el 14 de mayo de 2023).

SUMEGHY, G.: «Grassroot, community and collaborative housing», *50 out of box housing solutions*, CLARK FOULQUIER, C. (coord.), Housing solutions platform, Bélgica, 2019, págs. 6-20. Disponible en: https://www.feantsa.org/public/user/Resources/News/50-SOLUCIONES-INNOVADORAS.pdf (Consultado el 29 de marzo de 2023).

TORÍO LÓPEZ, S., VIÑUELA HERNÁNDEZ, Mª. P. y GARCÍA PÉREZ, O.: «Experiencias de vejez vital. Senior Cohousing: autonomía y participación», *Aula abierta*, vol. 47, núm. 1, 2018, págs. 79-86. Disponible en: https://reunido.uniovi.es/index.php/AA/article/view/12639/11587 (Consultado el 30 de marzo de 2023).

TORTOSA CHULIÁ, Mª. A. y SUNDSTRÖM, G.: «La Economía Social y el Plan Estatal de Vivienda en apoyo de los alojamientos colaborativos para personas mayores en España», *33º Congreso Internacional del CIRIEC Valencia. Nuevas dinámicas mundiales en la era post-Covid; desafíos para la economía pública, social y cooperativa,* Valencia, 2022, págs. 1-19. Disponible en: http://ciriec.es/valencia2022/wp-content/uploads/COMUN-263.pdf (Consultado el 26 de marzo de 2023).

TORRES, M., JOYCE HASELL, M., y SCANZONI, J.: «Cohousing as a basis for social connectedness and ecological sustainabillity», *People, places, and sustainabillity,* MOSER, G., POL URRUTIA, E., BERNARD, Y., BONNES, M., CORRALIZA, J. A. y GIULIANI, Mª. V. (coord.), Hogrefe & Hubler, Seattle, 2000, págs. 123-130.

TRIGO FERNÁNDEZ, F. y DE PRADA RODRÍGUEZ CORREA, Mª. A.: «La necesidad o no de actualizar la normativa urbanística a raíz de la aparición de nuevas actividades y usos», *Práctica urbanística: Revista mensual de urbanismo,* núm. 172, 2021.

TRILLAS FONTS, A.: «Contra el estigma, vivir en comunidad», *Alternativas económicas,* número 92, 2021, pág. 56.

TRILLAS FONTS, A.: «La crisis de los precios amenaza la vivienda social», *Alternativas económicas,* núm. 109, 2023, págs. 16-17.

UNIÓN EUROPEA: *Comunicación de la Comisión al Parlamento Europeo, al Consejo, al Comité Económico y Social Europeo y al Comité de las Regiones: Una Agenda Europea para la economía colaborativa* COM(2016) 356final de 02 de junio de 2016. Disponible en: https://eur-lex.europa.eu/legal-content/ES/TXT/PDF/?uri=CELEX:52016DC0356&from=ES (Consultado el 25 de 2023).

URQUIZU CAVALLÉ, A.: «Vivienda colaborativa y convenios para evitar la doble imposición», *Fiscalidad del cohousing,* DEL VALLE BAUDINO, P., RIVAS NIETO, E. y VILLCA POZO, M. (coord.), URQUIZO CAVALLÉ, A. (dir.), Aranzadi, Cizur Menor, 2021, págs. 225-261.

VALENCIA PLAZA: «La Generalitat Valenciana ultima un anteproyecto de ley de viviendas colaborativas», *Valencia Plaza,* 2022. Disponible en: https://valenciaplaza.com/la-generalitat-valenciana-ultima-un-anteproyecto-de-ley-de-viviendas-colaborativas (Consultado el 11 de abril de 2023).

VAÑÓ VAÑÓ, Mª. J.: «Vivienda colaborativa y personas mayores», *Teoría y derecho: revista de pensamiento jurídico,* núm. 33, 2022, págs. 192-219. Disponible en: https://teoriayderecho.tirant.com/index.php/teoria-y-derecho/article/view/717/649 (Consultado el 23 de abril de 2023).

VARGAS GARAY, M. A., RONCANCIO GARCÍA, A. D. y CARDONA GARCÍA, O.: «Cohousing: Una alternativa comunitaria a la propiedad privada», *Cuadernos Latinoamericanos de Administración*, vol. 14, núm. 27, 2018, págs. 58-65. Disponible en: https://revistas.unbosque.edu.co/index.php/cuaderlam/article/view/2653/2162 (Consultado el 29 de marzo de 2023).

VÁZQUEZ ATOCHERO, A., CAMBERO RIVERO, S. y SECO GONZÁLEZ, J.: «Cohousing y envejecimiento activo como medio para evitar el despoblamiento rural: la experiencia de Pescueza», *Envejecimiento activo, bienestar y calidad de vida en áreas rurales*, ADSUAR SALA, J. C. (coord.), Wanceulen Editorial, Sevilla, 2022, págs. 70-84. Disponible en: https://zenodo.org/record/7466642#.ZCH-N3ZByUl (Consultado el 27 de marzo de 2023).

VIELA CASTRANADO, M.: «Cohousing: ¿Utopía o una posible solución a los problemas habitacionales en nuestro país?», *Nuevas vías jurídicas de acceso a la vivienda*, ALONSO PÉREZ, Mª. T. (coord.), Thomson Reuters Aranzadi, 2018, págs. 401-452.

VIGIL DE QUIÑONES OTERO, D.: «La protección del consumidor de viviendas colaborativas», *Boletín. Servicio de Estudios Registrales de Catalunya*, núm. 217, 2022, págs. 263-272.

VILLCA POZO, M.: «Análisis jurídico-tributario de la vivienda colaborativa o cohousing», *Comercio internacional y economía colaborativa en la era digital. Aspectos tributarios y empresariales*, RIVAS NIETO, E. (coord.), URQUIZU CAVALLÉ, A. (dir.), Aranzadi, Cizur Menor, 2019, págs. 331-360.

VILLCA POZO, M.: «La fiscalidad de nuevos modelos de vivienda colaborativa: hogares compartidos y cohousing», *Fiscalidad del cohousing*, DEL VALLE BAUDINO, P., RIVAS NIETO, E. y VILLCA POZO, M. (coord.), URQUIZO CAVALLÉ, A. (dir.), Aranzadi, Cizur Menor, 2021, págs. 19-40.

VILLCA POZO, M.: «Análisis de la tributación del cohousing y reflexiones frente al impacto económico de la COVID-19», *Quincena fiscal*, núm. 5, 2021, págs. 99-124.

VILNITZKY, M.: «Un modelo que se abre camino», *Alternativas económicas*, núm. 71, 2019, págs. 44-46. Disponible en: https://alternativaseconomicas.coop/articulo/dossier/un-modelo-que-se-abre-camino (Consultado el 29 de marzo de 2023).

VILNITZKY, M.: «Reformar los patios en cooperativa», *Alternativas económicas*, núm. 72, 2019, pág. 54. Disponible en: https://alternativaseconomicas.coop/articulo/economia-social-y-colaborativa/reformar-los-patios-en-cooperativa (Consultado el 29 de marzo de 2023).

VIVES BARCELÓ, M.: «Senior cohousing. Una nova alternativa de convivencia per a la gent gran», *Anuari de l´envelliment. Illes Balears*, 2016, págs.

383-408. Disponible en: http://ibdigital.uib.es/greenstone/collect/anuariEnvelliment/index/assoc/2016_anu/ari_enve/lliment_/p383.dir/2016_anuari_envelliment_p383.pdf (Consultado el 30 de marzo de 2023).

WILLIAMS, J.: «Designing Neighbourhoods for Social Interaction: The Case of Cohousing», *Journal of urban design*, núm. 10, 2, 2005, págs. 195-227.

Referencias legislativas

Ley Orgánica 8/1980, de 22 de septiembre, de financiación de las Comunidades Autónomas (BOE núm. 236, de 1 de octubre de 1980).

Ley 7/1985, de 2 de abril, Reguladora de las Bases del Régimen Local (BOE núm. 80, de 03 de abril de 1985).

Decreto 243/1995, de 28 de julio, por el que se regula el régimen de autorización y acreditación de centros de servicios sociales (DOG núm. 159, de 21 de agosto de 1995).

Real Decreto 2028/1995, de 22 de diciembre, por el que se establece las condiciones de acceso a la financiación cualificada estatal de viviendas de protección oficial promovidas por cooperativas de viviendas y comunidades de propietarios al amparo de los planes estatales de vivienda (BOE núm. 14, de 16 de enero de 1996).

Orden de 18 de abril de 1996 por la que se desarrolla el Decreto 243/1995, de 28 de julio, en lo relativo a la regulación de las condiciones y requisitos específicos que deben cumplir los centros de atención a personas mayores de la Comunidad Autónoma de Galicia (DOG núm. 88, de 6 de mayo de 1996).

Ley 14/1996, de 30 de diciembre, de cesión de tributos del Estado a las Comunidades Autónomas y de medidas fiscales complementarias (BOE núm. 315, de 31 de diciembre de 1996).

Ley 13/1997, de 23 de diciembre, de la Generalitat Valenciana, por la que se regula el tramo autonómico del Impuesto sobre la Renta de las Personas Físicas y restantes tributos cedidos de la Comunidad Valenciana (BOE núm. 83, de 7 de abril de 1998).

la Ley 27/1999, de 16 de julio, de Cooperativas (BOE núm. 170, de 17 de julio de 1999).

Ley Orgánica 1/2002, de 22 de marzo, reguladora del derecho de asociación (BOE núm. 73, de 26 de marzo de 2002).

Ley 8/2003, de 24 de abril, de sanidad animal (BOE núm. 99, de 25 de abril de 2003).

Ley 38/2003, de 17 de noviembre, General de Subvenciones (BOE núm. 276, de 18 de noviembre de 2003).

Ley 8/2004, de 20 de octubre, de la Vivienda de la Comunidad Valenciana (BOE núm. 281, de 22 de noviembre de 2004).

Real Decreto 314/2006, de 17 de marzo, por el que se aprueba el Código Técnico de la Edificación (BOE núm. 74, de 28 de marzo de 2006).

Ley 39/2006, de 14 de diciembre, de Promoción de la Autonomía Personal y Atención a las personas en situación de dependencia (BOE núm. 299, de 15 de diciembre de 2006).

Ley 14/2008, de 18 de noviembre, de asociaciones de la Comunitat Valenciana (BOE núm. 294, de 6 de diciembre de 2008).

Decreto 151/2009, de 2 de octubre, del Consell, por el que se aprueban las exigencias básicas de diseño y calidad en edificios de vivienda y alojamiento (DOGV núm. 6118 de 7 de octubre de 2009).

Orden de 7 de diciembre de 2009, de la Conselleria de Medio Ambiente, Agua, Urbanismo y Vivienda, por la que se aprueban las condiciones de diseño y calidad en desarrollo del Decreto 151/2009 de 2 de octubre, del Consell (DOGV núm. 6168, de 18 de diciembre de 2009).

Texto Integrado de la Orden de 7 de diciembre de 2009 de la Conselleria de Medio Ambiente, Agua, Urbanismo y Vivienda por la que se aprueban las condiciones de diseño y calidad en desarrollo del Decreto 151/2009 de 2 de octubre, del Consell. Disponible en: https://habitatge.gva.es/documents/20051105/173656817/Texto+integrado+Orden+7+de+diciembre+de+2009/d499b640-3e67-4352-ba95-f38396a87ec1 (Consultado el 23 de abril de 2023).

Tratado de funcionamiento de la Unión Europea (DOUE C 83/47, de 30 de marzo de 2010).

Orden 19/2010, de 7 de septiembre de la Conselleria de Medio Ambiente, Agua, Urbanismo y Vivienda, de modificación de la Orden de 7 de diciembre de 2009 por la que se aprueban las condiciones de diseño y calidad en desarrollo del Decreto 151/2009 de 2 de octubre, del Consell (DOGV núm. 6357, de 17 de octubre de 2010).

La Ley 5/2011, de 29 de marzo, de Economía Social (BOE núm. 76, de 30 de marzo de 2011).

Ley 8/2013, de 26 de junio, de rehabilitación, regeneración y renovación urbanas (BOE núm. 153, de 27 de junio de 2013).

Decreto 149/2013, de 5 de septiembre, por el que se define la cartera de servicios sociales para la promoción de la autonomía personal y la atención a las personas en situación de dependencia y se determina el sistema de participación de las personas usuarias en la financiación de su coste de la Comunidad Autónoma de Galicia (DOG núm. 182, de 24 de septiembre de 2013).

Real Decreto Legislativo 1/2013, de 29 de noviembre, por el que se aprueba el Texto Refundido de la Ley General de derechos de las personas con discapacidad y de su inclusión social (BOE núm. 289, de 3 de diciembre de 2013).

Ley 1/2015, de 6 de febrero, de Hacienda Pública, del Sector Público Instrumental y de Subvenciones de la Comunitat Valenciana (BOE núm. 49, de 26 de febrero de 2015).

Decreto Legislativo 2/2015, de 15 de mayo, del Consell, por el que aprueba el texto refundido de la Ley de Cooperativas de la Comunitat Valenciana (DOCV núm. 7529, de 20 de mayo de 2015).

Ley 40/2015, de 1 de octubre, de Régimen Jurídico del Sector Público (BOE núm. 236, de 02 de octubre de 2015).

Real Decreto Legislativo 7/2015, de 30 de octubre, por el que se aprueba el texto refundido de la Ley del Suelo y Rehabilitación Urbana (BOE núm. 261, de 31 de octubre de 2015).

Ley 14/2017, de 10 de noviembre, de memoria democrática y para la convivencia de la Comunitat Valenciana (BOE núm. 311, de 23 de diciembre de 2017).

Ley 2/2017, de 3 de febrero, por la función social de la vivienda de la Comunitat Valenciana (BOE núm. 56, de 7 de marzo de 2017).

Real Decreto 106/2018, de 9 de marzo, por el que se regula el Plan Estatal de Vivienda 2018-2021 (BOE núm. 61, de 10 de marzo de 2018).

Ley 3/2018, de 26 de diciembre, de medidas fiscales y administrativas de la Comunidad Autónoma de Galicia (BOE núm. 68, de 20 de marzo de 2019).

Criterio interpretativo núm. 6/2019, de 7 de febrero de 2019 sobre el régimen de autorización de alojamientos colaborativos para la promoción de la autonomía personal y atención a la dependencia del Gobierno del Principado de Asturias. Disponible en: http://www.axuntase.es/wp-content/uploads/2021/10/Criterio_interpretativo_final_Coho48-febrero-2019.pdf (Consultado el 26 de marzo de 2023).

Decreto 65/2019, de 29 de abril, del Consell, de regulación de la accesibilidad en la edificación y en los espacios públicos de la Generalitat Valenciana (DOGV núm. 8549, de 16 de mayo de 2019).

Ley 7/2019, de 23 de diciembre, de medidas fiscales y administrativas de la Comunidad Autónoma de Galicia (DOG núm. 245, de 27 de diciembre de 2019).

Decreto-ley 6/2020, de 5 de junio, para la ampliación de vivienda pública en la Comunitat Valenciana mediante los derechos de tanteo y retracto (BOE núm. 218, de 13 de agosto de 2020).

Decreto-ley 6/2021, de 1 de abril, del Consell, de medidas urgentes en materia económico-administrativa para la ejecución de actuaciones financiadas por instrumentos europeos para apoyar la recuperación de la crisis consecuencia de la Covid-19 (DOGV núm. 9062, de 15 de abril de 2021).

Ley 7/2021, de 20 de mayo, de cambio climático y transición energética (BOE núm. 121, de 21 de mayo de 2021).

Decreto Legislativo 1/2021, de 18 de junio, del Consell, de aprobación del texto refundido de la Ley de ordenación del Territorio, urbanismo y paisaje de la Comunitat Valenciana (DOGV núm. 9129, de 16 de julio de 2021).

Orden TMA/851/2021, de 23 de julio, por la que se desarrolla el documento técnico de condiciones básicas de accesibilidad y no discriminación para el acceso y la utilización de los espacios públicos urbanizados (BOE núm. 187, de 6 de agosto de 2021).

Real Decreto 1101/2021, de 10 de diciembre, por el que se regula la concesión directa de subvenciones a entidades del Tercer Sector para proyectos de innovación e investigación orientados a la modernización de los servicios sociales y de los modelos de atención y cuidado a personas mayores, a la infancia y a personas sin hogar, en el marco del Plan de Recuperación, Transformación y Resiliencia (BOE núm. 296, de 11 de diciembre de 2021).

Ley 17/2021, de 15 de diciembre, de modificación del Código Civil, la Ley Hipotecaria y la Ley de Enjuiciamiento Civil, sobre el régimen jurídico de los animales (BOE núm. 300, de 16 de diciembre de 2021).

Real Decreto 1129/2021, de 21 de diciembre, por el que se modifica el Real Decreto 581/2017, de 9 de junio, por el que se incorpora al ordenamiento jurídico español la Directiva 2013/55/UE del Parlamento Europeo y del Consejo, de 20 de noviembre de 2013, por la que se modifica la Directiva 2005/36/CE relativa al reconocimiento de cualificaciones profesionales y el Reglamento (UE) núm. 1024/2012 relativo a la cooperación administrativa a través del Sistema de Información del Mercado Interior (Reglamento IMI), en relación con el procedimiento de reconocimiento de cualificaciones profesionales (BOE núm. 305, de 22 de diciembre de 2021).

Real Decreto 42/2022, de 18 de enero, por el que se regula el Bono Alquiler Joven y el Plan Estatal para el acceso a la vivienda 2022-2025 (BOE núm. 16, de 19 de enero de 2022).

Orden de 10 de octubre de 2022 por la que se modifica la Orden de 18 de abril de 1996 por la que se desarrolla el Decreto 243/1995, de 28 de julio, en lo relativo a la regulación de las condiciones y requisitos específicos que deben cumplir los centros de atención a personas mayores de la Comunidad Autónoma de Galicia (DOG núm. 201, de 21 de octubre de 2022).

la Ley 6/2022, de 31 de marzo, de modificación del Texto Refundido de la Ley General de derechos de las personas con discapacidad y de su inclusión social, aprobado por el Real Decreto Legislativo 1/2013, de 29 de noviembre, para establecer y regular la accesibilidad cognitiva y sus condiciones de exigencia y aplicación (BOE núm. 78, de 1 de abril de 2022).

Ley 20/2022, de 19 de octubre, de Memoria Democrática (BOE núm. 252, de 20 de octubre de 2022).

Real Decreto 903/2022, de 25 de octubre, por el que se modifican el Real Decreto 42/2022, de 18 de enero, por el que se regula el Bono Alquiler Joven y el Plan Estatal para el acceso a la vivienda 2022-2025, así como el Real Decreto 106/2018, de 9 de marzo, por el que se regula el Plan Estatal de Vivienda 2018-2021, y el Real Decreto 853/2021, de 5 de octubre, por el que se regulan los programas de ayuda en materia de rehabilitación residencial y vivienda social del Plan de Recuperación, Transformación y Resiliencia (BOE núm. 257, de 26 de octubre de 2022).

Reglamento (UE) 2022/1925 del Parlamento Europeo y del Consejo, de 14 de septiembre de 2022, sobre mercados digitales y equitativos en el sector digital y por el que se modifican las Directivas (UE) 2019/1937 y (UE) 2020/1828 (Reglamento de Mercados Digitales) (DOUE L 265/1, de 12 de octubre de 2022).

Reglamento (UE) 2022/2065 del Parlamento Europeo y del Consejo, de 19 de octubre de 2022 relativo a un mercado único de servicios digitales y por el que se modifica la Directiva 2000/31/CE (Reglamento de Servicios Digitales) (DOUE L 277/1, de 27 de octubre de 2022).

Ley 6/2022, de 5 de diciembre, del cambio climático y la transición ecológica de la Comunitat Valenciana (BOE núm. 43, de 20 de febrero de 2023).

Ley 10/2022, de 28 de diciembre, de Presupuestos Generales de la Comunidad Autónoma de Cantabria para el año 2023 (BOE núm. 33, de 8 de febrero de 2023).

Decreto ley 4/2023, de 10 de marzo, de modificación del Decreto Legislativo 2/2015, de 15 de mayo, del Consell, por el que se aprueba el texto refundido de la Ley de cooperativas de la Comunitat Valenciana (DOGV núm. 9553, de 14 de marzo de 2023).

Información pública de la propuesta de orden de la Vicepresidencia Segunda y Conselleria de Vivienda y Arquitectura Bioclimática por la que se aprueban las bases reguladoras de las ayudas para el fomento de alojamientos y viviendas colaborativas (modelos «cohousing») del programa 8 del Plan estatal para el acceso a la vivienda 2022-2025, y se convocan para el año 2023 (DOGV núm. 9546, de 3 de marzo de 2023).

Ley 7/2023, de 28 de marzo, de protección de los derechos y el bienestar de los animales (BOE núm. 75, de 29 de marzo de 2023).

Ley 3/2023, de 13 de abril, de Viviendas Colaborativas de la Comunitat Valenciana (DOGV núm. 9578, de 19 de abril de 2023; BOE núm. 100, de 27 de abril de 2023).

Ley 4/2023, de 13 de abril, de la Generalitat, de Participación Ciudadana y Fomento del Asociacionismo de la Comunitat Valenciana (DOGV núm. 9579, de 20 de abril de 2023; BOE núm. 105, de 3 de mayo de 2023).

Ley 5/2023, de 13 de abril, de la Generalitat, integral de medidas contra el despoblamiento y por la equidad territorial en la Comunitat Valenciana (DOGV núm. 9580, de 21 de abril de 2023; BOE núm. 105, de 3 de mayo de 2023).

Corrección de errores de la Ley 3/2023, de 2 de mayo, de viviendas colaborativas de la Comunitat Valenciana (DOGV núm. 9594, de 12 de mayo de 2023).

Decreto 68/2023, de 12 de mayo, del Consell, por el que se aprueba el Reglamento de vivienda de protección pública y régimen jurídico de patrimonio público de vivienda y suelo de la Generalitat (DOGV núm. 9596, de 16 de mayo de 2023).

Ley 12/2023, de 24 de mayo, por el derecho a la vivienda (BOE núm. 124, de 25 de mayo de 2023).

Decreto 80/2023, de 26 de mayo, del Consell, por el que se aprueban las normas de diseño y calidad en edificios de vivienda (DOGV núm. 9609, de 2 de junio de 2023).

Anteproyecto de Ley de Viviendas Colaborativas de la Comunitat Valenciana. Disponible en: https://habitatge.gva.es/documents/168489658/358578946/ANTEPROYECTO+DE+LEY+VIVIENDA+COLABORATIVA+PARA+INFORMACIÓN+PÚBLICA+CAST.pdf/a6af7d4d-681e-f7ed-c8ec-517f0d1a43d5?t=1652972914369 (Consultado el 22 de marzo de 2023).

121/000089 Proyecto de Ley por el derecho a la vivienda (BOCG, Congreso de los Diputados, XIV Legislatura, Serie A: Proyectos de Ley, 18 de febrero de 2022). Disponible en: https://www.congreso.es/public_oficiales/L14/CONG/BOCG/A/BOCG-14-A-89-1.PDF (Consultado el 20 de abril de 2023).

121/000089 Proyecto de Ley por el derecho a la vivienda. Informe de la ponencia (BOCG, Congreso de los Diputados, XIV Legislatura, Serie A: Proyectos de Ley, 23 de abril de 2023). Disponible en: https://www.congreso.es/public_oficiales/L14/CONG/BOCG/A/BOCG-14-A-89-4.PDF (Consultado el 09 de mayo de 2023).

Referencias de jurisprudencia

Tribunal Constitucional

STC 139/2013, Sala Primera, de 8 de julio de 2013. Conflicto positivo de competencia 3194-2008. Planteado por el Consejo de Gobierno de la Comunidad de Madrid respecto del Real Decreto 14/2008, de 11 de enero, por el que se modifica el Real Decreto 801/2005, de 1 de julio, que aprueba el plan estatal 2005-2008 para favorecer el acceso de los ciudadanos a la vivienda. Competencias sobre ordenación general de la economía y vivienda: constitucionalidad de los preceptos reglamentarios estatales que establecen medidas de fomento de la vivienda (STC 152/1988) (BOE núm. 183, de 1 de agosto de 2013).

STC 8/2023, Pleno, de 22 de febrero de 2023. Recurso de inconstitucionalidad 4291-2020. Interpuesto por más de cincuenta senadores del Grupo Parlamentario Popular en el Senado en relación con el Decreto-ley del Consell 6/2020, de 5 de junio, para la ampliación de vivienda pública en la Comunitat Valenciana mediante los derechos de tanteo y retracto. Límites materiales de los decretos leyes autonómicos: constitucionalidad de los preceptos legales que regulan la adquisición preferente de vivienda. Votos particulares (BOE núm. 77, de 31 de marzo de 2023).

Tribunal de Justicia de la Unión Europea

Sentencia Tribunal de Justicia de la Unión Europea, Gran Sala, de 19 de diciembre de 2019 (ECLI:EU:C:2019:1112).

Tribunal Supremo

STS 30 de diciembre de 2015 (Roj: STS 5805/2015–ECLI:ES:TS:2015:5805).

STS 8 de noviembre de 2017 (Roj: STS 3924/2017–ECLI:ES:TS:2017:3924).

STS 7 de junio de 2018 (Roj: STS 2061/2018–ECLI:ES:TS:2018:2061).

STS 17 de enero de 2019 (Roj: STS 44/2019–ECLI:ES:TS:2019:44).

STS 21 de enero de 2020 (Roj: STS 114/2020–ECLI:ES:TS:2020:114).

STS 22 de diciembre de 2021 (Roj: STS 4878/2021–ECLI:ES:TS:2021:4878).

Tribunal Superior de Justicia

STSJ CLM 1374/2020, Sala de lo Contencioso, Sección Segunda, de 2 de junio de 2020 (ECLI:ES:TSJCLM:2020:1374. Id Cendoj: 02003330022020100256).

STSJ CLM 1332/2020, Sala de lo Contencioso, Sección 2, de 5 de junio de 2020 (ECLI:ES:TSJCLM:2020:1332. Id Cendoj: 02003330022020100233).

STSJ CLM 2074/2020, Sala de lo Contencioso, Sección Segunda, de 22 de junio de 2020 (ECLI:ES:TSJCLM:2020:2074. Id Cendoj: 02003330022020100368).

STSJ CLM 2009/2020, Sala de lo Contencioso, Sección Segunda, de 23 de junio de 2020 (ECLI:ES:TSJCLM:2020:2009. Id Cendoj: 02003330022020100342).

STSJ CLM 2056/2020, Sala de lo Contencioso, Sección Segunda, de 27 de julio de 2020 (ECLI:ES:TSJCLM:2020:2056. Id Cendoj: 02003330022020100358).

STSJ CLM 2070/2020, Sala de lo Contencioso, Sección Segunda, de 28 de julio de 2020 (ECLI:ES:TSJCLM:2020:2070. Id Cendoj: 02003330022020100367).

STSJ CLM 2205/2020, Sala de lo Contencioso, Sección Segunda, de 31 de julio de 2020 (ECLI:ES:TSJCLM:2020:2205. Id Cendoj: 02003330022020100432).

STSJ CLM 2423/2020, Sala de lo Contencioso, Sección Segunda, de 5 de octubre de 2020 (ECLI:ES:TSJCLM:2020:2423. Id Cendoj: 02003330022020100476).

STSJ CLM 2159/2021, Sala de lo Contencioso, Sección Primera, de 5 de julio de 2021 (ECLI:ES:TSJCLM:2021:2159. Id Cendoj: 02003330012021100426).

STSJ CLM 2988/2021, Sala de lo Contencioso, Sección Primera, de 20 de septiembre de 2021 (ECLI:ES:TSJCLM:2021:2988. Id Cendoj: 02003330012021100642).

Referencias de resoluciones

Resolución del Parlamento Europeo, de 15 de junio de 2017, sobre una Agenda Europea para la economía colaborativa (2017/2003(INI)) (2018/C 331/18) (DOUE C 331/125, de 18 de septiembre de 2018).

Resolución de 19 de octubre de 2021, de la Secretaría de Estado de Derechos Sociales, por la que se publica el Convenio con la Comunidad Autónoma de Canarias, para la ejecución de proyectos con cargo a los fondos europeos procedentes del Mecanismo para la Recuperación y Resiliencia (BOE núm. 256, de 26 de octubre de 2021).

Resolución 940/2022, de 1 de marzo, de la Dirección General de Evaluación, Calidad e Innovación, por la que se establecen los criterios que han de regir el régimen de autorización de viviendas colaborativas para la promoción de la autonomía personal y la atención a la dependencia de personas mayores de la Dirección General de Evaluación, Calidad e Innovación de la Consejería de familia, juventud y política social de la Comunidad de Madrid. Disponible en: https://www.comunidad.madrid/sites/default/files/doc/servicios-sociales/dgeci_resolucion_autorizacion_viviendas_colaborativas.pdf (Consultado el 26 de marzo de 2023).

Resolución de 12 de julio de 2022, de la Dirección General de Vivienda y Suelo, por la que se publica el Convenio con la Comunidad Autónoma de La Rioja, para la ejecución del Plan Estatal para el acceso a la vivienda 2022-2025 (BOE núm. 209, de 31 de agosto de 2022).

Resolución de 12 de julio de 2022, de la Dirección General de Vivienda y Suelo, por la que se publica el Convenio con la Comunitat Valenciana, para la ejecución del Plan Estatal para el acceso a la vivienda 2022-2025 (BOE núm. 209, de 31 de agosto de 2022).

Resolución de 12 de julio de 2022, de la Dirección General de Vivienda y Suelo, por la que se publica el Convenio entre la Secretaría General de Agenda Urbana y Vivienda y la Comunidad Autónoma de Aragón, para la ejecución del Plan Estatal para el acceso a la vivienda 2022-2025 (BOE núm. 207, de 29 de agosto de 2022).

Resolución de 12 de julio de 2022, de la Dirección General de Vivienda y Suelo, por la que se publica el Convenio entre la Secretaría General de Agenda Urbana y Vivienda y la Comunidad Autónoma de Extremadura, para la ejecución del Plan Estatal para el acceso a la vivienda 2022-2025 (BOE núm. 207, de 29 de agosto de 2022).

Resolución de 20 de julio de 2022, de la Dirección General de Vivienda y Suelo, por la que se publica el Convenio con la Generalitat de Cataluña, para la ejecución del Plan Estatal para el acceso a la vivienda 2022-2025 (BOE núm. 209, de 31 de agosto de 2022).

Resolución de 2 de agosto de 2022, de la Dirección General de Vivienda y Suelo, por la que se publica el Convenio con la Comunidad Autónoma de Cantabria, para la ejecución del Plan Estatal para el acceso a la vivienda 2022-2025 (BOE núm. 209, de 31 de agosto de 2022).

Resolución de 12 de julio de 2022, de la Dirección General de Vivienda y Suelo, por la que publica el Convenio entre la Secretaría General de Agenda Urbana y Vivienda y la Comunidad Autónoma de Galicia, para la ejecución del Plan Estatal para el acceso a la vivienda 2022-2025 (BOE núm. 212, de 3 de septiembre de 2022).

Resolución de 12 de julio de 2022, de la Dirección General de Vivienda y Suelo, por la que se publica el Convenio entre la Secretaría General de Agenda Urbana y Vivienda y la Ciudad de Melilla, para la ejecución del Plan Estatal para el acceso a la vivienda 2022-2025 (BOE núm. 212, de 3 de septiembre de 2022).

Resolución de 12 de julio de 2022, de la Dirección General de Vivienda y Suelo, por la que se publica el Convenio entre la Secretaría General de Agenda Urbana y Vivienda y la Comunidad Autónoma de Canarias, para la ejecución del Plan Estatal para el acceso a la vivienda 2022-2025 (BOE núm. 213, de 5 de septiembre de 2022).

Resolución de 12 de julio de 2022, de la Dirección General de Vivienda y Suelo, por la que se publica el Convenio entre la Secretaría General de Agenda Urbana y Vivienda y la Ciudad de Ceuta, para la ejecución del Plan Estatal para el acceso a la vivienda 2022-2025 (BOE núm. 213, de 5 de septiembre de 2022).

Resolución de 1 de agosto de 2022, del Instituto de Crédito Oficial, E.P.E., por la que se publica el Convenio con el Ayuntamiento de Barcelona y el Instituto Catalán de Finanzas, para la financiación de vivienda social (BOE núm. 189, de 8 de agosto de 2022).

Resolución de 2 de agosto de 2022, de la Dirección General de Vivienda y Suelo, por la que se publica el Convenio con la Comunidad Autónoma de Cantabria, para la ejecución del Plan Estatal para el acceso a la vivienda 2022-2025 (BOE núm. 209, de 31 de agosto de 2022).

Resolución de 2 de agosto de 2022, de la Dirección General de Vivienda y Suelo, por la que se publica el Convenio con la Comunidad Autónoma de las Illes Balears, para la ejecución del Plan Estatal para el acceso a la vivienda 2022-2025 (BOE núm. 209, de 31 de agosto de 2022).

Resolución de 5 de agosto de 2022, de la Dirección General de Vivienda y Suelo, por la que se publica el Convenio con la Comunidad Autónoma de Castilla-La Mancha, para la ejecución del Plan Estatal para el acceso a la vivienda 2022-2025 (BOE núm. 209, de 31 de agosto de 2022).

Resolución de 5 de agosto de 2022, de la Dirección General de Vivienda y Suelo, por la que se publica el Convenio con la Comunidad de Castilla y León, para la ejecución del Plan Estatal para el acceso a la vivienda 2022-2025 (BOE núm. 209, de 31 de agosto de 2022).

Resolución de 23 de agosto de 2022, de la Dirección General de Vivienda y Suelo, por la que se publica el Convenio con la Comunidad Autónoma de Andalucía, para la ejecución del Plan Estatal para el acceso a la vivienda 2022-2025 (BOE núm. 249, de 17 de octubre de 2022).

Resolución de 8 de noviembre de 2022, de la Dirección General de Vivienda y Suelo, por la que se publica el Convenio con la Comunidad de Madrid, para la ejecución del Plan Estatal para el acceso a la vivienda 2022-2025 (BOE núm. 41, de 17 de febrero de 2023).

Resolución de 24 de febrero de 2023, de la Secretaría de Estado de Derechos Sociales, por la que se publica la Adenda de modificación de anexos del Convenio con la Comunidad Autónoma de Cataluña, para la ejecución de proyectos con cargo a los fondos europeos procedentes del mecanismo para la recuperación y resiliencia (BOE núm. 61, de 13 de marzo de 2023).

Resolución 656/X, del Pleno de las Corts Valencianes, sobre la convalidación del Decreto ley 4/2023, de 10 de marzo, del Consell, de modificación del Decreto legislativo 2/2015, de 15 de mayo, del Consell, por el que se aprueba el texto refundido de la Ley de cooperativas de la Comunitat Valenciana (RE número 70.526), aprobada en la sesión de 30 de marzo de 2023 (DGCV 9572, de 12 de abril de 2023).

Resolución de 14 de julio de 2023, de la Secretaría General de Coordinación Territorial, por la que se publica el Acuerdo de 11 de julio de 2023, de la Comisión Bilateral de Cooperación Administración General del Estado-Generalitat, en relación con la Ley 3/2023, de 13 de abril, de la Generalitat, de Viviendas Colaborativas de la Comunitat Valenciana (BOE núm. 213, de 6 de septiembre de 2023).